幸福教室的密码

一位优秀班主任的
行走与思考

王丹凤 著

江苏凤凰科学技术出版社 · 南京

图书在版编目(CIP)数据

幸福教室的密码 : 一位优秀班主任的行走与思考 / 王丹凤著. -- 南京 : 江苏凤凰科学技术出版社, 2025. 2. -- ISBN 978-7-5713-4817-5

Ⅰ. G451.6

中国国家版本馆 CIP 数据核字第 2024JD0062 号

幸福教室的密码:一位优秀班主任的行走与思考

著　　者	王丹凤
责任编辑	刘文芳
责任设计编辑	孙达铭
责任校对	仲　敏
责任监制	周雅婷
出版发行	江苏凤凰科学技术出版社
出版社地址	南京市湖南路 1 号 A 楼　邮编:210009
编读信箱	skqsfs@163.com
联系电话	(025)83657623
印　　刷	溧阳市金宇包装印刷有限公司
开　　本	718 mm×1000 mm　1/16
印　　张	17.5
字　　数	280 000
版　　次	2025 年 2 月第 1 版
印　　次	2025 年 2 月第 1 次印刷
标准书号	ISBN 978-7-5713-4817-5
定　　价	60.00 元

序言一

没有止境的挑战与超越

如果你是一个二十多岁的年轻教师，一开学就被告知要中途接手全校闻名的初三“差班”，你会怎么办？

我之所以强调“二十多岁的年轻教师”，是因为如果是中老年教师，那么他往往有资格与学校“讨价还价”，最后甩掉这个“包袱”；年轻教师可没有这个胆量，只能接受学校的工作安排。

但是，无可奈何地被动服从是一回事，积极热情地主动接受又是一回事。

王丹凤选择的是后者。

这是一个怎样的班啊？两名学生因恶性事件被劝退，四名学生转校，学生气走了第一任数学老师，第二任数学老师由于其他原因卸任了……平时，诸如将粉笔灰撒在老师的茶杯里、将墨水甩在老师的衣服上等事件的发生让人见怪不怪。王丹凤临危受命，成为该班第三任数学老师。

注意，她只是当数学老师，不是当班主任。别以为这样会轻松一些，恰恰相反，如果同时接手班主任，那么王丹凤多少还可以借助班主任的“特权”进行管理，以保证正常的课堂秩序。但她仅仅是科任教师，如何赢得学生的信服呢？

作为一名年轻而看上去柔弱的女教师，王丹凤在学生面前没有任何“气吞万里如虎”的“强势”手腕。向同事咨询，与学生交流，和家长沟通……人前人后、课上课下，每一个细节她都认真观察。渐渐地，她获得了大量有价值的信息，根据这些信息，她为58个学生每人建立了一份详细的档案。这些档案包括学生的基本信息、观察记录、交流感受、兴趣爱好、家长反馈，甚至每个学生的作业和试卷分析等，事无巨细，一应俱全。

然后，她决定用书信叩开每个学生的心灵之门。整整一个月，她每天写两封信，信里有她对学生的初步了解、日常观察、理性分析、期望激励等。每一封信都饱含真情。

多年后，王丹凤回忆说：“书信犹如一道情感的彩虹桥，一下子拉近了师生之间的距离；书信为学生注入无穷的力量，也为孩子们砌筑了自律的城墙。不到半年的时间，这个班几乎脱胎换骨，良好的学习氛围成为一道新的风景线，班级的中考成绩突飞猛进、名列前茅，让学校和家长们喜不自禁。”

有学生在毕业之后回忆起这段经历，说：“那是我第一次收到来自老师的信。信里的语言不是评价，也没有过多的期许，而是半年来她对我的性格、心情的了解。她不是说希望我努力做得更好，而是说希望我们可以一起努力做得更好。这样可爱的老师，谁能拒绝呢？”

王丹凤为学生写信的这一段经历，后来被《中国教师报》以《王丹凤：写一封师生最美的“情书”》为题进行报道。

那时候，年轻的王丹凤还不是班主任，却已经领悟到教育的奥秘绝非教科书上的原则和学校德育处的管理条例就能涵盖的，它首先是充满人情、人性和人道的“人学”；即使是数学教学，也绝不是单纯的知识传授，同样伴随着情感、态度和价值观的传递。

58封“情书”不但让王丹凤的数学课堂焕然一新，而且让整个班级的风气都昂扬向上。王丹凤因此获得学校的信任。带完这个中途接手的初三毕业班后，她便正式就任了初一班主任。

王丹凤当然是一个“有爱”的老师，但教育不能仅仅“有爱”，还得有智慧。比如，给学生写“情书”需要“爱学生”的情怀，写好这些“情书”还需要“懂学生”的智慧。而爱和智慧，正是一个优秀教师的“标配”。这本《幸福教室的密码：一位优秀班主任的行走与思考》正是展示她的教育之爱和智慧的琳琅满目的橱窗。

智慧的源泉从何而来？我想到了我经常对年轻人说的“四个不停”，这也是我成长的体会。这“四个不停”就是不停地实践、不停地思考、不停地阅读、不停地写作。王丹凤的成长恰恰是对“四个不停”的生动展示和有效诠释。

王丹凤首先是一个实践者，从教二十年，无论是数学教学还是班主任工作，她都一直屹立在讲台上，和学生面对面、心贴心。当然，一位教师只要上班肯定都在做事，但我所说的“实践”和一般的“做事”并不是一回事。按部就班地应付工作，与怀着感情而积极主动地上好每一堂课、带好每一个班，是不一样的。王丹凤说：“当真正踏上三尺讲台时，我才发现教师的生活并非梦幻中的玫瑰色，它是由每一个学生的喜怒哀乐组成的，是由每一节课的跌宕起伏串联的。我尝试用各种方法站稳讲台，努力成为深受学生喜爱的教师。伴随能力的提升，更大的挑战也接踵而来。”带着感情，感受学生的喜怒哀乐，关注课堂的跌宕起伏，这才是真正有助于成长的实践。

感受与关注，便有思考的意味了。许多教师每天忙个不停，却未必获得了成长。因为他们的实践缺乏一个重要的因素，即思考。王丹凤之所以能够成长得比较快，是因为她始终带着一颗思考着的大脑从事每一天看似平凡的工作。这里的思考，主要指对每一个具体的教育难题的研究。我多次说过，把难题当课题是最真实、最有效的教育科研。前面所说的王丹凤中途接手那个“差班”，她首先琢磨的是这些问题：学生们为什么如此冷漠？每个学生的性格特点、行为习惯、家庭环境、学习风格是怎样的？学生是否适应她的管理和教学，她需要在哪些地方改进才能走进学生的内心？然后她给自己定下目标：一个学期内要找到这些问题的答案。这种思考以及伴随着思考的一系列行动，就是研究。从教二十年，王丹凤研究了许多课题，但这些课题都不是来自上级的文件或某个领导的指示，而是源于课堂、源于班级、源于学生、源于难题。

思考与研究并不是臆想，需要站在大师巨匠的肩上审视自己的教育——这就是阅读。真正的教师首先是完整的人和知识分子，应该有着饱满的灵魂与开阔的视野，这都必须通过阅读来获得。王丹凤说：“当阅读成为习惯，书是我最亲密的伙伴。书房、卧室，它的倩影无处不在，甚至连卫生间也有它的踪迹。出差在外，回家探亲，我们都形影不离。”阅读对王丹凤来说，远不是为了获得更丰富的教学参考资料，或在课堂上信手拈来显得很有学问，而是为了让自己精神健全、心灵明亮、胸襟旷达，拥有一个幸福而从容的人生。“那些日子，我疯狂地啃读相关书籍，如《教学机智：教育智慧的意蕴》《民主主义与教育》《大教学论》《给教师的建议》《教师的挑战：宁静的课堂革命》……”很难想象，没有如饥似渴的阅读，王丹凤能够如此快速地成长。

其实，对不少教师来说，实践、思考和阅读不难做到，写作才是许多教师最不自信也最难以做到的事，“不停地写作”更是难上加难。然而年轻教师一旦突破了这个难关，其成长便会突飞猛进。曾有教师对我说：“写了文章没有地方发表，缺乏写作动力。”但在自媒体时代，教师可以自己“发表”啊！王丹凤正是通过自己的微信公众号“凤语微澜”，经常为自己“发表”文章。她记录自己的教学心得、班级案例、教育故事……她说：“写作能重塑自己的精神世界，我坚持学习的身影也可以成为他人前行的力量。写着写着，我指尖的灵感多了，看问题的角度也更加宽阔。”写作不仅是写作，它还伴随着阅读和思考。更重要的是，真正的教育写作总是以实践为基础。教师只有做得精彩才能写得精彩，而精彩地写反过来又能促进更加精彩地做。这就是写作与实践互相促进的良性循环。

不停地实践、不停地思考、不停地阅读、不停地写作——这“四个不停”关键在于“不停”，即坚持不懈、养成习惯，使其成为自己生命的呈现方式。我常说，一个年轻教师如果能做到这“四个不停”，且坚持十年八年乃至更长时间，那么想不成功都十分困难。

王丹凤即明证。

不过，王丹凤还有一个“不停”，即不停地超越。我经常说，每一个人的内心深处都潜藏着一个卓越的自己。所谓成长，就是用一生的时间去寻找那个让自己吃惊的“我”。

2024年7月，我邀请王丹凤参加穿越戈壁无人区108千米的徒步活动。她有过犹豫，毕竟她体格柔弱，去年还做过一个手术，身体并未完全恢复。但最终她决定报名参加——因为挑战自己进而超越自己的诱惑力实在太大。

四天三夜，我和包括丹凤在内的十一位年轻教师一起在戈壁接受烈日的炙烤、风沙的吹打、脚上水泡的疼痛、肚子饿却什么也吃不进的疲惫、遥望营地却好像怎么也走不到的绝望……中途，丹凤身体有过不适，肚子疼痛，几乎迈不动步子了，但她依然一步一步地往前走。记得第二天晚上，她坐在营地帐篷里说：“我从来没有走过那么远，我也没有想到我昨天可以坚持下来。今天这一路是最艰难的，我根本就不知道自己今天也能走完全程，但是我也从来没有想过放弃。”

最后，丹凤和我们还是手挽着手走到了108千米徒步活动的终点。

那一刻，我们相拥，热泪盈眶。丹凤自豪地说：“我居然能够穿越戈壁，走完108千米。”

丹凤讲了一个细节：“在出征仪式喝‘摔碗酒’之前，我心里非常忐忑，不知道自己能不能坚持下去，也担心倒在路上。走到最后一千米的时候，看到一个‘灵魂重生’的路标，我想既然‘重生’了，我一定要跑到终点。于是，我和同伴手牵手向前冲，冲到了终点——原来我也可以！”

“原来我也可以！”这是一个人的自我解放与超越，在这之后，更加卓越的自己已经诞生。

对王丹凤来说，整个教育历程何尝不是没有止境的戈壁穿越？

这本《幸福教室的密码：一位优秀班主任的行走与思考》，便是她“教育穿越”的青春足迹。从教二十年来，她总是不停地对自己提出新的挑战，不断地超越昨天的“旧我”而迎来今天的“新我”。而且，她还将继续挑战下去，去迎接更加卓越的自己。

多年前，我写过几句类似于诗的文字——

永无停歇的追求，
没有终点的飞翔。
一次次振翅，
一回回凌空……
用纯洁的双翼，

把生命的诗篇，

写满教育的蓝天。

此刻，我以这几句话作为这篇序言的结尾，表达我对王丹凤以及所有初心未泯、理想不灭的教育理想主义者的深情祝福。

李镇西

2024年10月21日

序言二

我曾说过："如果有下辈子，那么我读小学要让秀波（任秀波）做我的班主任，读初中要让丹凤做我的班主任，读高中要让'皇叔'（黄建军）做我的班主任。""丹凤"就是本书作者王丹凤。

这话是我在爱心与教育研究会第十二届研讨会（2023年于长沙召开）上说的。丹凤是爱心与教育研究会的秘书长，"皇叔"是常务副会长，我是会长，秀波是副会长。

我说过："当一个好老师最好是长得好看，又笑得好看。如果你长得不好看，那么一定要笑得好看。"丹凤美如其名，品如其名。

我说过："教育的价值就是让人变得温暖而美丽。"丹凤的新作《幸福教室的密码：一位优秀班主任的行走与思考》开篇言"暖"，一"暖"到底。

我说过："做班主任，就是用美的方式给孩子开启爱的大门。"爱与美，是班主任工作的目标，也是手段，更是一种生活方式。这是《幸福教室的密码：一位优秀班主任的行走与思考》的核心。

詹大年

2024年10月21日

目 录

| 第三辑 |

幸福教室的智慧之光

| 第四辑 |

幸福教室的力量之源

第一辑

幸福教室的初心之暖

开学第一课的美好印象：
让操作与理念自然融通

众所周知，班主任工作千头万绪。有的班主任忙得焦头烂额、身心俱疲，可教室里还是一团糟；有的班主任事无巨细、事必躬亲，班级依旧如一盘散沙；有的班主任则深谙教育规律，以系统的带班理念为核心，从开学第一课就开始周密部署，最终学生能自主管理、自我发展，师生都沉浸在教育的幸福中。

因此，当接手一个起始班级时，班主任不妨深入思考以下问题：我们应该树立怎样的带班理念？我们如何抓住开学第一课？怎样让操作与理念自然融通？

带班理念是一个非常重要的概念，它指的是班主任进行班级管理时所持有的观念和原则，对班主任的管理措施与带班方法起决定作用。然而，有些班主任缺乏明确的带班理念，容易将极富教育价值且内涵丰富的班级管理等同于班级事项的具体操作或技能，或是只满足于维持班级教育活动的正常运行，精心营造学习氛围，以致班级管理失去“灵魂”和“主线”，陷入琐碎与平庸。

因此，班主任必须明确自己的带班理念，不时地自我追问：我有哪些特点？我要建设一个什么样的班级？我要培养什么样的学生？我能给予我的学生怎样的生命滋养？

以我自己为例，我乐于倾听学生的心声，善于培养学生的自我管理能力，有一颗愿意为学生成长而服务的心。我认为班主任要从教育的目的出发，用科学系统的方法建设一间幸福教室，和学生过一种幸福完整的教育生活，从而激发和引导学生走向自我发展之路，促进彼此都成为更好的自己。

于是，我从带班理念出发，围绕“四个一”构思开学第一课：做好一些准备，展示一种形象，建立一种联结，传递一种观念。

做好一些准备。开学事项繁杂，如布置教室、迎接学生、发放教材、熟悉作息、知晓规则、增进了解、建设团队和组建班级委员会（简称班委或班委会）等。班主任要梳理关键事项，提前酝酿，精心准备，合理安排，尽快建立班级秩序。

展示一种形象。班主任给学生的第一印象往往是最鲜明、最牢固的，会影响双方交往的进程。班主任希望将学生培养成什么样子，自己就要建立起怎样的形象，利用“首因效应”呈现自我的心理品质、道德情操、文化修养和经验阅历，以自己的形象魅力去感染学生。

建立一种联结。刚进入学校，每一个学生都是带着自己过去的人生经历来到一个陌生环境的。快速建立新的情感联结，能帮助学生适应新的校园生活。因此，班主任要策划活动，让师生之间、生生之间、家校之间通过交流对话来分享彼此的观念，在交往的过程中形成班级凝聚力。

传递一种观念。班主任可以在开学第一课将自己的带班理念通过不同形式传递给学生。例如：我是一个什么样的班主任？我希望建设一个怎样的班级？我理想中的师生关系是怎样的？我对同学们有怎样的期待？或者，班主任把问题抛给学生，激发学生的主人翁精神，经过充分互动，将自己的观念转化为班级愿景，促使师生共建幸福教室。

基于以上构思，我的开学第一课是这样安排的：第一阶段，学生报到，播放学校迎新视频，分发教材；第二阶段，语文、数学、英语教师分别进班自我介绍，解读学科特点，说明学习要求；第三阶段，组织团建活动，学生自我介绍，相互交流；第四阶段，分组列队，编排座位，建立临时班委，布置后续工作。

一、第一阶段：启航序曲

教室里播放着学校的宣传视频，学生一个个睁大眼睛，认真地了解自己的新学校。等待学生到齐后，我拿着班级花名册，逐个点到确认学生的姓名。

师生的相遇是一场缘分，更是一段不断地相互了解和共同成长的人生历程。在分发教材环节，我没有提前刻意准备，而是想让全班同学亲历整个过程。我这样说道："每一名学生都是班级的主人，都是老师的得力小助手。我不会向你们的父母或者小学老师去打听你们的情况，我会用眼睛去仔细观察，用耳朵去认真倾听，我希望大家用行动向全班同学介绍自己、展示自己。现在，我需要几位同学帮忙领教材，哪些同学想抓住这次为班级服务的机会呢？"

话音刚落，就有几个小姑娘把手举起来，紧接着有几个男生毫不犹豫地站了起来。不一会儿，教室热闹起来，一摞摞书依次摆放在教室前面，一本本教材快速又有序地分发下去。

其间，一个男生说："老师，这一摞书已经发完了，我还可以帮助其他同学。"

中途，一个个子矮小的女生怯生生地喊住我："王老师，其实我刚才也想帮忙的，只是我担心自己瘦弱，力气太小而搬不动书！"我微笑着抚了抚她的头。

课间，我拿起扫把准备清理散落在地上的纸片，立刻有一个小姑娘轻轻走到我身边接过扫把说道："老师，让我来吧！"说完，她就非常利落地扫起地来。

就这样，孩子们入校不到一个小时，却完成了发书和班级卫生等工作。孩子们就像一只只跳跃的精灵，合作演绎了一首动听的协奏曲。我知道，那是幸福在歌唱。

在分发教材的整个过程中，我没有指定任何一名学生。因为，一旦我指定了做事的人，就失去了教育的契机，既容易让被点名的学生觉得是在被指派任务，也让没有被点名的学生失去成长的机会。

近年来，一种新颖的开学风尚悄然兴起，不少班主任选择在新学期的帷幕拉开前夕策划一场特别的迎新仪式。他们发动部分学生与家长组成志愿队伍，将教材逐一配齐并别出心裁地加以装饰，包装成礼物状，放在学生的课桌上。

此举虽然彰显了高效与创意，但是隐含着双刃剑效应。一方面，那些积极参与的热心学子在忙碌中疲惫不堪。另一方面，这份过度周到的准备无意间筑起了一堵墙，隔绝了学生间互助合作的宝贵机会，使得一部分学生习惯于坐享其成，错失了亲自参与、共同成长的教育体验。这不仅减弱了同学间相互影响的正向循环，也未能充分利用这一契机，对全班实施一次关于责任感、团队精神与感恩教育的集体洗礼。

因此，在开学的第一个阶段，我借用领书和发书的环节传递一个重要观念：学生是班级的主人，人人都可以为班级贡献自己的力量；每个人都是崭新的自己，人人都可以用行动塑造自己的新形象。这种方式既能营造温馨的入学氛围，又不失教育的本质——促进每个学生的全面发展与相互间的紧密联系，共同编织一段段关于成长与分享的美好记忆。

二、第二阶段：智慧启迪

教材已经全部到位，我早已邀请科任教师提前做好准备，依次进班和学生来一场有计划、有温度的交流，给学生的新学期学习生活开个好头，让他们带着期待和动力踏上学习之旅。

语文学科的樊娉老师青春靓丽、清纯脱俗，仿佛一位从书卷中款款走来的古典美人，她用自己的温婉与智慧，为学生揭开语文世界的神秘面纱。樊老师首先强调了语文学习的物质与精神的双重准备，她细致地列出必备的学习工具，从基本的课本、工具书到各类笔记本，每一项都构成了语文学习的基石。接着，樊老师分享了语文学习的五大原则，鼓励学生遵循学习的自然规律，从基础做起，逐步深入。樊老师还特别强调了写读书笔记的重要性：它不仅是知识的梳理，更是情感的抒发与思想的提炼。

1. 语文学习准备

①课本；②工具书，如《新华字典》《现代汉语词典》《汉语成语小词典》《学生古汉语词典》；③作业本，包括语文本、作文本、积累本、周记本。

2. 语文学习原则

①循序渐进；②熟读精思；③读写结合；④博研结合（略读和精读）；⑤语文学习的外延与生活的外延相等。

3. 语文学习诀窍

①喜爱课堂；②学会阅读；③做好笔记（课堂笔记、读书笔记和复习笔记）。

4. 读书笔记

①词汇积累（5个）；②美句赏析（3句）；③段落品味（1段）；④火花闪现（感悟、箴言）。

5. 读名著

……

樊老师向同学们介绍，她倡导自主、合作、探究的学习方式，推崇像爱自然、爱生活、爱生命那样爱语文，她的教育信条是“只有把信念扎入土里，才可能将生命探向蓝天”。樊老师的教育理念，如同一股清泉，缓缓流淌在学生们的心田。她不仅是在传授知识，更是在播种热爱与信念。樊老师迅速以自己独特的魅力受到学生的喜爱。

英语学科的郑静玲老师成熟稳重、经验丰富，曾获得荆州市“中考先进个人”等荣誉称号，是一位有着“铁汉柔情”美誉的教学高手。郑老师对英语学习的准备事项讲解得既严格又具体，从课本到配套的听读材料，无一不显示出她对学习资源的精细考量。郑老师对学生的作业质量与学习习惯更是严格要求，她以其深厚的学识、严谨的态度，以及对学生个性化发展的重视，同样赢得了学生的尊敬与爱戴。在她的指导下，学生们将一步步构建自己的英语王国，向着更高的目标迈进。

1. 英语学习准备

①课本（包括相关听读音频）；②三个同样大小的作业本（课堂专用听写本、家庭作业本、纠错本）。

2. 英语作业要求

①认真记载，规范书写作业；②重视听读，落实背诵作业。

3. 英语学习习惯

（1）让规范书写成为习惯。能够写出一手标准、漂亮的英文，这是初中生必须达到的要求，也是个人素质的体现。

（2）让大声诵读成为习惯。每天跟着音频大声朗读课文10～15分钟，准确模仿语音语调。只有每天开口练，才能说得标准。

（3）让独立完成作业成为习惯。从现在开始逐渐养成在规定时间内独立完成作业的习惯。

（4）让潜心阅读成为习惯。阅读一些英语读物，如《书虫·牛津英汉双语读物》《二十一世纪学生英文报》、英文绘本等。

（5）让英文写作成为习惯。选择日记、海报或vlog（视频博客）等多种形式，用英文记录自己感兴趣的事情，也可以仿写、改写或缩写自己喜欢的课文和故事。日积月累，定能水滴石穿。

紧接着，担任数学老师兼班主任的我走上讲台……

数学学科是逻辑思维的殿堂，其魅力在于解构复杂问题，探寻规律之美。我首先向学生阐述了数学学习的核心理念：数学不是数字和公式的堆砌，它是探索世界奥秘的一把钥匙，更是培养逻辑思维、提高解决问题能力的重要途径。接着，我介绍了数学学习的具体准备事项及学习策略。为了让学生了解生活中的我，我开启了自由提问环节。

果然，教室里顿时沸腾起来。

有的学生很好奇："王老师，您的生日是哪一天？"

一个男生举手："王老师，您工作多长时间了？"

一个女生站起来问道："王老师，我知道您是一位非常优秀的老师，但您会体罚学生吗？"

……

学生在初入一个新环境时，难免会忐忑不安，我用微笑化解学生的不安，并逐一回答这些问题，不仅分享了自己在教育领域的探索与收获，更以开放的姿态邀请学生走进我的世界，共同编织数学的奇幻之旅。面对学生好奇的眼神与提问，我以幽默与真诚一一回应，既解答了"老师是否会严厉对待学生"的疑问，也分享了自己生日的小小秘密，让教室里充满了欢乐的笑声。

开学第一天是构建积极师生关系的黄金时机。在这一天，班主任可以有意识地让科任教师通过多种方式与学生建立情感联结，如进行新颖的自我介绍，展示学科魅力，营造安全的课堂环境，唤起情感共鸣，及时正向反馈，等等，为全方位地建设幸福教室奠定基础。

三、第三阶段：家的轮廓

教室是师生共同生活的场所，当班级成员赋予它情感时，这间教室便有了温度，能给师生带来温暖与幸福。我想要在开学第一天就抓住学生的心，以最快的速度凝聚“班魂”，让学生感觉班级如家一般温暖。

精心准备后，我卖着关子问学生：“教室是什么？教室能起到什么作用？”

学生面面相觑，不知我葫芦里卖的是什么药。

我打开课件，向学生展示一张张图片：“同学们，大家今天坐在干净整洁的教室里，可是昨天教室里却是这副模样……”

新学期，学校为七年级新生购置了新桌椅，还更新了电子白板。因为某些原因，设备在开学前一天才到学校，工人加班加点组装桌椅，导致教室里一片狼藉。到了晚上10点，教室里灯火通明，班主任们忙得热火朝天，将刚组装完毕的桌椅摆放好，又仔细清扫装修垃圾，有的甚至忙到了凌晨。

我介绍道：“这是桌椅半成品的样子，这是桌椅组装好后凌乱的样子，这是老师们清扫之后的样子。老师们不辞辛劳，就想给大家一个干净整洁的家。”

这组照片极具冲击力，教室里一时间鸦雀无声，学生正在感受着这间教室的温度。

“为了迎接大家的到来，我昨天用了好几个小时摆放桌椅、打扫卫生、检查教学用具，这是我作为班主任送给大家的见面礼。今天，这间教室的主人们终于来了，你们要为这个班级做点什么？”

有一个小姑娘站了起来，羞羞答答地说：“我觉得教室就是我们的家！我要像装扮自己的家一样来对待它。”

“对，我们每个人都是这个家的一分子，全班同学是相亲相爱的一家人。现在，向你的家人介绍一下自己吧！”

于是，一场盛大的“家庭见面会”拉开序幕。

“我叫×××，我期望这个家温暖团结。”

“大家好，我来自×××，我期待能和大家成为好朋友。”

……

56个人，56颗心，紧紧地聚在一起。在这里，我们畅所欲言；在这里，我们同舟共济；在这里，我们放飞梦想。

四、第四阶段：梦想起航

开学第一阶段的工作十分琐碎，班主任需要尽快建立秩序并且凝聚“班魂”。在同学们彼此熟悉后，我开始按高矮顺序列队编排座位，并组建临时班委。

待时机成熟，我开始晒幸福教室的照片。这些照片展示了教室每个角落不同的布置，有的质朴温馨，有的精致整洁，每一处都可以看见师生的用心。除此之外，我还展示了昔日学生在三年里的对比照，那些刚进校时懵懂又稚嫩的脸庞，在毕业时都变得自信且阳光。

看着台下学生若有所思的样子，我留下一组思考题：教室是什么，它应当有什么样的面貌？课堂是谁的，它对我们能起到什么作用？我是谁，在三年里会发生怎样的变化？老师和我们是什么关系，他们能在哪些地方帮助我们？对于初中三年，我有怎样的期待？

看似简单的思考题，却在引导学生深入思考自己与班级、老师的关系以及对未来学习生活的期许，这不仅激发了学生的内驱力，也为班级文化的建设埋下了种子。

放学后，我郑重地邀请为班级服务的同学合影留念，让每个有贡献的孩子都被认可和铭记。回到家中，我又记录起开学第一课中的每一个精彩瞬间，并介绍每一个环节的用意，随即写成文章《最美尽在开学时》《好一个“铁汉柔情”的静玲老师》，把它们发在家长群。

没想到，一石激起千层浪，家长群顿时沸腾了。

锐捷爸爸说：“读了王老师的文章，深感三位老师巾帼不让须眉，红颜更胜儿郎！真是‘雄关漫道真如铁，而今迈步从头越’！祝愿七（3）班在王老师、郑老师、樊老师的带领下开创新的辉煌，谢谢老师们！”

云嫣妈妈说：“看了王老师的文章，孩子瞬间信心满满，说‘好想去上学’，这是个好兆头，我们家长也将配合老师，与孩子共同前行！”

骏鹏爸爸说：“锐捷爸爸好文采，表达了三班家长们的心声！”

……

在建设幸福教室的美好愿景中，开学第一课承载着非比寻常的意义与重量。我们倾注心血，精心设计，就能搭建起一座桥梁，促进班级成员间的情感联结与默契形成，既能激发学生对班级的情感认同与归属感，又能赢得家长的宝贵信任与全力支持，最终汇聚成一股强大的合力，携手开启教育的幸福旅程。

开学第一周的带班技巧：
建设自主管理班委团队

一间洋溢着幸福氛围的教室，其灵魂在于拥有一套高效自治的班级管理体系。其中，班委会作为该体系的核心支柱，扮演着无可替代的角色。

班委会成员作为班集体的中坚力量，不仅是维持班级日常秩序的执行者，更是联结师生情感、激发班级活力、推动班级文化发展的关键纽带。他们不仅是上传下达的使者，更是班级愿景与规划的设计师，在班级组织管理、服务同学、示范引领和创新共建中发挥着关键作用，是班主任工作能够顺利进行的得力助手。

在开学初期，班主任要尽快选好班干部，组建班委会，让班级建设规范有序。

有家长曾经这样评价青鸾[①]三班的班级管理理念："我认为，您的管理思想会给学生一片开放的视野、一颗上进的雄心、一些先进的理念、一种自由而又讲规则的思想！如果这一代中学生能具备这些素质，对他们来说是幸事，未来他们将大有可为！"

这位家长之所以给出如此高的评价，是因为青鸾三班的班委建设与众不同，具有极强的自主管理能力，具体建设流程如下。

---

① "青鸾"及下文的"涅槃"，均为代表班级文化的班名，本书《开学第一季的核心抓手：用软实力建设班级文化》一文中有详细介绍。

一、确定班级组织架构

班主任持有什么样的带班理念，就会设计出什么样的班级组织架构。常见的班级组织架构由班主任、班长、副班长、学习委员、体育委员、劳动委员、文娱委员和生活委员等组成；随着部分学生加入共青团，还会相应增设团支书、宣传委员等岗位。此外，还可以根据班级具体需要增设岗位，如心理委员、电教委员等，每个班干部需要承担起相关职责（图1-1）。

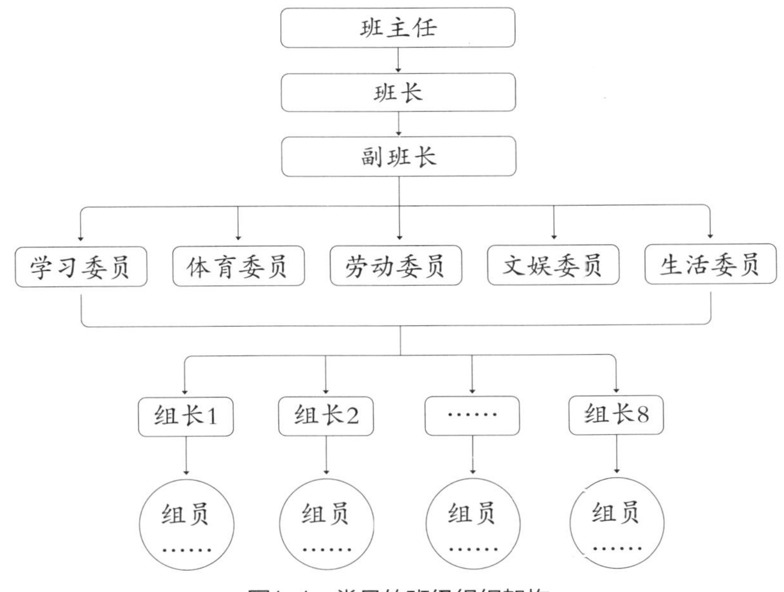

图1-1　常见的班级组织架构

这种职能型的班级组织架构相对稳定，班干部的角色职责也清晰明了，但其弊端同样不容忽视：第一，层级关系明显，班级管理权力主要集中在班主任和两位班长手中，是一种自上而下的管理模式。第二，参与班级管理的学生数量比较有限，各个委员之间的协作性不强，在管理班级的相关事项时容易陷入孤军奋战或独断专行的极端情况。与此同时，其他非班干部学生的主体性和发展空间会被抑制或削弱。

幸福教室的不同之处在于，每个孩子都是班级的主人，每个学生都能参与班级管理，每个人的管理能力都在班级管理的过程中得到提升。基于以上考虑，我大胆地对班级组织架构进行了调整，并以一种特别的方式鼓励学生积极参与班委选举。

在班会课上，我出示了一张学校管理层的组织架构示意图，让学生仔细观察。在示意图中，校长与书记为同一个人，处于最顶层；第二层则依次为教学副校长、德育副校长、后勤副校长、科研副校长、校长办公室副校长；第三层则是上述副校长分管的教务处、德育处、后勤处、科研处以及校长办公室。

起初，学生不知道我葫芦里卖的是什么药，面对示意图，他们面面相觑，只得仔细观察每位校领导的外貌特征、对应岗位和所负责的部门。后来，有些同学发现了示意图中的组织架构特点和对应关系，然后开始大胆地猜测我的用意——

第一，让学生通过观察这张图尽快熟悉学校领导，并了解学校各个部门的职责。我们希望学生热爱学校，那就应该让他们从了解身边的同学、教师以及学校的领导和部门开始。

第二，用示意图引导学生观察学校的管理模块，培养学生的观察能力和抽象思维，让学生有意识地关注生活中的组织架构，从而学会学习。

第三，用示意图启发学生思考，让他们从学校管理迁移到班级管理，师生共同创设班级组织架构，以此培养学生的思维力和创造力。

第四，趁机激励学生，强调管理是相通的，他们能从这张图中发现管理的构架，并认识到：如果我现在能够当好一名班干部，管理好班级，得到充分的锻炼，将来也能当好一名校长，管理好学校，以后还可以在更广阔的平台上去管理，去建设，去服务……就这样，我借机在学生心中播种梦想，全班同学进入班干部竞选的酝酿期。

在幸福教室里，班主任组建班委不仅是为了管理班级，而且要始终铭记教育的目的——让学生热爱学校，喜欢班级，提高学生的观察力、学习力和思维力，适时在学生心中播种梦想，激活学生的主体性，激发他们发展自我的渴望。

二、确定班委选举方式

确定班干部的方式有很多：一般在班主任还不太了解学生时，可以先让学生毛遂自荐；在初步了解学生的情况之后，班主任可以临时指派或者任命几位得力干将，组建临时班委，试用观察一段时间；在时机成熟，学生彼此熟悉后，班主任可以在班上发动学生自愿报名、公开竞选和民主投票，以选出班干部。无论采用何种方式，都要尊重每一个学生，确保选举过程公正、透明和平等。

幸福教室需要一个善协调、高效能、勇创新和执行力强的班委。因此，在青鸾三班的临时班委试运行近一个月，同学们已经相互熟悉后，我正式启动了班干部竞选。

有了前一阶段的铺垫，青鸾三班的班委组织架构（图1-2）已具雏形，共设有6位班长。这一结构创新性地打破了传统的单一班长制，引入了多班长制度。其中，常务班长负责内部协调、与班级外部各种事项的对接，其他班长各司其职，覆盖学习、活动、劳动、纪律、宣传等多个领域，形成并行管理的架构。这种结构能够鼓励更多学生参与班级管理，拓展学生能力培养的广度和深度。

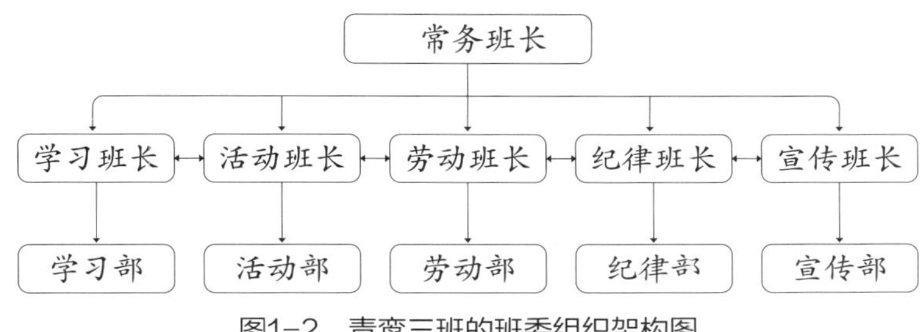

图1-2　青鸾三班的班委组织架构图

学生第一次听说一个班上还可以有多位班长，尤其是这种管理架构还是师生共同设计出来的，一个个都非常兴奋，纷纷报名参加竞选。最后，共有9名学生竞选6个班长职位，竞争非常激烈。从竞选演讲中，我可以明显感受到班长候选人的决心和态度。

胡子恩同学的竞选演讲质朴而又具有吸引力——

敬爱的老师，亲爱的同学们：

大家好！我是胡子恩，我今天要竞选的职位是班长。我兴趣爱好广泛，性格开朗，乐于助人。如果我能够当选，我一定会以身作则，协助老师，成为同学们的好榜样和老师的左膀右臂。如果我有哪里做得不好，请大家向我提出建议，我一定会认真倾听并努力改正。

如果我没有当选班长，我也不会气馁。我会反思自己哪里做得不够好，哪里还需要改进，争取下一次能够当上班长。我不敢说自己是最合适的，但我敢说自己一定是最努力的。阿基米德曾说过："给我一个支点，我就能撬动整个地球。"我想对大家说："给我一个机会，我会还你一份精彩！"希望大家能把宝贵的一票投给我！谢谢大家！

向诗悦同学的竞选演讲展现出自己的超凡实力——

敬爱的老师，亲爱的同学们：

大家好！我是向诗悦，这次竞选的职位是班长。新学期开学只有短短的一个月时间，大家对我可能还不是很了解，那么请允许我再一次为大家做一下自我介绍。

我是一个性格开朗的女生，兴趣爱好广泛，擅长画画和弹钢琴，重要的是在小学阶段我曾连续四年担任班长，还担任过两年的大队委员。所以我是比较有经验的，更重要的是，我有一颗愿意为班级奉献的热诚之心。

假如我这次当选了班长，我会更加努力学习，以自己的学习热情带动全班同学的学习激情，做一个品学兼优的好学生，做好老师的小助手，在老师和同学之间架起一座沟通的桥梁。我会想同学之所想，急同学之所急，带领同学们齐头并进，创建一个积极向上、拼搏奋进的优秀班集体。

同学们，初中生活是美好而难忘的，我希望我能当选班长，带领大家在温馨、友好的环境中共同学习，一起成长。请同学们信任我，为我投上你神圣而宝贵的一票，我定会竭尽全力，不辜负大家对我的信任和期望。谢谢大家！

瞿锐捷同学在竞选演讲中展示了他规划的蓝图——

各位同学：

大家好！我是瞿锐捷，我竞选的职位是班长。

我先来讲讲为什么我要当班长。我们这个班是一个集体，一个好的集体需要一个好的管理团队，这个团队能给集体带来勇气和信念，而我认为这6位班长构成了这样的团队。我想成为其中的一员。

如果我当上了班长，我一定会尽职尽责做好我的工作。第一，我将打造全心全意为同学们服务的班委，如果有同学在学习和生活中遇到了困难，我一定会尽全力提供帮助；第二，我会倡导同学们多读书，读好书，养成读书的好习惯；第三，我会倡导同学们追寻自己的梦想，因为梦想如同幼芽，只有在辛勤的汗水与泪水的浇灌下，才能开出成功之花。

如果我落选了，我仍会一如既往地为同学们服务，加强自身的学习，就像“黑夜给了我黑色的眼睛，我却用它寻找光明”。谢谢大家！

管理经验较少的杨雯丽同学让所有同学看到了她的热情与真心——

敬爱的老师，亲爱的同学们：

进入初中后，我开始了崭新的生活，有了新的挑战。例如，我现在要竞选班长。虽然我以前没有担任过如此重要的职务，但我想拥有一个全新的初中生活，所以在开学初，我勇敢地推举自己为副班长。虽然这只是临时的，但是我依然欣喜若狂，心里掺杂着兴奋和紧张。

在我第一周值日时，面对班级午间管理与办黑板报两项任务时，我选择了后者。然而，当教室里因没有及时管理而乱糟糟时，我收到了老师的提醒，这让我意识到自己经验的不足。

第三周值日时，我吸取上一次的教训，全面顾及班上的各类事情，也因此被老师认可，老师评价我考虑周全。这就是我的进步，我相信自己以后会做得更好、更出色。

俗话说："甘瓜苦蒂，天下物无全美。"我虽不能做一个毫无瑕疵的人，但至少会让未来的自己比现在的自己更好。请同学们信任我，也给我一个证明自己的机会，谢谢大家。

经过紧张而激烈的竞争，同学们以严肃认真的态度参与了投票。最后，按得票数由多到少进行排序，排在前六位的学生当选为第一届班委。此次竞选演讲不仅是对班干部职位的争取，也是对学生表达能力、领导力及公众形象塑造能力的一次锻炼。胡子恩、向诗悦、瞿锐捷等几名学生的发言，展现了他们的决心、责任感及对班级未来的规划，有效激发了学生的积极性和对班级事务的热情。

三、培育班委的自主管理能力

幸福教室的班委具有超强的自主管理能力，这需要班主任赋予他们自主管理权，并激活他们的自主管理意识。

第一招，让班委自主商议分工。

青鸾三班的第一届班委终于成立，共有6位班长竞选成功。值得注意的是，尽管6名学生竞选的都是班长一职，但各自的角色和分工——常务班长、学习班长、活动班长、劳动班长、纪律班长和宣传班长——尚未明确。这是一个考验和培养班委的绝佳机会，因此我把问题抛给班委解决：由6位班长自行商议各自的角色与分工。

班主任充分放权，就能给班委协作交流的机会。于是，6位班长放学后有模有样地讨论起来，气氛热烈且融洽。

“向诗悦，你的班级管理经验最丰富，我觉得你适合当常务班长。”

“我性格开朗，喜欢参加班级活动，与同学们沟通也很顺畅，我可以试试活动班长。”

“我的成绩还行，对于各个科目的学习比较有心得，我应该更适合担任学习班长。”

……

经过民主平等的协商，第一届班委的角色和分工在讨论中逐渐清晰，每个人都被安排在最适合的位置。在这个过程中，6位班长已经了解了彼此的个性特点，明晰了各个岗位的职责范畴，每一位班长在安排自己的分内之事时，又能兼顾和体谅其他几位班长的工作，分工与合作完美兼顾，进而发挥班委的整体功效。

第二招，为班委提供工作列表。

一般情况下，刚进校的初中生在经历了六年的常规班级管理模式后，会自然而然地听从班主任的安排，并习惯于由一位班长“统领三军”。为了提升班委的自主管理能力，班主任需要瞄准机会助推一把。于是，我结合学校在三年内举办的系列活动，以及学生成长期间的关键要素，罗列出各位班长负责的工作事项（图1-3），以供班长们参考。

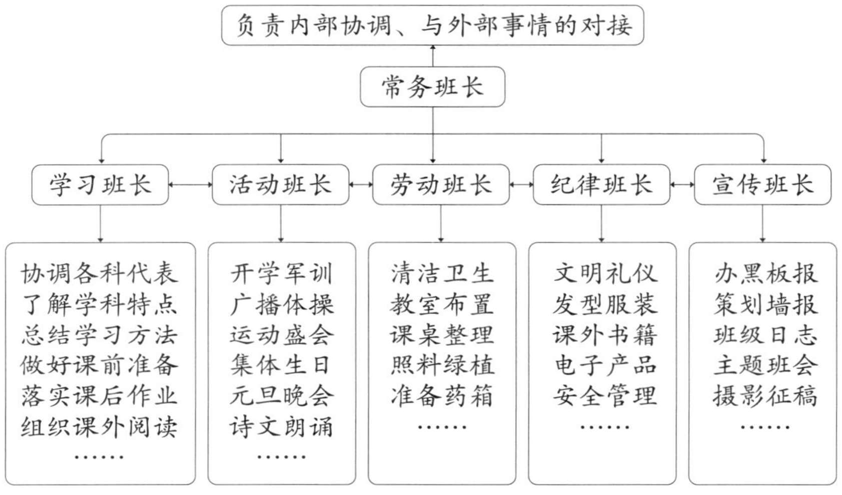

图1-3 班长的工作事项

这份列表打开了班长们的思路，班委可以在此基础上进行改进、创新和逐项细化，班长们结合自己的视野与经验，酝酿起各自“辖区”内的活动方案。

第三招，让班长们组建智囊团。

诸位班长在熟悉自己的领域，构思好工作计划后，一定会发现自己的工作事项较多，仅凭个人力量来推行比较困难。这时，我作为班主任适时地使出了第三招，让班长们组建智囊团：设立学习部、活动部、劳动部、纪律部和宣传部，招纳更多班干部。

于是，班长们结合自己“辖区”的需求，开始在班上“招兵买马”，物色成员，组建部门。每一个部门3～5人，参与班级管理的学生剧增，教室里呈现出“事事有人做，人人有事做”的蓬勃之势。各位班长充分听取同学们的意见，部门的活动也群策群力、贴合民心。

这三个策略环环相扣，共同构建了一个以学生为中心、高度自主又不失指导意义的班级管理体系。班主任通过适度放手、明确指导以及提供必要的资源支持，能成功激发班委的自主管理潜能，培养一支高效、协作、富有创造性的班级管理团队，进而为建设幸福教室奠定坚实的基础。这种方式不仅提升了学生的领导力和团队协作能力，也为他们的全面发展提供了实践平台。

四、评价和改进班委的管理

对于班级管理，只放不收像一盘散沙，只管不理如一潭死水。因此，一个具有自主管理能力的班委会，必须建立评价反思机制，以帮助班干部改进自己的工作。

例如，定期召开班委会议，班主任列席参加，对班干部的管理工作进行点评与指导；每学期在班上进行民意测评，了解班干部在学生心中的印象；在班内设置“金点子小信箱”，以便同学们对班干部的工作提出建议；在班会课上讨论班委面对的棘手问题，让班干部和同学们增进对彼此的理解和沟通。

青鸾三班曾经采取的值周班委制度，取得了良好的效果。当时，第一届班委上任，学生都觉得这种管理方式新颖有趣，使得班级在很长一段时间都秩序井然，教室里也呈现出一派欣欣向荣的景象。可是，再好的管理方式也需要创新和制约，否则会进入管理疲软期。

当第一届班委动力不足时，我在班上大张旗鼓地选拔第二届班委，旨在为班级管理注入新鲜血液。经过紧张激烈的竞选，第二届班委脱颖而出，与首届班委共计12位优秀班长汇聚一堂（图1-4）。

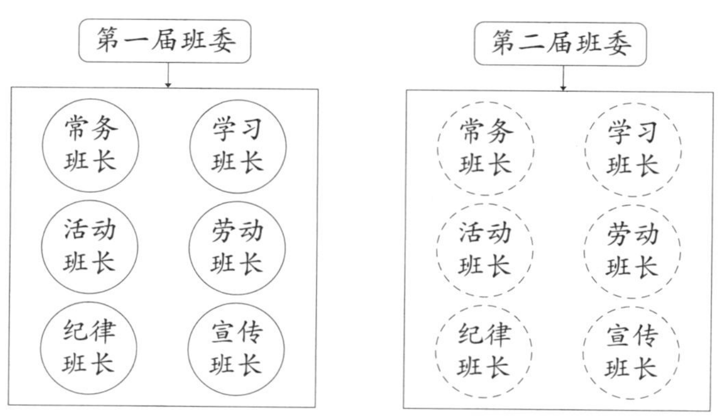

图1–4　青鸾三班第一、二届班委

我随即赋予他们交流与碰撞的空间，根据12位班长的性格特点和经验丰富程度，再按照新老搭配的原则，巧妙地将两届班委重新组合为“A班委”和“B班委”两支队伍，确保每一套班委既有经验丰富的老将，也有充满活力的新秀，实现智慧与热情的完美交融，共谋班级发展新篇章。

接下来就是值周班委制度最精华的部分：单周由A班委担任主角，负责班级日常的统筹和运营，B班委则在一旁静观学习；双周角色互换，由B班委接力，将各部门的工作安排妥帖，A班委则转变为观察者与监督者（图1–5）。两套班委各有特点，在值周的时候，管理风格不同，处事方法不一，这种机制不仅促进了班委之间的良性竞争与合作，还让班级管理始终保持新鲜感与活力，确保了管理理念与实践的持续迭代与优化。

对于建设幸福教室而言，这一系列举措如同精心耕作的园艺，由师生共同设计的班级组织架构是肥沃的土壤，具有自主管理能力的班委是茁壮成长的新苗，培育班委的方式是不可或缺的阳光雨露。正是这样的悉心培育，让班级管理之树枝繁叶茂，结出了学生全面发展的累累硕果。

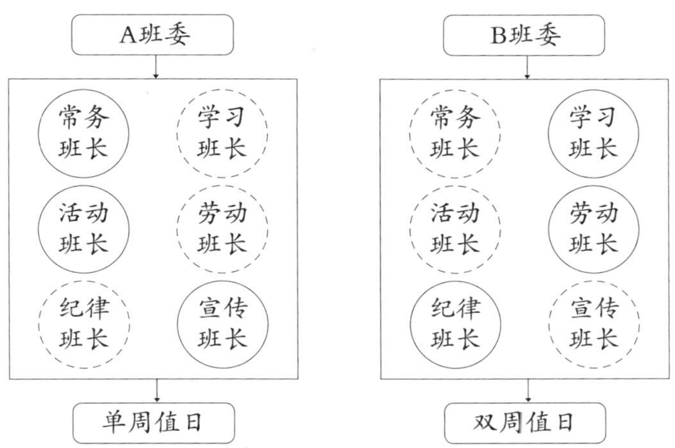

图1-5　青鸾三班轮流值周班委

读到这里，我相信您一定会明白，为什么家长会评价这种管理方式能给学生“一片开放的视野、一颗上进的雄心、一些先进的理念、一种自由而又讲规则的思想”！

开学第一月的工作重点：
开展自我觉醒系列班会

建设一间幸福教室，其核心在于唤醒每一个学生心灵的内在潜能，增强每一个学生的自我意识与内在力量，提升其自我管理能力，让他们在自我审视、自我约束、自我塑造和自我超越的过程中，逐步学会管理自己的思想与行为，实现从被动遵守规则到主动自我引导的蜕变。学生的“自我”如破茧之蝶翩然醒来，随之而来的，便是自我价值的深切认同与幸福感的自然涌现。

因此，在新学期的第一个月，我在班上开展了有助于学生自我觉醒的系列班会。

一、确定班会主题

开学初期，学校规定的第一次班会主题是“做一个有道德的人”，意在引导学生步入正轨，树立正确的价值观念。虽然我围绕这一主题精心筹备了班会内容，但初入中学的学生正处于由儿童向青少年转变的过渡期，心智尚未成熟，对于“道德”这一抽象概念的理解尚浅，仍然停留在模糊的认知层面。于是，我决定调整策略，启动一场深度触及心灵的自我探索，开展关于自我觉醒的系列班会，将班会主题改为“我想成为一个________的人”。

这个班会主题很有价值。

苏霍姆林斯基说：“我深信，只有能够激发学生去进行自我教育的教育，才是真正的教育。”[①]每个学生心中都藏有一个卓越的“我”，有些人心中的“我”已然觉醒，激情澎湃；有些人心中的“我”仍然处于混沌之中，浑浑噩噩。倘若能借用系列班会让学生心中的“我”开始觉醒，引导其进行自我教育，必然能让学生心开目明，走向幸福。

这个班会主题很有难度。

第一，问题本身很难。“我想成为一个________的人”是一个充满哲学意味的问题，既类似于“我是谁？我从哪里来？我要到哪里去？”这三大人生哲学难题，又和德尔斐神庙上“认识你自己”的箴言很相似。这个问题在人生的每个阶段都可能会有不同的答案，也许要用一生的时间来探索才能给出完满的回答。我们怎么能要求学生在中学阶段就有答案呢？但是换一个角度看，如果学生在中学阶段就开始对这个问题有所思、有所行，开始做人生的探究题与证明题，那么这种觉醒本身就具有极高的价值，它让学生明白，人生是一场不断认识自我、定义自我、超越自我的旅行。

第二，让学生吐露心声很难。每个学生的个性特征不同，语言表达能力不同，心灵的开放程度也不同，要在公开场合敞开心扉、展露真实自我，无疑需要极大的勇气。换个角度思考：如果学生连说出来的勇气都没有，又何谈朝着目标迈进呢？哪怕声音微弱，他们也要勇敢地迈出第一步。我们要激励学生，让他们把大声说出自己的心愿当成第一步，在随后的每一天里，不停地给自己正向、积极的心理暗示，在心里加固这座自信的桥梁。正是这份敢于发声的勇气，为学生迈向目标铺下了坚实的基石。

第三，学生实现愿望很难。宏伟梦想与现实之间的鸿沟，常常

① 苏霍姆林斯基．给教师的建议 [M]. 杜殿坤，编译．北京：教育科学出版社：1984：350.

让学生徘徊犹豫。无论目标多么远大，计划多么周全，只要落实不到位，一切愿望都是空中楼阁。有的学生不够自信，害怕自己只是夸夸其谈、言而无信，索性闭口不言。有的学生即使勇于开口说出自己的想法，也因没有足够的行动力，而不了了之。我们应帮助学生克服自我怀疑，让他们明白：哪怕再微小的行动，都是向梦想迈进的有力步伐。

这个班会形式非常特别。

这不是一次突发奇想的班会策划，而是一项深度聚焦学生自我觉醒与自我教育的系列工程。在日常教育的场景中，我们见到的都是依据时间脉络而确定的独立的班会主题，诸如“养成好习惯”“感恩教师”“欢度国庆”“科学备考”“尊老敬老”“迎新年庆元旦”“新学期新计划”“学习雷锋”“植树环保”等，一次班会一个主题，每一年再重复一次。这类班会确有立竿见影之效，但难以维系持久的影响力。

孙绍振老师曾说过：“一个人的心理，其内在结构，从表层到深层，具有相当的稳定性，有时外部条件有了某些改变，例如，父母的责备、老师的鼓励等，人物心理也许会在表层做出一些调节，例如痛下决心、用功读书之类，但其深层是超稳定的，一般表层的调节不会影响到深层的稳定。因而表层的调节，尽管是真诚的，但不用多久，就会被深层结构反调节所消解。”①

因此，我决定启动这项更为深远的教育实践——“我想成为一个________的人”系列班会，它如同挖掘一口深井，意在引导学生持续探索自我，逐步深化个人特质。以往独立的主题班会也可以转化为这一系列班会的某一个部分，如“做一个有道德的人”“做一

---

① 孙绍振．名作细读：微观分析个案研究 [M]. 上海：上海教育出版社，2009：322.

个拥有良好习惯的人”“做一个感恩的人”“做一个热爱祖国的人”“做一个会学习的人”“做一个尊老敬老的人”等，连续90天的沉浸式教育，让学生在每一次班会中深化自我认知，将短期的决定转化为持久的内在信念，逐步渗透至心理结构的深处，直到形成稳定而坚固的个性特质。这不仅是对学生愿望的反复确认与深化，更是一场深入心灵、塑造真我的旅程。

二、启动系列班会

（一）关注细节，引入话题

“同学们，刚才有一个细节让我很感动，我在讲台上播放课件时，有一位同学从我身边经过，我侧过身子为她让路，她轻轻地说了一声‘谢谢王老师’。大家知道是哪位同学吗？”

细心观察的学生大声喊出：“可——欣——”

我抓住机会问道：“对呀，一个小小的细节就向大家传递了一个信号——可欣是一个极有修养的人。同学们，你们想成为什么样的人呢？”

（二）创设情景，体会形象

课件中呈现一组校园里保洁老伯认真工作的照片，我请学生仔细观察，并回答下列问题：

1. 观察老伯的动作，猜测老伯在做什么。

2. 从老伯的举动中，推测他是一个什么样的人。

3. 观察老伯的表情，揣摩他干活时的心情。

学生认真地看着屏幕回答道：“老伯正在认真打扫校园，天哪，他竟然在用钢丝球清理我们教室外面垃圾桶上的污渍。”

教室里一下子热闹起来：

“这应该不属于他的工作范围呀！”

“这真是一个暖心的人！”

“一个很负责任的人！”

“一个眼里有事并能主动做事的人！”

“老伯很慈祥地看着垃圾桶，没有半点埋怨和不满。”

“也许老伯有孙子或是孙女在学校，他应该是希望用自己的力量让孩子们的学习环境更美好吧。”

（三）回归班级，感知差异

随后，课件展示几个学生的课桌抽屉的图片，一组整齐有序，一组凌乱不堪。我顺势引导学生观察两组照片，并围绕下列问题讲述自己的看法。

1. 大家喜欢哪一组照片？

2. 物品整洁的课桌抽屉的主人是一个什么样的人？

3. 物品凌乱的课桌抽屉的主人是一个什么样的人？是什么原因让他的课桌抽屉如此凌乱？

4. 你希望自己课桌抽屉内的书籍怎样摆放？你会做好这些吗？

有学生立刻举手：“我喜欢第一组，它看起来赏心悦目，它的主人一定是一个生活习惯非常好的人。”

还有学生议论纷纷：“第二组照片的主人可能有点邋遢，说不定在家里他的父母喜欢替他整理房间，于是小主人便不会收拾东西了。”

不一会儿，教室里开始出现骚动，很多学生坐立不安，伸出手在课桌抽屉内摆弄起来。

（四）限时挑战，促进实践

至此，我趁机向全班学生发起了一个两分钟快速整理课桌的挑战，并发布指令：“请同学们利用两分钟的时间收拾课桌，做一个爱整洁的人。”指令一下，学生迅速响应，教室里像刮起一阵龙卷风，每个孩子都铆足了劲整理起课桌来，每个角落都洋溢着积极向上的活力。

（五）榜样引航，效果不凡

挑战过后，我在精心筹备的课件中展示了之前带过的涅槃六班的班名、班训、班徽、班歌和班刊，还有两个学生三年前后的对比照片：其中一组是两个学生七年级刚进校的样子，另一组是这两个学生九年级毕业之后回母校来看我时的模样。

课件的每一页都承载着过往学生的奋斗与蜕变，尤其令人瞩目的是两张对比鲜明的照片——曾经满脸稚气的小男孩变成了身高一米八的阳光少年，昔日矮胖自卑的小姑娘变得自信满满，给人一种王者归来的气势。台下的学生发出一阵阵惊叹声，我趁势引导："相信大家通过两组照片都能感受到，三年时光足以见证奇迹，你们身边的学长、学姐已证明，每个人都有潜力成就非凡。"

我深情提问："同学们，一个人心怀梦想时，就会坚定不移地朝着目标奔跑。你想成为一个怎样的人？你将怎样定义未来的自己？"

我看见学生的眼睛里闪着憧憬与决心，他们被榜样学长的光芒所触动，内心深处的"我"开始觉醒。

陈雅新态度坚定："我想成为一个有作为的人。"

文清恺承诺道："我想成为一个讲诚信的人。"

肖静怡微笑道："我想成为一个自信的人。"

向诗悦感慨地说："我看到同学们从小事做起——摆放凳子、给植物浇水——特别感动，我想成为一个细心的人。"

阮可欣娓娓道来："我想做一个能够帮助他人的人。我希望自己能够为他人多着想一点，能够带给他人温暖，能够在黑夜里努力闪耀，用自己的光照亮一片黑暗。"

郭润泽誓言铿锵：“我的理想是精忠报国，做一个对社会有用的人！”

黄安妮目光坚定：“我想成为一个有能力、能担当重任的人。因为有了能力、坚持拼搏，再多的困难，再大的挫折，我也无所畏惧！”

……

这些来自心底的声音，如同一颗颗种子，在每个学生心中生根发芽。我知道，“我想成为一个________的人”的愿望被他们郑重宣告出来，这不仅是自我认知的深度觉醒，更是他们自我驱动力的悄然启动。

三、“花式”助力班会

（一）心愿卡助力

“我想成为一个________的人”这一班会主题，无疑触及了学生的心灵深处，从而让他们生发出无穷的向上力量。在第一次班会上，只有少数学生试着说出了自己的愿望，仅有寥寥数语在课堂上轻轻响起。为了鼓励更多学生勇敢地表达自己的心声，我策划了“心愿卡助力”行动，旨在为学生搭建一座勇敢表达自我愿景的桥梁。

我认真记下每一个学生的愿望，并邀请他们把自己的个人形象照发过来，作为心愿的见证。我结合每个学生的特点，亲手设计了独一无二的心愿卡（图1-6），每一张都饱含对学生个性的理解与尊重。经过彩印和过塑，心愿卡在阳光下熠熠生辉，悬挂在教室窗台最显眼的地方。微风拂过，五颜六色的心愿卡随之摇曳，仿佛在召唤：“瞧，我在这里，我是你心中的梦想，正在等待被实现。”

设计心愿卡，是对学生愿望的正向回应。它传递出一个信号：

在这个班级里，每个孩子的梦想都能被看见，每个孩子的声音都有机会被倾听。心愿卡，装饰了学生的心灵天空，鼓励学生走出羞涩的阴影，激励他们勇敢展示真实的自我。

展示心愿卡，是将学生的目标可视化，将梦想从抽象变为具象，让目标不再是遥远的星辰，而是近在咫尺的日常风景。每当学生抬头看见自己曾经许下的心愿，这份视觉的提醒便能每时每刻地激发他们的内在动力。它让学生们的愿望在日常的点滴中生根发芽，向着幸福教室的愿景茁壮成长。

图1–6　学生的心愿卡

（二）家校联系本助力

学校提供的家校联系本包含了作业记载、自我评价、家长留言和班主任评价等板块，它不仅是作业记录的载体，更是自我反思、家校共育的宝贵平台。

我趁势启发学生："亲爱的同学们，环绕在你们周围的家人、师长以及朋友们，都是你们成长道路上的助力者。生活中的每一次挑战、每一场活动都是自我雕琢的磨刀石，帮助大家向理想中的自己迈进。你希望拥有怎样的班级，那就去建设它；你希望成为一个什么样的人，那就落实在每一天的行动中。大家不妨从今天开始，在家校联系本上记录下自己的每一个足迹吧！”

学生安妮就曾在家校联系本上这样写道：“今天老师又说到了关于目标的话题，让我们将现在的自己和想成为的那个自己做比较。我曾经说过想要成为一个勇敢、能勇于承担责任的人，但是我现在做得似乎还没有那么好，或许是因为性格的原因。所以，从今天开始，我要朝着心目中的那个自己进发。”

（三）“暮省心语本”助力

在青鸾三班，我们特别设立了“暮省心语本”（简称心语本），这是师生交流的彩虹桥，学生可以在上面畅所欲言，而我作为班主任，每周都会细细品读并用心回应。

围绕“我想成为一个________的人”这一主题，学生们在心语本上留下了深刻的自我反思与成长的足迹。

静怡同学的分享极为动人——

我想做一个自信的人。

一年前的场景，我至今仍然记忆犹新，不仅因为那是我的心愿，更因为今天的我可以自信地说：“我要做一个自信的人！”

在心愿卡上，我为自己写道：“自信是一根柱子，能撑起广漠的精神天空；自信是一缕阳光，能驱散迷失者眼前的阴影。”现在的我，只需要一缕阳光，便可从迷雾中找到光明，找到自己。在无形中，我慢慢地可以为自己撑起一片天空；在行动中，我尽自己最大的力量去追赶心中的那个人。我深感庆幸，因为我知道路虽然很长，但一步一步一定能走完。更重要的是，我正在做出努力。即使做得不好，那又如何？至少我尝试过，我总算试过。

在这半学期的学习过程中，我用萧伯纳的话告诉自己：“有信心的人，可以化渺小为伟大，化平庸为神奇。”一个自信的人，要有勇气面对一切，要有勇气去自省、去面对、去改正。

心语本将青鸾三班“对镜自省，一飞冲天”的班级精神落在实处，它也是心愿卡的延伸，共同为系列班会助力。

（四）连续性班会助力

通过前期的精心布局与实践，班会课已不仅是每周的例行活动，还演化为学生自我展现与成长的舞台。学生从最初的羞涩变为现在的主动分享、落落大方，翘首期盼每周的班会课。已经拥有心愿卡的同学，可以兴奋地向同学们分享自己战胜自我、向愿望靠近的过程。那些还未表达愿望的学生，则期待有机会能大胆说出自己的愿望，获得一张属于自己的心愿卡，并加入实现自我的队伍。

在第三次班会上，我继续提出话题——“我想成为一个________的人”。

渐渐地，学生的想法越来越多，目标越发清晰。

瞿锐捷坚定地表达：“我想成为一个品学兼优的人。”

杨雯丽自信地说：“我想成为一个有恒心、能坚持的人。”

高李天朔积极地宣告：“我想成为一个迎难而上的人。”

李凯爽快地告诉大家：“我想成为一个让他人快乐的人。”

李雨儿郑重地说：“我想成为一个三科全能的人。”

王家翀若有所思地分享：“我想成为一个成大事、不拘小节的人。”

一批批学生行动起来，无论那个“我”是否完美，这都是属于孩子们的人生中最有意义的目标。

与此同时，我们师生在班会课上开始了发现之旅——发现自己行动力强的地方，发现其他同学落实到位之处。总而言之，大家尽全力向目标奔赴。

令人欣慰的是，这些目标与愿望并非空中楼阁，它们正在学生们的日常行为中生根发芽。我批改作业时，发现里面夹了几张文稿纸，原来天朔同学忘记把作业本带回去了，他面对困难不退缩，用实际行动践行“迎难而上”的承诺，于是自己想办法把题目抄在文稿纸上，按要求完成了作业。

我还发现，在某个夜晚，教室里有一个身影正在用粉笔勾勒插图。原来是学校要求更新黑板报，可欣同学觉得时间太紧，不想让其他同学回家太晚，所以她选择独自承担。此外，她为了让大家安心，还当着小伙伴的面与妈妈联系，并约定时间让妈妈接自己回家。“我想做一个能够帮助他人的人。”可欣不仅是这样说的，更是这样做的，她在用自己的光照亮一片黑暗，以自己的行动诠释了“帮助他人”的美好品质。

每一次班会，我都会被这些学生深深感动，我为拥有这些可爱的学生而感到幸福，我相信会有更多个出色的“我”涌现。

四、见证班会实效

在学生的期待下，系列班会坚持了一个学期。新学期开始，在春天里，我写下了这段文字：

班主任带班没有放之四海而皆准的方法，却有一条永恒不变的规律——让学生看见自己，发展自己，成为更好的自己。

青鸾学子的成长从“自我觉醒”系列班会开始，为此，我已经与学生一起努力了155天。每一次批阅家校联系本、回复心语本、召开系列班会，我都像是在欣赏嫩芽绽绿，那是春天最美的风景。当时，我情不自禁地写道：“新学期来临，站在新旧交替的十字路口，我的学生们，你们想对自己说些什么？如果你早已有了答案，那么你与自己曾经许下的心愿靠近一些了吗？如果你还未找到答案，那么你现在的想法是什么呢？”

有的学生早慧，目标感强，一直都很清醒，在深思熟虑之后可以在心语本上郑重落笔；有的学生充满童趣，天真烂漫，对于自己的心愿暂时还是混沌的，可能在冥思苦想之后一无所得，只得在心语本上留言：“老师，我还没有答案，我想再思考一下……”

班会课上，我们再次行动起来——

纪律班长陈雅新立足班级，谈到自己的想法：“在新学期管理班级时，我要从集体的利益出发，让每个人都发挥自己的价值，我会继续一点点朝着自己的目标迈进。”

活动班长向诗悦有着完美主义倾向，她坚定地说道：“我想将‘成为一个细心的人’从方方面面做到极致，让自己变得更好，让班级变得更好。”这是一个感动青鸾三班、令我赞叹的学生。

肖静怡曾经回答一个问题要想三分钟才开口，这次却流利地表达了自己的观点：“这学期我想尝试一下以前不敢做的事情，比如说课上积极发言，我想从这一点来让自己变得更自信。”从犹豫胆怯到自信大方，这是她最大的转变。那时那刻，我们一起埋下梦想的种子；此时此刻，才能赏繁花初绽。

宋佳琦是一个情感细腻的小姑娘，她想成为一个独立自信的人。她说：“总会有人说我爱哭、不坚强、软弱、不勇敢，在这里我要说一声抱歉，也许这样的我给你们添了不少麻烦。上个学期我定的目标，已不再是遥不可及的梦想，它即将实现。上学期的每一个小进步都见证着我的成长，这学期我还会改变，变得不再脆弱，变得内心更强大，不再为一点小事就掉‘金豆豆’。”

阮可欣一心想成为有益于他人的人，她开始反思与呼唤：“最近我与同桌有上课聊天的行为，我的行为与我的初衷相违背，这样既耽误了同学，也影响了自己。为了在初中阶段更接近自己的目标，我决定在上课时不再闲聊，帮助自己和他人。希望我的同桌能够和我一起努力，成为一个有益于他人的人。”如此诚恳的呼唤会有效果吗？我留意到，她那总喜欢迟到的同桌已经连续几天都没有迟到了，这是友情的力量，是信任的魔法。

活泼开朗的王家翀想通过考试成绩来证明自己的能力：“我在小学时经常做一些琐事，现在想做一点大事，比如，在期末考试中取得更好的成绩。如果我能坚持21天或90天把字写得更工整，这就是一件大事；如果我能坚持21天或90天养成及时整理错题的习惯，这也是一件大事。如此一来，好成绩自然水到渠成。”

朱圣煊想成为一个自信且乐于助人的人。上个学期他发言的声音特别小，而这次他将声音特意提高了很多，自信也随之而来：“上学期，王老师安排我为同学们讲解题目，我觉得这是一种被动地帮助别人。本学期，我会主动发现别人的困难，然后去帮助别人。”从被动到主动，圣煊有了不起的转变。

黄安妮想成为一个有能力、能挑重担的人。在上个学期，她承包了“每日一题”活动的所有工作。新学期，她表示：“如果王老师和同学们还信任我的话，我可以继续承担‘每日一题’的工作，力争将其做得更好。”教室里回荡着学生整齐的声音：“信任！”

刘力果是一个勇于开拓自己潜能又很坦诚的孩子，他说：“我小时候生活在农村，交流的对象少，人也比较内向，不敢上台发言。虽然上个学期我有了很大的改变，但还是不敢竞选班长，听说这学期会重新选班长，我想试试看。”人生能够不断发现自己，该是怎样的惊喜。正如海明威所言：“优于别人并不高贵，优于昨天的自己才是真正的高贵。”刘力果的优秀与起点无关，只关乎每一天的进步。

李凯坚持自己的愿望，他乐观开朗地说道：“想让别人快乐，首先要自己快乐。任何事情的本质可能都是枯燥无味的，你只有去寻找，才能找到事物有趣的点。”

夏家乐想成为能为班级争光的人，他这样说道：“我想为班级争光，其中还有一个隐藏的目标——我想更加自信一些。我发现我在为班级争光的同时，我的自信心也在增强，所以我想继续为班级争光。”多好的孩子啊，他在为班级的付出中找到了自己的价值。

戈家欣总是语出惊人：“我想成为一个不断超越自我的人，因为我觉得我应该不断进步，人生有无限可能与机会，只要你把握好，它就是你人生的一个转折点。”我很喜欢她说的这句话，人生有无限可能，因为你现在永远不知道将来的自己会是什么样。

……

听着这些真挚的话语，我犹如望见满天星辰，一颗颗在天幕转动着，熠熠生辉。

我知道，青鸾三班中仍有少数学生依旧在迷雾中穿行，我会守在出口处，微笑着迎接每一个学生的到来，为他们的“自我觉醒”喝彩，助力他们成为更好的自己！

开学第一季的核心抓手：用软实力建设班级文化

古人云：“蓬生麻中，不扶而直；白沙在涅，与之俱黑。”这句话寓意深长，揭示了环境熏陶对个体成长的极端重要性。在教育的殿堂里，良好的班级文化犹如幸福教室的灵魂。它既是学生价值走向的指南针，指引着心灵的航向；又是学生行为意义的度量衡，量度着每一份成长的重量；它如同黏合剂，紧密联结师生情谊；它更是动力源泉，为班级的前进加油续航。因此，作为班级的领航者，班主任应充分意识到班级文化在班级建设和学生生命成长中的重要作用，并将班级文化视为重中之重，充分发挥其育人功能，以春风化雨之势，潜移默化地滋养每一名学生的心灵。

作为班主任，在建设班级文化时，需要秉持两项关键认识。

第一，了解班级文化的功能。

班主任的首要任务，是洞悉班级文化的效用所在。遗憾的是，部分班主任对此认识尚浅，或担心自己精力有限，难以建设良好的班级文化；或认为班级文化没有统一的衡量标准，既不能提高分数，也不能解决班级问题。殊不知，班级文化实际上是班级内部形成的、共有的、独特的价值观，是班级成员共同创造并遵循的思维方式、行为准则与价值观念的总和。班级文化具有规范、制约、凝聚和激励等多重功能，既能映射班主任的带班理念，又能寄托学生的成长寓意，还能凸显班级的特有风貌。

班级成员来自不同的家庭，有着各自不同的生活习惯和行为习惯。为了保障正常的班级秩序，班级成员必须遵守共同制订的“游戏规则”，以此来调节自己的行为方式，并将其内化为行为习惯，这是班级文化的规范和制约功能。

师生因共同的班级愿景而建设美好家园，并通过系列活动让师生、生生心心相印、息息相通，生发出强烈的班级认同感，这是班级文化的凝聚功能。

班级文化也是一个浓厚的德育场，无论是物质文化、制度文化还是精神文化，都会潜移默化地影响和提升学生的精神境界，推动学生不断超越自我，这是班级文化的激励功能。

第二，知晓班级文化建设的原则。

班级文化建设并不是只为了完成上级布置的任务，而是师生共同怀着憧憬与梦想，去创造一些美好的事物，去建设一间幸福教室。

班级文化建设要重视过程性。文化不是速成的，班级文化建设是一个不断创造优化、创新内化的过程。一方面，班级成员创造班级文化，需要时间的沉淀；另一方面，班级文化影响班级成员，内化于心，外化于行，离不开岁月的雕琢。

班级文化建设要体现学生的主体性。班级文化建设应该尊重学生的创造精神和主体地位，由师生共同参与、共同设计，凸显班级特色，引领全班同学共同进步。

班级文化建设要遵循阶段性特点。班级文化建设一般分为准备、形成、沉淀、创新和升华五个阶段，可以根据班级的需要分步推进，先商定班级口号、班训、班名、班级精神、班级愿景，再逐渐创造班徽、班诗、班歌、班刊、班旗、班服或班章等。

回望我班的班级文化建设之旅，那是一段既漫长又富有意义的过程。

一、准备阶段

（一）充分酝酿

好的班级文化应该是从班级内部生长出来的，建立在师生彼此了解、相互信任的基础上。学生进校初期，我设计了一份纸质版学生个人信息表（表1-1），进行前置调查。

表1-1　学生个人信息表

姓名		性别		民族		出生年月日	
家庭住址							
父亲姓名		电话		工作单位			
母亲姓名		电话		工作单位			
自我介绍							
我对班级的期待							
我可以为班级做的事情							
我想对自己说							
我想对老师说							
家长寄语							

信息表包括学生的个人基本情况、自我介绍、对班级的期待、可以为班级做的事情、想对自己说的话、想对老师说的话以及家长寄语等内容。这是一张简易却功能强大的信息表，一方面能让班主任尽快了解学生的家庭情况、性格特点、优势与不足，另一方面能引导学生与自己、班级、老师和家长进行多维对话，更新自我认识，激发自我期待，促进师生互动，建立家校联系，激活学生对共建班级的美好愿望。

（二）范例展示

在引领前一个班级的历程中，我倾注心血建设班级文化：班名“涅槃六班”，这个名字不仅是标识，更是一种精神象征，蕴含着六班学子不畏困难、勇于挑战自我的决心，象征着他们如同凤凰般经历磨砺后获得新生的力量。班训“团结、惜时、拼搏、有为”，简短却铿锵有力。班徽上那只涅槃重生的火凤凰，光彩夺目，不仅美化了视觉形象，更是班级精神的直观表达。师生共创的班刊《成长的足迹》《青春的印迹》朴实真挚。尤其值得一提的是由我精心制作的班级视频，跨越了整整三年的光阴，如同一部微型纪录片，见证了孩子们从青涩走向成熟的每一个重要瞬间。

在新班级的班会课上，当这段视频伴随着班歌悠扬的旋律缓缓播放时，学生们被深深触动，他们目睹了学长们由稚嫩的孩童变成阳光少年，在感叹时光的神奇之余，心中燃起了对未来的无限渴望，憧憬着自己的蜕变。

那一瞬间，教室里回响着激动的声音，有学生不禁发出向往之声：“如果我们班也能像涅槃六班一样该多好！老师，我们一定会比这个班更好。”

还有学生对我吐露心声：“那一刻，我被震撼了，被您深深地打动了，原来班主任是与我们并肩作战的伙伴，和我们一同走过这段人生旅程，留下的是如此珍贵的记忆。这让我第一次深切感受到，成长的路上，我们并不孤单。”

二、形成阶段

经过精心准备，学生开始绞尽脑汁去构建班级文化：取什么班名才能符合我们的气质？选择哪一句班训能够引领我们的成长？

学生创意如泉涌，每个学生都积极贡献，每个提议都闪耀着独一无二的光芒。有的学生甚至取了好几个班名，还画了多个班徽。这使得抉择变得既富挑战又须慎之又慎，如何选择成了摆在我眼前的一道难题：既怕顾此失彼辜负了学生的真心，又担心简单举手表决有损他们的热情与创意。面对这一棘手而珍贵的境况，我采取了一项细致入微的策略：将所有学生的创意汇总录入电脑，并制作了一份特别的问卷，邀请学生和家长一起填写。问卷题目包括身份、姓名、喜欢的班名、建议的其他班名、喜欢的班训、建议的其他班训、对于班级文化建设的建议等，力图全方位、多视角地捕捉集体的智慧火花。

问题1：您的身份是________？结果如表1–2所示。

表1–2　问卷填写者的身份信息

选项	人数	百分比
家长	35	56.45%
学生	27	43.55%

问题2：您喜欢的班名是________？结果如图1–7所示。

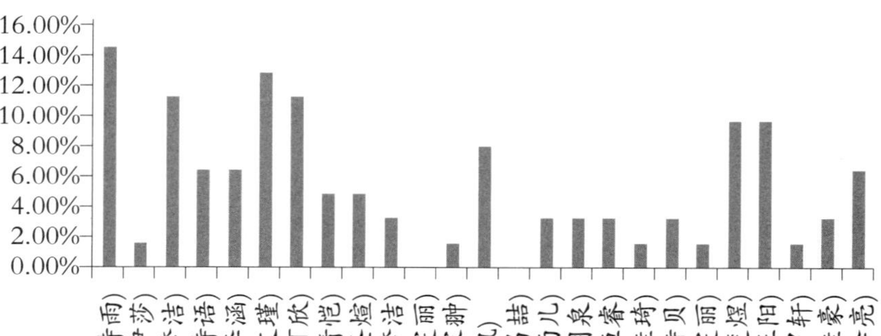

图1–7　“喜欢的班名”统计图

问题3：您想到的其他班名是________？结果如下——

航灯三班、蓬茸三班、枭雄三班、腾跃三班、涅槃三班、敏学三班、菁华三班、诚学三班、鸿鹄三班、GD（gold medalist，金牌得主）三班、德智三班、追梦三班、战狼三班、阳光三班、鹏程三班、倾云三班、启航三班、雷锋三班、朝凤三班、雄鹰三班、旭日三班、智行三班、潜龙三班、追梦三班、炫彩三班、智勇三班、丹阳三班、梦想三班、求索三班、致远三班、磐石三班……

问题4：您喜欢的班训或相关词语是________？结果如表1-3所示。

表1-3 “喜欢的班训”统计情况

选项	人数	百分比	选项	人数	百分比
1. 诚实	22	35.48%	16. 团结	21	33.87%
2. 诚信	28	45.16%	17. 文明	13	20.97%
3. 吃苦	7	11.29%	18. 惜时	7	11.29%
4. 方正	4	6.45%	19. 向上	13	20.97%
5. 行善	14	22.58%	20. 协作	6	9.68%
6. 好问	15	24.19%	21. 踊跃	3	4.84%
7. 好学	25	40.32%	22. 有爱	9	14.52%
8. 和谐	12	19.35%	23. 有为	6	9.68%
9. 互助	14	22.58%	24. 有心	5	8.06%
10. 坚持	13	20.97%	25. 自立	14	22.58%
11. 进取	14	22.58%	26. 自律	16	25.81%
12. 明理	8	12.90%	27. 自强	19	30.65%
13. 谦虚	13	20.97%	28. 顽强拼搏，打造辉煌，看我三班，势不可挡。（肖正阳）	7	11.29%
14. 上进	14	22.58%	29. 互帮互助，有爱有为，谦虚礼让，宽容大度。（宋佳琦）	5	8.06%
15. 守纪	9	14.52%	30. 三班集结，坚强如铁，万众一心，其利断金。（宋诗语）	5	8.06%

（续表）

选项	人数	百分比	选项	人数	百分比
31. 团结拼搏，勇争第一，超越自我，秀出风采。（童梦洁）	2	3.23%	35. 相信自我，不断超越，挑战自我，追求卓越。（朱圣煊）	6	9.68%
32. 路在脚下，志在我心，超越自我，绽放青春。（童梦洁）	7	11.29%	36. 不求做到第一，但求做到最好。（张文瑾）	6	9.68%
33. 努力拼搏，奋发向上，团结互助。（杨雯丽）	5	8.06%	37. 心之所向，无所不能。（李楚煜）	7	11.29%
34. 敦品励学，弘毅志远。（童梦洁）	6	9.68%	38. 不抚壮而弃秽兮，何不改此度？乘骐骥以驰骋兮，来吾道夫先路！（阮可欣）	6	9.68%

问题5：您想到的其他班训是________？结果如下——

（1）敦品励学，弘毅致远。

（2）崇善致美，笃行致远！

（3）大其愿，坚其志，虚其心，柔其气。

（4）好学近乎知，力行近乎仁，知耻近乎勇。

（5）良心无愧，信心无畏，恒心无敌，青春无悔。

……

问题6：对于班级文化建设，您有哪些建议？结果如下——

（1）作为家长，我很认可学校对于班级文化建设的重视态度。我建议教室的室内装饰可以设计得更加温馨，具有人文气息，比如配置图书角，摆放绿色植物，在墙壁上加装饰物（包括学生的手绘作品和文章），等等，为孩子们创造一个舒适的学习环境。

（2）我认为班级硬文化、软文化要两手抓，充分培养和调动孩子的主人翁精神，让孩子们各施所长，发挥潜能，共同营造和谐、友爱、求实、上进的班风！

（3）我希望孩子们生活在充满青春活力、积极向上、健康阳光的学习氛围中，因此提出如下建议：①建设图书角，让孩子们共享有文学素养或者内容健康有趣的书籍，并定期更换；②定期举办一些能培养学生学习兴趣的竞赛或活动；③学生干部实行轮流制，培养孩子们的班级主人翁意识，增强责任感；④逢节假日举办联谊活动，增进师生之间的情谊。

（4）班级就像一个大家庭，每一个学生都是这个家庭中不可缺少的一员。我认为要让每个学生都能体验成功，让每个学生的个性都能得到发展，让班级成为每个学生的乐园。

还有学生邀请家长一起商量方案，全家总动员给出建议——

（1）开辟文化墙。文化墙包括两大部分：一是主体部分，包括班名，班训，语文、数学、英语三科老师的一句话简介、一句话寄语及生活照片一张，表现突出的班干部、优秀学生的简介及照片一张。二是综合展示区，包括班级的德育、智育、体育、美育等方面的作品、成果、案例的展示。

（2）建立图书角。书籍是人类进步的阶梯！每个学生带两本图书共同组建班级图书角。每学期集中更换一次图书。图书角由专人进行管理，可定期轮换图书角的负责人。

（3）建立学生积分管理制度。在德、智、体、美、劳五个方面设置积分分值，运用积分奖惩体系管理学生的日常行为，积分的权重可设置为3：3：2：2：2，即德、智可分别以3分为基准分值，体、美、劳可分别以2分为基准分值。在具体操作时不应搞“一刀切”，应该具有倾向性或指向性。积分管理由王老师负责，郑老师、樊老师参与考核，按周、月、季、年四个时间段进行统计、公布、评奖、选优。具体内容由王老师把控，可挑选1~3名认真负责的学生协助。

（4）建立学业对标机制。每学期每名学生设定一名对标同学，对标同学可在本班，也可在本年级其他班级。每月对标一次（月考），对标结果可通过积分管理体系进行奖励或适当警示（扣罚积分）。建议班级前五名与本年级其他班级甚至其他中学的学生对标。对标可分为单向对标和双向对标：单向对标，即A对标B，B对标C；双向对标，即A与B相互对标。

以上均为个人建议，错误之处恳请王老师批评指正，谢谢！

这份问卷的特别之处体现在两个方面：一方面，在问题2和问题4中将每一个选项完整地呈现，既有班名和班训，又包含设计者的姓名。我的用意在于，学生是班级的主人，是班级文化的建设者，每一个学生的创意与心意都应该被看见、被珍视，教师应通过展示和充分讨论来保护学生的积极性和创造热情。另一方面，邀请家长和学生共同填写问卷。当家长只是一个旁观者时，我们的工作就是孤军奋战，甚至可能受到家长的质疑；当我们邀请家长参与时，家长便成为班级的一员，是班级文化建设强有力的支持者。

随后，我在班上公布了问卷调查结果，学生、家长和教师结合问卷的反馈信息开始深入探讨，希望既满足学生的意愿，又契合班内教师的气质。最终，经过班委会的集中商议，“青鸾”这个神奇而美好的班名终于诞生了。

学生这样介绍班名：青鸾是传说中的神鸟，类似凤凰——赤色多者为凤，青色多者为鸾——是祥和、喜庆的瑞兆。据古代传说，有一只青鸾不肯鸣叫，直到从镜中看到自己的身影才叫唤起来，因此“青鸾”又有镜子之意。今以“青鸾”为名，寓意为七（3）班学子能够有神鸟的祥瑞之气，养成对镜自省的习惯，终能一飞冲天。结合班名“青鸾”的寓意，我们选定的班训为“团结、诚信、自省、博学”。我们相信，只要一个班级是团结的，每个学生就都能做到诚信和自省，最终一定会博学多才、一飞冲天。

紧接着，班长向诗悦根据班名和班训设计班徽，第一稿勾勒出喜庆的青鸾模样，第二稿将班名的寓意渗透进去，第三稿着色和精致化，一遍又一遍地修改，直到尽善尽美（图1-8）。

图1-8　“青鸾三班”班徽第1~3稿

向诗悦自豪地向同学们介绍最终定稿的班徽（图1-9）：“瞧，美丽的青鸾站在镜前，这是班级精神的体现——对镜自省。青鸾的尾羽伸出镜外，正是‘青’的拼音首字母Q的形状；镜框左边由绿叶装点而成，将班训‘团结、诚信、自省、博学’镶嵌其中，组成的弧形恰好是‘鸾’的拼音首字母L的形状。合在一起也就是‘青鸾’的拼音首字母缩写QL。”

图1-9　“青鸾三班”班徽定稿

这是青鸾三班独有的班级图腾。班级精神是抽象的，班名、班训和班徽却是具体的，学生建设班级的心意是真切的。班级一旦有了蕴含成长理念的班名，有了象征班级精神的班徽与班训，学生便能在班上找到归属感与自豪感，安放自己的心灵，寄托自己的情感。

三、沉淀阶段

青鸾三班的班名、班训和班徽历时一个月完成，整个过程不仅唤醒了学生与家长的主人翁意识，也赋予了班级文化深刻的内涵，更提升了学生的人生境界。

行为心理学研究表明：21天以上的重复会形成习惯，90天的重复会形成稳定的习惯。通过一段时间内不断琢磨班名、班训和班徽，学生们在将班级精神内化的同时，对班级精神的理解也更为透彻。学生不仅是文化的体验者、享用者，更是文化的创造者。创造和体验阶段，都有着沉淀的效果。随着时间的推移，学生们在学习和生活中逐渐感悟青鸾精神，而后创作出班诗。

青鸾序

青鸾良师，三修三问；
青鸾学子，三秀三灵。
妙悟心清醒，博览且笃行；
绝境挽狂澜，协契亦精诚。
化作风和雨，明理辛与勤；
身在阑珊处，怀德砥砺行。
雪皑千里，晴空挽碧；
流觞曲水，初心切记。
一心对鉴，镜中深省志高洁；
一飞冲天，霄上重游证卑谦。

在五月艺术节前夕，学生们商量要表演一个与众不同的节目，于是创作出班歌。

青鸾三班的日子

（合唱）

开始的开始　我们初次相遇
最后的最后　你们各自离去
操场的灯光　一点慢慢地隐熄
青鸾的青鸾　该要飞往哪儿去

（男女领）

开始的开始　我们初次相遇
最后的最后　你们各自离去
操场的灯光　一点慢慢地隐熄
青鸾的青鸾　该要飞往哪儿去

（女合）

还记得　你曾听见
有人在说　那些奇怪的语言

（男合）

还记得　你曾看见
在操场奔跑的身影隐现

（女合）

还记得　这首歌
再唱着会是在怎样的地点
各种莫名的感受

（男合）

还记得　挥手间
问候声萦绕在耳边
闯进嬉戏的流年

（合唱）

表示从初一到初三的时光
仅仅只有三年
表示照片里熟悉的身影
格外扣人心弦
各种单词语法都搞不懂
还有新视野
各种复习备考的疯狂日子
令人难以忘怀
我们展翅翱翔涅槃成长
昂首阔步　成功的彼岸
风发一世　轻狂一气
豆蔻的年华
毕业和再见的字眼
深深埋没心间
只说句　嘻嘻一些

（女合）

十年后　你若听见
有人在说　这些奇怪的语言

（男合）

十年后　你若看见
在操场奔跑的身影隐现

（合唱）

表示从初一到初三的时光
仅仅只有三年
表示照片里熟悉的身影

格外扣人心弦
各种单词语法都搞不懂
还有新视野
各种复习备考的疯狂日子
令人难以忘怀
我们也会分别经历
挫折　人生大小不同的起落
瞥见红色校服
还会以为是我认识的谁
樊娉老魏静玲丹凤
青鸾我爱你
也许记忆里模糊了名字
但记得青鸾三班的日子

（男女领）

开始的开始　我们初次相遇
最后的最后　你们各自离去
操场的灯光　一点慢慢地隐熄
青鸾的青鸾　该要飞往哪儿去

领唱、合唱、伴舞、钢琴伴奏、萨克斯演奏、手风琴演奏，全班同学齐上阵，各种才艺全展示，共同演绎班歌《青鸾三班的日子》，惊艳全场。

四、创新阶段

创新是班级文化永葆生机与活力的不竭动力。在班级文化建设趋于完善后，我们又着手进行小组文化建设，这就好比一棵名为班级文化的树干上长出翠绿的枝叶，生机勃勃。

小组长的竞选要体现价值引领。

青鸾三班学习组长的竞选很激烈，历经师生多方了解、学生自愿报名、同学认可推举、候选人竞答以及投票选举等环节。

我先向学生阐明小组长的重要性——

亲爱的同学们：

大家好。小组是我们班级生活开展的日常形式之一，小组的凝聚力、活力和幸福感很大程度上仰赖于小组长的智慧引领与温暖管理。今天，我们荣幸地迎来了一批勇于担当、乐于奉献的小组长候选人：朱圣煊、周一阳、刘力果、王家翀、戈家欣、宋佳琦、尹爱琪、曾欣魏、向诗悦、李雨儿、阮可欣、周子桐。他们即将通过一场精彩的竞答赛，展示各自的领导才华与团队愿景。

请在细心聆听、深思熟虑后，慎重投下你的选票，共同选出9位能够引领我们青鸾三班小组乘风破浪、勇往直前的领航者。青鸾三班，因你们的智慧选择而更加灿烂辉煌！

在班主任阐明小组长的重要性之后，12位候选人开始竞答闯关。

第一关为统一作答题，限时2分钟回答以下问题：你为什么想当小组长？你打算怎样建立组规？你想建立一个什么样的小组？

第二关是随机作答题。每一位候选人从屏幕上的12个序号中随机点击一个序号，屏幕上将会出现对应的题目。这12道题包含小组长可能遇到的常见问题：

（1）如果你的组员经常迟到，怎么办？

（2）如果你的组员对组内的座位安排不满意，怎么办？

（3）如果你的组员上课喜欢聊天，怎么办？

（4）如果你的组员不够自信，上课害怕举手发言，怎么办？

（5）如果你的组员经常不交作业，怎么办？

（6）如果你的组员不爱收拾，乱丢垃圾，课桌抽屉一团糟，怎么办？

（7）如果你的组员喜欢吃零食，怎么办？

（8）如果你的组员没有目标，学习效果差，怎么办？

（9）如果你的小组积分低，怎么办？

（10）如果你的组员不执行组规，怎么办？

（11）你打算用哪些办法提高小组凝聚力？

（12）有目标的小组才有动力，你打算怎样制订小组目标？

小组文化建设要渗透班级文化。

选定组长，建立小组后，各小组开始正式进行小组文化建设。

1. 晒组名，挖掘小组组名内涵

学生取组名的时候，我建议组名与组长的名字关联，或与班级精神挂钩，或象征美好之事，这既能激发组长的责任感，又能让每个小组形成共同的愿景。学生有了班级文化建设的经验，很快呈现智慧的结晶：青宇、皓月、长风破浪、秉懿、苜蓿、悦佳、子规、星火燎原、励鸾。比如青宇小组："青"取自"青，取之于蓝，而青于蓝"，这句话出自《荀子·劝学》；"宇"是地层系统分类单位的第一级；"青宇"喻指后人胜过前人。再如，宋佳琦的组叫悦佳小组："悦"代表美好，"佳"代表优秀，"悦佳"谐音"越佳"，表示越来越好，体现了小组积极向上的精神。

2. 秀组报，完善小组精神文化

小组成员共同商定小组口号、小组目标以及小组组规等，然后绘制小组组报并全组上台展示。

看，皓月小组开始展示——

小组成员：向诗悦、童梦洁、姚婧怡、廖恒睿、张罗星、瞿锐捷。

组名寓意：“皓月”指纯净皎洁的月亮，有清正廉洁之意，这是对我们品格的要求。也有人将月亮比作镜子，这与班名“青鸾”相照应。

小组组训：团结、自信、向上、诚信。

小组组规：①一人犯错，全体帮扶；②乐于帮助同学，积极热爱班集体；③团结互助，敢于担当，积极进取，勇于探索；④性格乐观，以微笑面对每一天。

小组目标：对自己严格要求，恪尽职守，争取取得好成绩。

组内奖励：个人积分达到500分时，授予其“蛾眉月”称号；个人积分达到1000分时，授予其“上弦月”称号；个人积分达到2000分时，授予其“盈凸月”称号；个人积分达到3000分时，授予其“满月”称号。（每达到一个等级，皆有奖励）

小组精神：无论我们跌倒多少次，都要以最自信的姿态爬起来！

皓月小组的组规体现了小组组训和小组精神，其奖励制度采取积分制和达标升级奖励，彰显了向上向善的精神。秀组报也大有文章：是组长独自介绍还是所有成员彼此配合展示？是组长直接安排还是所有成员一起商量？组内有害羞的成员，大家怎么鼓励？这些都是考验。

组报是小组精神的物化，秀组报活动拉近了组内成员间的心灵距离，培养了团队的协作能力，凝练了小组精神，让创意与规则并行，展示与锻炼齐飞。

3. 拍合照，凝聚小组成员情感

每个小组都是一个小家庭，给小组拍全家福既营造了仪式感，又是激发小组凝聚力的良好契机。在拍摄时，每个小组要考虑：拍全家福是站一排还是站两排？小组成员如何设计造型才能展示小组的特点？

请看，长风破浪小组的全家福非常有层次感：两个女同学站在前排，共同举着小组组报；两个男同学站在第二排，目光坚定；最后一排是三个高个子男生——组长周子桐在正中间气宇轩昂地比着剪刀手，李凯踮起脚神采奕奕地站在右边，周一阳在左侧自豪地伸出右手的小指、食指和大拇指（小指是5，食指是2，大拇指是1，连起来就是“521”），整个小组显得团结一心、充满活力。

五、升华阶段

不少班主任在为小组建设而苦恼，例如小组内部常出现成绩优异的学生嫌弃甚至孤立个别同学的现象。然而，青鸾三班通过分阶段建设班级文化后，很少出现这种情况，进入了一个可喜的升华阶段，班级成员开始探索班级管理、小组建设、自我提升、制度完善等事项。例如，班委们思索如何分小组，同学们开始理解“小组”的作用，组员们也思考起了积分制的意义。

瞿锐捷对于分组的方式提出自己的建议——

（1）综合排名，确定组长。期中考试综合成绩的前九名担任组长，因为组长是一个组的管理者，优秀的管理者应集大成，须文理兼修，所以我认为应以综合成绩排名为基础确定组长。当然，前九名也可以弃权。

（2）双向选择，自主择组。在确定组长后，要解决的就是组员选择的问题。我建议由组长先挑选组员，若多位组长选择了同一名学生，则该学生可从选择他的小组中自行选择一个小组。这样做，其实考虑了组员的自愿性，让组员可以主动选择自己喜欢的小组，也可以让组员更好地为小组服务。如果他到了自己不喜欢的小组，可能会失望，产生怨气，不能很好地与组员磨合。

（3）民主协商，自动归并。在经历一番选择后，如果还有一部分同学没有被选上，那么他们开始自主商议，人数少就去往缺人的小组，人数多则6~7人自成一组，其余人再去往缺人的小组。

周一阳思考了如何当好小组长，他在《如何做组长》中写道——

我们重新选了组长，在竞选中，我觉得王老师不只是想让我们展示自己，更是在提醒我们如何做组长。

（1）我为什么想当组长？这是一个简单而鲜有人思考的问题，答案其实就是为大家服务，它在提醒每一位组长候选人：组长不只是指挥别人干这干那，这个职位有的是责任，而不是权力。

（2）如何制订组规？经过近一年的团队合作，大家已经了解哪些组规有用，哪些组规无用，应做出改进，以免无用的组规让组员们反感。

（3）要建立一个怎样的小组？这实际上就是让你有一个目标。小组没有目标，就算小组成员心再齐，也只会是一群无头苍蝇；而如果有了统一的目标，小组成员才能一起努力向目标前进。

有目标、有规矩、正观点——王老师告诉我们，组长要先做到这三点，然后再去解决小问题。

有大方向，有执行力，不就是大将风范吗？

肖静怡表达了对“小组”的看法——

关于“为什么要有小组”这个问题，我相信老师建立小组是为了让同学们相互促进、共同进步。积分制是为了让同学们感受到竞争的氛围，更加积极地学习与生活。有一句话叫“独学而无友，则孤陋而寡闻”，如果学习中缺乏学友之间的交流切磋，就会导致知识狭隘。组员之间要相互取长补短、集思广益。我认为这才是“小组”真正的含义。

还有多个学生围绕积分制展开激烈的讨论。

戴罗轩对积分制进行了质疑——

我们班一直采用积分制进行班级管理，同学们前面的表现还不错，但从这一周发生的事情来看，我觉得积分制存在一些问题：部分同学因积分产生矛盾，比如内向的同学被外向的同学强制带动，双方容易因观点不同而出现矛盾。积分制的目的是让同学们自我约束、自我激励。如果它只是在一定程度上掩盖问题，而没有真正解决问题，那积分制还需要存在吗？

瞿锐捷支持积分制，并列举了自己的理由——

为什么要建立积分制呢？我想，首先，积分制给我们树立了一个明确的目标，让同学们有目的地学习，不会迷茫。它正确引导我们思考为什么要学习，并让我们明确认真学习会在短期内给我们带来什么好处。其次，积分制实际上为我们创造了一个良好的竞争环境。一个月下来，谁的积分高，谁的积分低，一目了然。在竞争中，学习水平也会因环境、氛围的改变而提高。最后，积分制让我们的综合素质有了一定的提高，因为积分的来源不只有学习，还包括完善班级文化、体育比赛获奖等各个方面。

总的来说，积分是为我们服务的，它可以让我们更加优秀，但如果我们一味地去挣分，而忘了实行积分制的初衷，那结果将是我们为积分服务，积分将不再是附属品，而成为我们的主宰者，操纵着我们的灵魂，那不就本末倒置了吗？

家长瞿定银留言——

王老师组织同学们畅谈小组建设，重新分设小组。我读了这几个同学的文章，似乎能听到他们用心思考的怦怦的心跳声，能看到他们昂首前进的矫健身影。虽然他们讨论的是学习小组的建设，但我能读出社会学、管理学、逻辑学在他们稚嫩心灵中的萌发。一滴水也可以让人看见太阳的光辉。祝愿孩子们逐步提高自我管理的能力，取得更优秀的成绩！

学生与家长的这番思索与讨论，将整个班级文化建设推向新的高度，彰显了班级文化的多元价值，如教育创新与实践价值、学生领导力与团队协作能力的培养、民主与自主性教育、目标设定与自我激励、批判性思维与问题解决、家校合作与家长认同等。

至此，我的带班理念、能够自主管理的班委、促进学生自我觉醒的系列班会，以及富含自省意义的班级文化全部融通，开始全面发挥作用。

第二辑

幸福教室的课程之美

生命教育课程：

万绿丛中一点红

在童年的黄金时期，孩子们的心灵纯净如水，会因一朵小花的绽放而怦然心动，因一片树叶的凋零而惆怅不已，因世间事物的瞬息变化而惊叹万分。然而，岁月流转，这份对生命的敏锐感似乎逐渐蒙尘，甚至在某些特别的时刻，个别学生可能表现出对生命的淡漠乃至伤害，令人忧心。作为教育工作者，我总想为学生多做一点事情，渴望在学生心中播撒生命教育的种子，无论是轻轻拂去覆盖在感知力上的尘埃，还是重新点燃那份对世界充满敬畏与热爱的火花，我都愿倾尽全力。在我们班，生命教育无须拘泥于教科书的框架，亦不必严守刻板的课程设计；它源自生活，融于日常，只需要充分借用身边的一草一木，再加上班主任的悉心引导，便能启动一场生命教育的探索之旅，其影响力深远且动人。

下面，我以青鸾三班的生命教育故事为例进行介绍。

一、拥抱闯入我们世界的“小可爱”

青鸾三班从七年级升入八年级时，换到了刚刚装修完的新教室，雪白的墙面、狭窄的走廊，总让人无端生出一丝压抑的感觉。为了净化空气，改善学习环境，给教室注入活力，家长们齐心协力捐赠了许多盆绿植（绿色植物的简称），包括高大健壮的幸福树、橡皮树、也门铁、龟背竹，秀气的红掌、绿萝，端庄的文竹，等等。果然，教室里生机勃勃，活泼可爱的学生和郁郁葱葱的绿植相得益彰。

然而，许多问题随之而来：这些突然闯入教室的小生命该怎么养活？学生会照料吗？他们会尽心吗？此时，班主任的决定至关重要。假如只安排几个人去照料绿植，必然会让更多的同学置身事外；倘若只让班干部全权负责，又会加重他们的负担；要是让全班同学轮流照顾，则容易出现交接不当、相互推诿的现象。这些绿植恰好是对学生进行生命教育的宝贵资源，为了放大其中的教育意义，我想了一个办法：每个小组领养一盆绿植，把它当成自己的小组成员一般对待，并为其制作“户籍卡”——了解绿植的名称、特征，研究绿植的含义、生活习性以及照料方式等，然后做成小卡片。

这样一来，每个小组都有了选择绿植的权利，同时也承担起照顾绿植的义务。经历这个过程，学生会从心底产生对绿植的情感，萌生责任感，掌握科学的方法，从而更深刻地理解生命的意义。

瞧，学生阮可欣在心语本中写下《一个“小可爱”》。

对于这个“小可爱”，我们小组最开始感到万分茫然。这棵植物是我选择的，其他人起初对它并不感冒。可渐渐地，我的组员开始接纳它。记得那一天，张文瑾在我耳旁说道：“我们的植物需要怎么修剪呀？它的叶子都已经黄了。”我十分诧异地问道：“你们不是对它不闻不问的吗？”她腼腆一笑：“我早就把它当成我们组的一员了，当然要好好照顾它啦！”之后，张文瑾十分认真地搜集资料，这个“小可爱”的“户籍卡”的制作也是她的功劳。从起初的冷漠，到现在的热火朝天，我们应该进步了一点吧。也门铁的长势越来越好，仿佛在颔首称赞。

生命教育就是为了让生命更加美好、更加幸福和更加久远的教育。领养绿植给了学生亲近自然的机会，阮可欣记录组员的转变，真切地反映了学生的生命感受力的提升过程。绿植在学生的照料下精神抖擞，学生在绿植的摇曳中越发认真，绿植与学生一起生长。

二、珍惜遇见的每一个“小精灵”

在进行生命教育时，富有经验的班主任如同一位敏锐的园艺师，擅长发掘身边的教育资源，精心设计教育途径，确保每个学生都能参与这场生机勃勃的探索。他们时而为学生的心田“浇水”，时而“施肥”，以智慧与耐心，静候每一朵心灵之花的自然绽放。毕竟，每个学生都是充满活力、独一无二的生命个体，他们会在整个过程中运用视觉、听觉、触觉等所有感官，全身心地去亲近生命、探析生命、领悟生命。青鸾三班的绿植像一个个“小精灵”，将孩子们的世界变得五彩斑斓，让彼此相伴的每一天都与众不同。

学生张罗星很有爱心，在心语本中记录了《我们组的“小竹同学”》。

教室里一下子出现好多植物，同学们都抢着去照顾，但是如果不知道植物的生活习性，就会很容易把它折腾死，不仅白白浪费钱财，而且不能净化空气。为了让植物活得更久，陪伴我们的时间更长，王老师让我们每个小组主动领养一盆植物，各负其责。我们组相中的是文竹，它有着竹子一样的“身体”，却长着松针模样的叶子。文竹对生长环境的要求特别高，因此我们专门查找了资料，总结了养护要点，并绘制了“户籍卡”（图2-1）。

（1）要等土干了，有少许裂痕以后才能浇水。

（2）铺上一层带腐蚀性的沙子，更利于它生长。

（3）不要让强光直射，最好在每天清晨或傍晚时让它晒1~2小时的太阳。

（4）一旦出现黄叶，一定要及时清理，否则叶子容易全部变黄。

（5）它适宜在15摄氏度左右的环境里生长，太低的温度下容易被冻死。

看来“小竹同学”很娇贵，所以我们需要更加细心地照顾它，每周浇两三次水，每天都要去观察它，看看是否需要修剪黄叶。虽然我们不知道“小竹同学”的寿命有多长，但是我们会努力地照顾好它。

学生宋诗语感悟到了肩上的责任，并在心语本中有感而发——

图2-1　长歌小组的文竹“户籍卡”

责任是什么？我们为什么要有责任感？

我们每个人都背负着责任，有了责任才有动力。

这个星期，王老师说要将班里的植物分到每个小组，我们还要为它们做“户籍卡”。我们组领养了一盆植物，多了一位新成员。它帮助我们，保护了我们的健康。我们要像爱护自己一样爱护它，什么时候浇水，一次浇多少，怎样浇水最合适，这些我们必须知道。

能力不仅体现在学习上，还体现在生活中的小事上。这是王老师给予我们的展现自己能力的机会，将植物呵护好也是一种能力。

更有意义的是，组长周一阳看到了这一契机，用制作“户籍卡”的过程来激励组员，让小组更有凝聚力。他在心语本中写下《“户籍卡”引发的思考》。

我们组已经决定要领养那株最好养活的“一帆风顺”（白掌），现在就开始做它的“户籍卡”了。让我惊喜的是，组员程耀扬主动要求做“户籍卡”，这十分难得。我一定要好好帮助他，使他漂亮地完成任务，让他相信自己是能做到的。组员杨雯丽和肖云嫣也兴奋地抢着做。作为组长，我该如何是好？

我想帮助程耀扬，同时也不能打击另外两位同学的积极性。干脆这样，大家公平竞争，赢得光明正大，输得心悦诚服。我们小组要以实力服人，而不是靠雄辩取胜。我的初步计划是，程耀扬作画（这是他的特长），我写文字说明。虽然我的汉字没有其他同学写得好，但我可以试着使用中英双语，用英文来弥补汉字书写上的缺陷。具体实行方案是，我先把模板定好，然后发给程耀扬作画，再把模板剪下来粘在一起，最后一定可以做成。

程耀扬以前经常出状况，导致小组被扣分，我气恼不已。我觉得他并不是学不好，而是精力分配不当，以致没有充足的时间来学习。我们不要凭单方面的事情来评价一个人，否则最后只会让人“大跌眼镜”。我要给予程耀扬足够的信任，相信他会越来越好。

一盆盆小小的绿植激发了学生的爱心、童心和责任心。教室里，绿植欢快地与学生“互动”；小组之间也相互较劲，看谁更会照料新成员；小组内部则团结协作，彼此鼓励。

人与人的相遇是一种缘分，生命和生命的相逢更是在彼此照亮，有学生情不自禁地写道——

生命里有了她，青鸾三班每一天都充满活力。她是谁？她是我们的小伙伴。

教室里有了她，同学们期盼着早点到校，一睹橡皮树的芳颜，抱着文竹晒晒太阳、吹吹风，欣赏也门铁秀丽的身姿，亲手喂绿萝喝饱水……

生活里有了她，我们既多了一个“小可爱”，也见证了生命的神奇，更感到一种责任感在奔腾。

生命在握，满室生香。

三、正视生命中的那些“离去”

相逢与离别是我们人生中宝贵的经历，不可回避的出生和死亡也是教育的一部分。教会学生正视生命中的那些“离去”，是生命教育的重要价值所在。

正当青鸾三班的学生和绿植“小可爱”们的关系越发融洽时，寒假悄然而至。我向学生坦言：“平日里，同学们可以合力照料好它们，可是大家寒假都回家了，怎样才能不忽略它们？”

“我寒假抽空到学校来浇水。”

“我把绿植抱回家养。”

“我们组那盆绿植太大了，搬不动……”

“寒假只有20来天，‘大个子’植物储存的能量多，不及时浇水应该问题不大吧？”

经过充分的讨论，最后学生把能带回家的绿植都搬走，将几盆“庞然大物”留在教室。

新学期来临，谁知昔日“玉树临风”的也门铁因缺少照料而变了模样——它中部折断，叶片倒垂，看着让人心疼不已。

大家必须开始救治也门铁。我引导道：“也门铁的叶片从中部折断了，咱们是用绳子牵引，还是用木条固定，或是想办法修剪叶片？”学生最初试着用绳子把摇摇欲坠的叶片系在一起，但是发现力度不够，想插入木条固定又怕伤着它的根部，最后在一位家长的帮助下给它修剪了叶片。真好，曾经“长发及腰”的也门铁变成“齐耳短发”，终于恢复了活力，大家都松了一口气。

谁知三月的天气阴冷潮湿，反复无常，浇下去的水没见效果，也门铁的叶子逐渐枯黄并开始长霉点，它的生命在一点点流逝。为了减少叶片对养分的吸收，孩子们决定修剪掉全部叶片，期盼它能有一线生机。于是，也门铁被剃了“光头”，变成一根孤零零的秆儿，杵在教室里。最终，也门铁没有挨过这个春天，它在四月初“离世”。同学们都难过极了。

生命教育的核心，在于以生命的热度传递温暖，以生命的坚韧护佑彼此，以生命的磨砺促进成长，以生命的甘露滋养心灵，以生命的光辉照亮前程。在生命的各个章节中，每一幕都承载着其独特的教诲与价值。我将也门铁的照片逐一呈现（图2-2）：从生意盎然的秀美到奄奄一息的病态，再到那令人心痛的衰亡边缘，生命的全貌在此凝固，鲜明的对比触动人心。

图2-2　也门铁的各个阶段

学生们在静默中沉思，心灵深处被悄然触动：也门铁用其蓬勃的身姿装点教室，给大家带来清新的空气与美的享受。同时，它也用自身的健壮与消亡，留给学生永恒的记忆。这不仅是一堂直观的生命教育课，更是一次心灵的洗礼，教会学生敬畏生命，热爱生活，重视科学方法，憧憬未来……

此后，一种莫名的情绪在教室里弥漫开来，那是一种对生命脆弱与坚强并存的深刻理解。没过多久，我在班上看到了一个纯手工打造的几何体，裁剪精致，上面竟然写着“小仙女之墓”（图2-3）。制作者是一个大大咧咧的男生，我很好奇他在做什么。我快步走近并小心翼翼地揭开“棺盖”，只见里面躺着几片细长的枯萎叶片，原来他是在祭奠逝去的“小伙伴”。

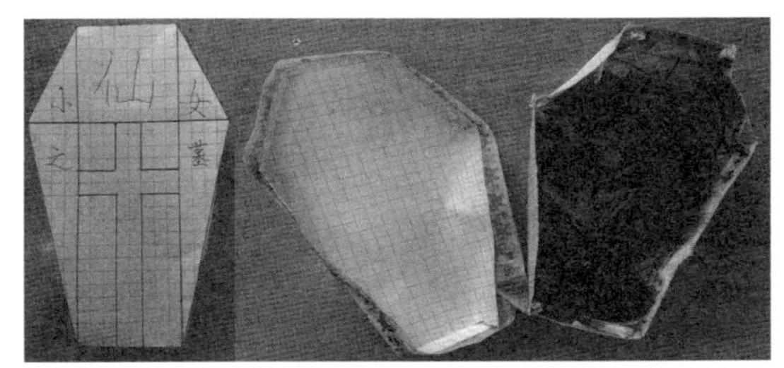

图2-3　学生制作的“小仙女之墓”

与此同时，班上有女生写道：“是那抹绿，让我第一次如此细致、认真地查找关于她的资料，也是那抹绿让我懂得责任与珍惜。我相信她未死去，她的生命会以另一种方式延续下去。”

一个内秀的学生坦言：“也许，从嫩绿到枯黄是文竹的必经之路，但只要它还有一丝生机与希望，只要我们不放弃它，它依旧能成为那一道新绿的风景，唤醒人心，产生牵挂，让人心底荡漾起沁人的感动。”我还发现，那个曾经郁郁寡欢的小丫头，脸上的微笑多了起来，她用心将文竹养得枝繁叶茂。

破土而出的新芽，起死回生的植物，总能给人们的心理带来安慰与欣喜。每一株绿植都有着自己的故事，讲述着生命的意义。

后来，也门铁的花盆里被种上了绿萝。组长阮可欣郑重地写道：“希望新植物可以活得久一点，希望我们组可以拯救一条小生命，而不是伤害一条小生命。”然后，她将情感倾注在新的绿植上，画出可爱的绿萝拟人图，亲昵地问候：“新植物小绿萝，一个周末没见了，祝安好！”（图2-4）

一滴水可以折射智慧的光芒，一株绿植能迸发生命教育的力量。苦口婆心的说教显得苍白，而生命由起到灭的过程能深刻触及魂灵，让学生学会珍惜生活、善待自我、关爱他人和奉献社会。我想，这一段照料绿植的生命教育体验，会让青鸾学子未来在面对困难时拥有一丝暖，陷入绝境时燃着一盏灯；也会让青鸾学子在面对他人和社会时，添一分责任心，多一些柔软。海姆·吉诺特曾言：“作为一个教师，我拥有让一个孩子的生活痛苦或幸福的权力。我可以是一个实施惩罚的刑具，也可以是给予鼓励的益友；我可以伤害一个心灵，也可以治愈一个灵魂。学生心理危机的增加或减缓，孩子长大后是仁慈还是残忍，都是我的言行所致。”①

图2–4　学生创作的绿萝拟人图

阮可欣同学现在已经步入大学殿堂，她给我发来消息：“我现在还记得给绿萝晒太阳的场景，那时它已经长出了长长的枝条，我们小组齐心协力，一起把它搬上搬下，给它浇水。每当夕阳照在我们的身上，投射出斑驳的影子时，我的心中都充满了幸福的感觉。老师们经过这里，还会夸我们养得好，那时我便因为一个生命的蓬勃而感到由衷的快乐。”

亲爱的读者，愿我们都能发掘身边的教育资源，做好生命教育，带着孩子们去感悟生命，一起享受无限美好，创造幸福人生。

---

① 托马斯·里克纳．美式课堂：品质教育学校方略 [M]. 刘冰，董晓航，邓海平，译．海口：海南出版社，2001：65.

集体生日课程：
青鸾宝贝初长成

前不久，一位年轻的小学班主任找到我，向我倾诉了她的困惑：“丹姐，我出于对学生的关爱，悉心为他们筹备过生日，却被家长投诉了。家长们认为学生过生日要节俭，担心过度的仪式会引发孩子们之间的攀比。”

她十分苦恼地说：“我希望自己能像你一样用心呵护学生成长，所以非常重视学生的生日。我会在学生生日当天亲手写下独一无二的祝福，作为礼物送给学生。可是后来，‘寿星’家长送到教室里的蛋糕越来越大，甚至给每一个学生送上精致的小礼品。我不好意思去阻拦家长的心意，没想到小朋友的生日典礼却越发隆重了。”

作为一名优秀班主任，我是怎样巧妙地为学生过一个意义非凡的生日呢？

我想起了青鸾三班的集体生日会：温馨而朴素，欢畅又深刻，每一个瞬间都让人着迷。我们的集体生日会之所以与众不同，那是因为我在以下这些方面下足了功夫。

一、明确生日的意义与目的

给学生在学校过生日，一定要明确过生日的意义与目的，否则容易累垮了自己，愉悦了学生，家长却不领情。

意义一：仪式感。对学生来说，每年除了六一儿童节，他们最期盼的就是自己的生日。给生日来一点仪式感，不仅能为平淡的生活带来美好和特别，还能让学生感受到足够的重视和关爱，并认识到自己的独一无二和与众不同，教会学生爱自己。

意义二：欢乐园。学生一般都很在乎同窗情谊，在学校庆祝生日，和同学们一起吃蛋糕、唱生日歌、吹蜡烛、听祝福、讲故事、说笑话、送贺卡，甚至策划一些生日小游戏，教室里的欢声笑语能增进同窗之谊，增强学生的幸福感。

意义三：感恩心。常言道："孩子的生日是母亲的受难日。"生日庆典是亲子互动的大好时机。父爱如山，母爱如水，孩子应当感恩父母给予自己的生命和无尽的爱。孩童天真烂漫，是父母爱情的结晶，是生命的延续；父母也应感恩孩子的降临，成就了一个美满的家。

意义四：反思性。生日是一个反思回顾的时刻。在这一天，学生可以回顾自己的成长历程，盘点一年中发生的点滴，肯定自己的优点，反思自己的不足，关注自己的内心世界，思考自己的人生目标和意义。

意义五：成长力。生日是一个重要的时间节点，提醒我们珍惜时间，关注自己的成长和发展，启动新的一年，努力实现自己的梦想。对于学生而言，生日更需要被赋予成长的力量。例如，10岁是一个美好的年龄，是人生路上一个新的起点，是一个重要的里程碑，意味着孩子从童年向少年过渡；12岁是他们告别稚气童年，正式步入金色少年的重要时刻；14岁是他们成为青少年的开端之年；18岁是人生最重要的一年，它意味着孩子从青少年迈向成人，跨过18岁生日这一天，就是完整意义上的成年人了。

班主任给学生过生日也是有"段位"的，只有单一的娱乐性略显浅薄，仅包含纯粹的教育性又过于严肃，两者兼而有之，不断变换和升华，才是成功的。因此，青鸾三班举办集体生日会的目的很丰富，既给学生十足的仪式感，又抓住机会增进同窗之谊、亲子之情，同时贯串青鸾三班“自省”的班级精神，让学生在温馨的氛围中养足幸福感，拉满成长力。

二、建立集体生日会的体系与框架

举办集体生日会是一件细致且烦琐的事情，要确定每一次生日会的“寿星”、时间、地点、主持人、特邀嘉宾和要准备的物品，还要严格把关生日庆典的流程，以免偏离集体生日的初衷。

（一）确定生日会时间

学生的生日一般分布在不同时间，有的在上学期间，有的在周末，还有的在寒暑假。如果逐一给每个学生庆祝生日，不仅过于频繁，还容易遗漏，既耗费时间，也增加开支，甚至在无形中造成“寿星”之间的攀比，给不少家庭带来经济负担和压力，并非长久之计。因此，在班上给学生集体过生日是一个不错的选择。在青鸾三班，我们首先统计全班同学的生日，然后整理出在相同月份出生的同学名单，经过班委会讨论后，选择在每月某一周的班会集体庆祝生日。如果遇上暑假，则将七月和八月的“寿星”聚在一起，举行大型生日庆典。

（二）策划生日庆典

每到月初，活动班长李凯便先向我确认本月“寿星”及其生日，随后在班上招募本月的承办小组，然后开始分头筹备。

气氛组喜气洋洋地亲手绘制生日海报（图2-5）。鲜艳夺目的图案，大气显眼的“寿星”大名，展示在教室的“幸福榜”上，空气中顿时弥漫着香甜的气息。

图2-5　学生绘制的生日海报

素材组立刻悄悄地向“寿星”父母提出请求——发送“寿星”的成长视频或是纪念照片，并邀请他们出席生日会，为寿星送上生日祝福。

主持组结合每位“寿星”的性格特点设计集体生日的各项环节，选好背景音乐和图片，制作幻灯片，预设合适的主持语，风格或欢快或温情，或搞笑或深邃。

活动班长则提前准备好班级贺卡，待集体生日会时发给每个小组，由各个小组送出祝福。

（三）记录生日会现场

每一次集体生日会都有许多珍贵的画面，有父母特意抽时间亲自为孩子戴上生日帽，有全班同学齐唱生日歌，有同学们根据“寿星”儿时的萌照猜人名，还有“寿星”热泪盈眶地朗读父母送上的生日祝福，有伙伴蜂拥而上送生日贺卡的欢乐，还有“寿星”对自己新一年的畅想……每一个场景都感人至深，青鸾三班的孩子们会用文字和照片记录生日会现场，将其留作纪念。

三、构思集体生日会的主题与内容

青鸾三班的集体生日会主题很丰富，会根据家长们发送的素材和“寿星”的心愿而有所区别。例如，当“寿星”和父母关系较为紧张时，我们会选择“以感恩的心共庆生日”作为主题；当“寿星”取得较大进步，朝着自己“心愿卡”上的愿望迈进时，集体生日会的主题则是“以成长的名义举行生日庆典”；当一学年结束时，我们通常将暑期聚会与学年毕业礼相结合，以游戏娱乐和分享收获为主题举办集体生日会。

四月集体生日：四月生日会，笑中带着泪（主持稿）

（播放音乐《水边的阿狄丽娜》）

合：同学们，大家好，我们是本次活动的主持人戈家欣（A）、李欣恬（B）。

A：每一个人都是独特的生命个体。13年前，伴随着第一声啼哭，我们在家人的祈祷中来到了这个美丽而又可爱的世界，拥有了属于自己的每一天。

B：转眼间，又是一个遍地芳菲的四月，又是一个生机盎然的四月，在和煦的春光下，让我们请出四月份的“寿星”们，请他们接受大家的祝福。（点击幻灯片）

A：4月9日张宇箫，4月13日叶子涵，4月13日李雨儿。

B：4月14日朱圣煊，4月22日周一阳，4月29日阮可欣。

合：请王老师为“寿星”们戴上生日帽。

A：这是幸福的时刻，是激动人心的时刻，“寿星”们又长大了一岁。现在，请全班同学全体起立，齐唱生日歌，让“寿星”们在美妙的旋律中享受美好的一天。（点击幻灯片，播放生日歌）

B:（播放音乐《安妮的仙境》）一首欢快的生日歌送给“寿星”们，愿你们能够天天开心。除了生日歌表达的祝福，相信每位“寿星”所在小组的成员都有许多心里话要对寿星说，现在到了敞开心扉的时刻……（小组成员送祝福）

A：口头祝福完毕，想必我们的“寿星”们已经收到了大家的祝福。现在，时间留给更多的同学，请同学们给“寿星”好友赠送班级卡片。（赠送卡片过程略）现在请“寿星”分享你收到的祝福贺卡，每人读一张。

B:（播放音乐《云端的天使》）每个孩子，从出生的那一刻起，就是父母的天使。当有一天立下了飞往云端的志向时，我们不要忘记，父母是我们最应该感谢的对象，是他们养育了我们；如果没有父母，就没有我们。今天还有一个惊喜送给各位“寿星”，大家想知道是什么吗？那就是来自“寿星”的父母的祝福……

给圣煊的生日祝福

儿子：

今天是你13岁生日，爸爸妈妈祝你生日快乐！

回到老家快一年了，看到你取得的进步，爸爸妈妈真的为你开心。过去的12岁这一年，是你长这么大经历事情最多的一年：离开了从小长大的北京，离开了早已熟悉的小学老师、同学，离开了那群从小玩到大的发小，回到了对于你来说是那么陌生的老家。

记得我们离京前的晚上，房子已经收拾完了，能带上的东西都带上了，只剩下几盆养了多年、枝繁叶茂的绿植。你蹲在绿植旁边，一片一片地抚摸着绿植，突然抬起头来，用一种无助、无奈的眼神看着我，说：“老爸，我不想离开北京，我想留在北京。”

你说出了你的担心，担心听不懂家乡话，担心不能适应新的环境，担心进入初中后的学习压力，还担心老家没有北京那么多美食。

回到老家的这一年里，你有过失落，有过彷徨，有过低沉，但是在老师和同学们的帮助下，你都走了过来。你认识了更多的老师和同学，结交了更多的朋友，收获了更多的友谊，学习也取得了很大的进步。

13岁是人生中一个重要的阶段，表示你已经是一名少年了，需要更多的勇气和担当，希望你走好人生的这一步。

再次祝你生日快乐！愿你在今后的每一天都健康、快乐！

爱你的爸爸妈妈

给一阳的生日祝福

儿子：

你好！

四月是美好的，于我而言更是别样的，因为14年前的四月，你我相见了，从此以后我多了一个身份——母亲。

对于你的到来，我严阵以待：翻阅书籍，请教长辈，用心观看四周……最后糅合在一起，用“自以为是”的方式去待你。

用此种方式，从常理来讲，你和我应该会“相爱相杀”，但是没有，你照单全收，包容了我这个新手母亲，接受了我给予你的所有。直到2017年8月24日这一天，你对我说出了你的感受，说你忍耐了我13年，很多都不是你想要的。

那一刻，我似乎明白了一点什么：或许是明白了眼前的这个孩子已经长大了，或许是明白了自己作为母亲这个角色的成长没有跟上，或许是明白了你承受着很多来自我的痛楚……但有一点我是肯定的：原来你是如此深爱着我，比我爱你更深，比我更懂得如何去爱一个人。

我开始敬畏“孩子”这一角色，你让我思考并学习如何去爱一个人，如何让自己变成那个值得你爱的人。

我要感谢你，我的儿子。因为你用男孩的胸怀包容了我的任性，用你的耐心陪伴了我的成长。告诉你一个小秘密：我喜欢上了和你拌嘴、吵架，看你黑着脸坚定地说着那些平时隐忍的想法和观点，那一刻，你帅得无与伦比。

我很羡慕你，我的儿子。

“江湖”中，你有王家翀、瞿锐捷、杨昌喆等一群小哥们；学习上，你有王老师、樊老师等可以依赖信任的师长；生活中，你有我这个如此优秀的“饲养员”和一位尽职尽责的司机爸爸。

土壤肥沃，气候适宜，茁壮成长吧！

你14岁了，我要跟你叮嘱啥呢？算了，不啰唆了，祝你生日快乐吧！也祝和我儿子一样帅气、漂亮的小伙伴们生日快乐！

爱你的妈妈

给雨儿的生日祝福

亲爱的雨儿：

这些年，你跟着我和爸爸辗转到过好几个地方，不同的地方有不同的环境：从冰天雪地的黑龙江老家，到学院气息浓郁的长江大学文理学院，再到热闹后街上的自家药店。也正是这些年的打拼和积累，我们现在有了属于自己的房子，生活稳定而踏实。而你也长大了，爱听歌，爱思考，爱写日记，也爱干净整洁，妈妈看在眼里，喜在心里。老师评价你善良、会学习、团结同学、人缘好，爸爸自豪地说这些优点都随他。

今天的你，不再像小时候那样依赖爸爸妈妈，对事情有了自己的主见，也经常和我们讨论身边发生的一些事情，愿意和同学们一起出去玩。是的，你的眼界正一步一步地开阔起来，你开始关注周围的世界，或人或事，或远或近，这正是你成长的表现啊！爸爸妈妈在这个年纪也是如此经历改变的。

成年之后，你就将正式踏入你所关注的这个世界，创造属于自己的人生，书写自己的经历，所以妈妈祝福你在这之前学好书本知识，提高学习能力；积累生活经验，练就生活本领；积极运动锻炼，拥有健康好身体；懂事明理，成就完整独立的人格，并能在以后的生活中永远向前，永远拥有感知美好和快乐的能力！

感谢睿智的王丹凤老师安排集体生日会这样一种仪式，让你铭记自己的成长，也让我有机会以这样一种方式对你细说。

爱你的妈妈

……

A：听了父母的祝福，想必“寿星”们一定感触颇深吧。父母不辞劳苦养育我们，“寿星”们在快乐之余不要忘记感恩父母，不要忘记深深牵挂我们的家人。今天放学回家，在进门的一瞬间，请给父母一个深情的拥抱，说上一句暖心的话语，为母亲倒上一杯热茶……

B：今天的“寿星”们笑容灿烂，闪闪发光，相信你们一定有许多感受要分享。接下来请“寿星”们发表自己的感言，听他们倾诉对同学们、对青鸾三班的真情！（发言略）

合：这次的生日会到此结束，在这儿，我们预祝五月份的“寿星”陈炳源、高李天朔、胡子恩生日快乐，敬请期待下一次集体生日会，谢谢大家！

四月的集体生日会开得格外隆重，“寿星”们读懂了父母字里行间的爱意和生活艰辛，读懂了父母殷切的期望和深刻的反思。那一天，台上泪如雨下，台下泣不成声，孩子们都红了眼眶，陷入沉思。

五月集体生日：以成长的名义举行生日庆典（主持稿）

A：在火红的五月，同学们终于迎来了期待已久的集体生日会。我是陈雅新。

B：我是张文瑾，今天由我们来主持本次生日会。

1. 邀请“寿星”，举行生日庆典

A：下面，有请我们的三位“寿星”——陈炳源、高李天朔、胡子恩，请到场的叔叔阿姨为“寿星”们戴上生日帽。

2. 全体起立，唱响生日歌

B：这是幸福的时刻，是激动人心的时刻，“寿星”们又长大了一岁。现在，请全班同学起立，齐唱生日歌，让“寿星”们在美妙的旋律中享受美好的一天。（播放音乐）

3. 时光倒流，追溯成长光影

A：时光荏苒，岁月如梭。不知不觉间，我们已走过了十三年的岁月。这十三年里，是亲情和友情一直陪伴着我们，看着我们从天真烂漫的幼儿到如今略显成熟的少年，时光见证着我们的成长。现在，让我们慢慢停下来，循着身后的脚步，回望我们的成长之路。

B：在这十三年里，每个同学都有很大的变化，从牙牙学语到拥有独立的思想，我们的“寿星”也不例外。（屏幕呈现“寿星”们从小到大的照片）不知同学们看了这些有什么感受，可以与我们分享一下。

4. 家长寄语，送出温馨祝福

A：十三年后的今天，成就了这样一个我。不管我们在别人眼里是怎样的，但在父母心中，我们就是最棒的；在自己眼里，我们就是星空中最耀眼的星。请三位“寿星”接受来自父母最深沉的爱与最美好的祝福。（屏幕呈现父母的祝福，“寿星”们朗读或是默念）

B：感谢父母对我们无微不至的关怀，也希望我们都能感念父母之恩。

5. 分享心愿，感受自我超越

A：王老师曾在开学时问过我们要成为什么样的人，在那时，我们心中就应该有了回答。明确了自己的目标后，最重要的还是付诸行动，看自己有没有做到。实现目标靠的是每天的点滴积累，接下来，请“寿星”们分享各自的成长足迹。

我想成为一个迎难而上的人

高李天朔

第1周　迎难而上

早在刚开学那段时间，我就已经立志成为一个迎难而上的人。然而，我发现自己离这个目标越来越远。不仅仅是这样，我有时候在想，迎难而上是不惧困难、一路高攀，还是量力而行、静观其变？

无论我遇到什么困难，我都绝对不会偏离这个目标的轨道，不会放弃自己的初衷，永远不会忘记自己曾激动地说过想要做一个“迎难而上”的人。

或许，迎难而上不是一个人的人生目标，而是每个人都应该拥有的可贵品质？

第2周　愈挫愈勇=迎难而上

这次考试结果出来后，我是沮丧的，我觉得自己实现不了迎难而上这个目标了。

道德与法治课开始了，我听到老师讲到“愈挫愈勇”这个词。

何为愈挫愈勇？那便是在经历一次次挫折后，仍不放弃，反而秣马厉兵，迎接下一次的挑战。

我想，只有一次次地不放弃，才能到达顶峰。在学习上，我们便要做到脚踏实地、问心无愧。那张试卷，代表的不是人生路上的一个污点，而是一份硕果，承载着巨大意义。

那么，何为迎难而上？那便是在愈挫愈勇的前提下付出的勇气与行动。

第3周　迎难而下

俗话说“上山容易，下山难”，但我为何要在攀登顶峰之前就想到下山呢？

上山一路不免披荆斩棘，而下山一路便是重新面对经历过的困难。

困难总有变数，人生充满未知。所以，迎难而下并没有那么容易，可能还会更加困难，这就是我想到迎难而下的原因。

第4周　迎难而上＝π

关于π，大家肯定都不陌生——熟悉的数学符号，熟悉的无限不循环小数的代表，以及熟悉的圆周率。

然而，我对它有不同的理解："无限不循环小数"不仅是它的一个特征，也让我想起了王老师提到的"你想要成为什么样的人"。

我不仅想成为一个迎难而上的人，还想成为一个π型的人——开启"无限不循环"的人生。

第5周　迎难而上

每当谈起这种精神，我总是说不出它的内涵，只知道字面上的"迎难而上"。

然而，随着我不断加深理解，并了解到愈挫愈勇的精神，我发现将两者相结合也只能诠释其精神内涵的一半。

想一想短暂的初中三年，便勾起了我的心绪：三年很短，愈挫愈勇、迎难而上……了解它们，我便想通了。

那短短的初中三年哟，不必跟我说什么来日方长！我只知道，为了不让自己心有不甘，唯有迎难而上！

A：谢谢高李天朔的分享。让我们不断超越，找到自己的人生道路，向着自己的人生目标靠近！

6.送出贺卡，传递生日祝福

B：现在我们进入最后一个环节：让我们把自己最想说的话和最美好的祝福写在贺卡上，并传递给三位"寿星"。

A：请三位“寿星”所在的悦佳小组和子规小组的成员给三位“寿星”送祝福。

B：今天还有几位家长来参加我们的生日会，看看家长们有什么想对同学们说的。

7.品尝美食，切蛋糕，分发糖果

A：谢谢三位“寿星”的爸爸妈妈给我们带来的糖果和蛋糕，最后让我们在生日歌中一起分享礼物，再一次祝福三位“寿星”生日快乐！

8.结束语

B：过完这个生日，“寿星”们又长大了一岁，我们应该懂得如何去感恩。

A：都说我们的生日就是母亲的受难日。是的，没有母亲的辛苦付出就不会有今天的我们，这不关乎任何名利，只因为她们是我们的母亲，只因为一个字——爱！所以让我们去拥抱站在我们身后、守护我们的母亲，把自己对母亲的爱传递出来！

B：今天的生日会到此结束，感谢叔叔阿姨能抽出时间来参加我们的集体生日会。敬请期待六月份的庆典，六月份的“寿星”是宋佳琦（6月11日）、尹爱琪（6月25日）。谢谢大家！

五月的集体生日会很特别，“寿星”高李天朔的成长感悟真实又深刻，让同学们在震撼中思索起成长的路径。

四、设计集体生日会的形式与组织

青鸾三班的集体生日会形式丰富，在校期间以教室为主要场所，由学生策划庆祝生日；寒暑假一般选择在户外进行，或者由家长委员会（简称家委会）组织召开生日派对。

那年正值盛夏，七年级的暑假已过半程，所有学生也都在自己的轨道上忙活着，我已许久未见孩子们。怎样延续集体生日的传统，促进学生的情感交流？怎样引导学生珍惜假日时间，度过一个有趣而又有意义的暑假？

班委会和家委会经过商议，最终决定租用酒店会场，为七月、八月的“寿星”举行生日派对，同时也给同学们的七年级生活举办一个完美的告别仪式（图2-6）。

图2-6　集体生日会合照

青鸾三班暑期集体生日会暨七年级毕业典礼（策划稿）

活动主题：青鸾三班暑期集体生日会暨七年级毕业典礼

活动时间：8月5日上午8：30—11：30

“寿星”名单：周子桐（7月4日）、李明泉（7月7日）、向诗悦（7月9日）、胡晓奕（7月16日）、夏家乐（7月21日）、文清恺（8月1日）、肖云嫣（8月7日）、刘诗贝（8月16日）、黄安妮（8月20日）、李欣恬（8月30日）、戈家欣（8月31日）。

活动要求：安全第一，统一着班服，带好水杯，注意防暑，回家报平安。

活动准备1：制作青鸾三班七年级纪念视频《我们的青鸾，我们的梦》。（负责人：王丹凤）

活动准备2：制作暑期生日庆典幻灯片《夏荷初绽，点墨馨香》。（负责人：杨雯丽、邓宇佳、杨李涵）

活动准备3：收集素材，包括每位“寿星”的照片、生日寄语或者名字解读。（负责人：杨李涵）

活动准备4：写串词。（负责人：杨雯丽、邓宇佳）

暑期集体生日会流程如下——

庆典活动1：全员合唱（负责人：邓宇佳）

用意：借集体生日会的契机相聚在一起，这是“寿星”们的生日，更是我们共同的庆典。

准备：确定合唱歌曲，下载伴奏音乐，要求全员学唱到熟练。

庆典活动2：“寿星”共诵（负责人：杨雯丽）

用意：让“寿星”们在朗诵中感受生日的特殊、生命的神奇，体会时间的魔力。

准备：确定朗诵材料，改编成齐诵稿，组织“寿星”们提前练习到熟练，准备背景音乐。

庆典活动3：蛋糕烛光（负责人：向诗悦、李文麒）

用意：过生日需要仪式感，这一天让我们与众不同，每个人都是独特的生命个体。

准备：提前订蛋糕，上面要有每一位“寿星”的名字，要有11顶生日帽。

庆典活动4：祝福心愿（贺卡50张）

用意：送一份祝福，记一生情谊。青鸾因为有你有我，才更美好；生日因为有大家的祝福，才更美妙。

准备：提前准备班级贺卡，现场写祝福，并有背景音乐烘托。

庆典活动5：“寿星”心语（负责人：杨李涵）

用意：铭记感动，适时表达，这一刻会成为永恒。十三岁的青春似水，我们的激情飞扬，畅想吧，奔涌吧！让我们与自己对话，与朋友对话，与父母对话，与老师对话，与未来对话！说出你的感受，你会发现冥冥之中，宇宙会接收到你的信号，梦想终会成真。

准备：“寿星”们的成长感言，“寿星”们的心语心愿，背景音乐《祝你生日快乐》。

经过中场休息，同学们又开展了一系列娱乐节目——

娱乐节目1：精彩游戏动起来（负责人：瞿锐捷）

（1）我演你猜找默契。

规则：参赛选手依次从主持人手中的词卡里抽一张，根据词卡上的词进行表演，表演时不准说话，由台下观众举手回答，用时最短的选手获胜。

（2）我说你接考才气。

规则：采取“飞花令”的形式，选择6名参赛选手依次作答，每人有10秒钟的考虑时间，答错、重复或超时者淘汰，坚持到最后者胜利。

（3）我写你演秀演技。

规则：台下观众在看了主持人出示的故事片段后举手参加，与共同表演的同学商讨后确定角色，进行自由表演。

娱乐节目2：阅读哲思大家谈（负责人：瞿锐捷）

书籍来源：①积分兑奖换书；②樊老师要求阅读的书籍。

用意：实现以故事感染人、鼓舞人、教育人，展现有血有肉的真实人物情感。

准备：①主持人构思节目细节；②发布节目召集令；③收集参与人员的信息。

规则：5名同学依次朗读自己所选书籍的片段，要求立足个人成长、情感体验、背景故事，选取书中精美的文字，用最平实的情感读出文字背后的价值。

娱乐节目3：暑假见闻连连看（负责人：向诗悦、李文麒）

用意：提供一个交流平台，让同学们通过分享自己的旅游见闻、居家感受和学习心得，加强同学之间的互动，鼓励同学们用脚步丈量世界，通过分享扩大视野，进而促进彼此的成长。

准备：①主持人构思节目细节，包括旅游见闻、在家感受和学习心得等；②发布节目召集令，记录同学们的选择情况；③选择谈旅游见闻的同学，欢迎提前制作幻灯片，分享美景与出行体会。

活动尾声：家校寄语，面向未来（负责人：向诗悦）

用意："教师谈体会"和"家长说期望"环节，旨在加强师生之间、亲子之间的对话互动，给集体生日会不一样的视角，引领学生成长。

准备：①主持人构思节目细节；②发布节目召集令，邀请老师与家长参加；③做好记录与安排。

五、铭记集体生日会的评价与回应

青鸾三班的集体生日课程，没有一般课程意义上的评价标准，如果一定要给予明确的标准，那就是幸福和充实：幸福是我们的内心感受，充实是我们的实际收获。

我曾将青鸾三班集体生日会的实况发布在微信公众号"凤语微澜"上，不少家长、同事和朋友关注并留言。

"在《云端的天使》悠扬的音乐声中，青鸾三班四月集体生日会的帷幕徐徐拉开。班主任王老师为小'寿星'们戴上生日帽，同学们齐唱生日歌，好友送上祝福贺卡，还有来自'寿星'父母的深情祝福，以及'寿星'们的激动感言……多么精心的安排，多么温馨的氛围，多么甜蜜的享受！王老师通过这种形式，把人间大爱、父母恩情、同学友谊播撒在每个少年的心田。为青鸾三班的集体生日会点赞！祝愿孩子们在人间大爱中幸福快乐地成长！”

“烛光摇曳，蛋糕飘香，笑语盈盈，欢歌荡漾。一声声真诚的祝福，一篇篇动情的乐章……青鸾三班生日会，把幸福送给青鸾小儿郎，让学习与生活充满阳光！”

“一个团队，一个集体，有家的温暖才具备最核心的动力！”

“优秀的王老师带领着一群快乐、幸福的孩子，每个小‘寿星’的爸爸妈妈都送上了发自内心的情感祝福，看得我泪眼蒙眬。这么好的老师，这么好的班级，岂能不爱！”

“隆重而温馨的班级生日会，相信会给孩子们留下美好的回忆、一生的财富！谢谢有心、有爱的王老师！”

现在回忆起青鸾三班的集体生日会，那些笑声和泪光早已镌刻在我的记忆深处。我记得自己的初衷，想尽心给孩子们一间幸福教室，想尽力给孩子们不一样的校园生活。在幸福教室里，不只有学习与成绩，更有情谊与成长，以及故事与传奇。

习惯养成课程：
自我雕琢赢未来

在儿童成长的旅途上，良好的习惯无疑是一块基石，其价值不可小觑。幼年时形成的习惯宛如天生，会自然而然地融入日常生活之中，正如古人所言：“少成若天性，习惯如自然。”近代教育大师陈鹤琴先生的教诲依然振聋发聩：“习惯养得好，终身受其福；习惯养得不好，则终身受其累。”心理学家威廉·詹姆斯揭示了习惯与个人发展的内在联系：“播下一种行为，收获一种习惯；播下一种习惯，收获一种性格；播下一种性格，收获一种命运。”

作为学生成长路上的引路人，班主任因日常的亲密相伴而拥有无可比拟的优势，可以引导和培养这些未来社会的栋梁之材，帮助他们奠定受益终身的良好习惯根基。欲成为一名卓越的班主任，在培养学生优良习惯的过程中，须细致考量以下几点。

培养学生的习惯，要注意时效性。诺贝尔经济学奖获得者詹姆斯·赫克曼曾绘制出“赫克曼曲线”，根据这条曲线，孩子在学前班之前的教育投资回报率最高，随着孩子年龄的增长，教育投资回报率呈现递减的趋势。习惯的培养同样遵循“赫克曼曲线”：在学生刚入校时重视其习惯的培养，效果会比较显著；倘若等到学生养成不良习惯后再矫正，就会困难重重。

培养学生的习惯，要注意丰富性。学生来到新的班级，要从方方面面适应新环境，班主任需要关注学生各方面的习惯，如生活习惯、学习习惯、行为习惯和情绪习惯等，切不可因为重视成绩、过分关注学生的学习习惯而忽略其生活习惯的培养，毕竟高分低能的学生无法适应社会；也不能因为重视培养学生的生活习惯而忽视其情绪习惯的培养，否则学生容易出现交流障碍。总之，习惯的培养应该是全面的。

培养学生的习惯，要注意阶段性。学生的身心成长有其自然规律，培养习惯要遵循规律，阶段性地稳步进行。有的生活习惯在短期内就能形成，而学习习惯、思维习惯却需要较长时间的影响和熏陶，因此班主任要对各项习惯培养的阶段与顺序了然于胸。在小学低年级时，班主任首先要重视的是培养学生的生活习惯和行为习惯，如独立穿衣、文明用餐、正常如厕、按时作息、整理书包等，这些习惯通过短时间内的培养和训练可以获得；在小学高年级时，班主任应该侧重于培养学生的学习习惯，如认真倾听、做学科笔记、提前预习、定期复习、专注阅读等，这些习惯要与科任教师沟通后，再结合科目特点共同培养。

培养学生的习惯，要注意一致性。苏霍姆林斯基认为，最完备的教育是学校与家庭的结合，并指出“教育的效果取决于学校和家庭的教育影响的一致性”。[①]班主任在培养学生的习惯时要留意这一点，及时与家长沟通，确保观点一致。例如，如果学校要求学生讲文明、不说脏话，但是有的父母自己却脏话连篇，孩子在面对父母的负面影响和学校的正向要求时，就可能会无所适从、思维混乱。

习惯养成课程旨在让学生了解习惯的重要性，并通过实践和反思掌握培养及保持良好习惯的方法，最终拥有良好习惯。基于以上四个方面，班主任要尽早规划，从学生入校起开始有计划、有阶

---

① 苏霍姆林斯基．给教师的建议 [M]. 杜殿坤，编译．北京：教育科学出版社，1984：539.

段、有顺序地进行习惯养成教育。为此，我不仅在班上启动课程，也曾与全年级的学生交流。

一、故事启蒙

要让学生知晓习惯的重要性，那就要用学生喜欢的方式，比如通过讲述故事启迪学生。

习惯的力量有多大？学生并不一定都清楚。

我抛出问题："你认为大自然中哪些动物的力量最大？"

学生的回答五花八门："老虎、大象、狮子、熊……"

我追问："同学们知道大象的力量有多大吗？"

有学生说："一头成年的大象就有好几吨重，它可以轻易地撞翻一辆小汽车，如果用脚踩下去，可以轻易地把小汽车压扁。"

我又卖关子："大家知道吗，如此厉害的大象竟然会挣不开一条细细的铁链。"

学生睁大好奇的眼睛看着我，一副不可置信的样子。

我知道火候到了，便开始讲起故事——

在一些马戏团里面，有不少被铁链拴住的大象。依照大象的力量来说，想要挣脱这条细细的铁链是轻而易举的事情，可是它为什么那样顺从，没有做任何挣扎呢？原来，在大象还很小的时候，人们就用一条铁链把它拴在水泥柱上。因为当时大象的力气还比较小，任凭它怎么用力，也挣脱不了铁链的束缚，还把自己勒得伤痕累累。天长日久，大象慢慢长大，它的力量也早就能帮助自己轻松脱困，可是大象早已习惯被铁链拴住，它已经失去了挣脱铁链的勇气。

我借机启发："同学们的可塑性很强，你们这个年龄段不仅是形成不良习惯的高峰期，也是矫正不良习惯的关键期，更是养成良好习惯的重要时期。如果同学们现在无意中形成不良习惯，它就会像那根细铁链一样制约你们的发展。”

如此庞然大物竟然被一条细细的铁链拴住，学生们看着屏幕上的大象若有所思。

见状，我又讲述了一个因为拥有好习惯而改变人生的传奇故事——

在1992年一个普通的星期四下午，一所普通的学校里面像炸开了锅一样热闹，因为来了一位世界闻名的企业家，他来看望这里的孩子们。

临走的时候，那位企业家说自己可能会在某个周四的下午再来看望大家，到时谁的课桌整理得最干净、最整洁，他将免费奖励谁一台电脑。

大家在听到这个消息后异常兴奋，因为当时电脑还是很稀有的，所有同学都梦想能够得到这台电脑。

因此在那位企业家离开学校后，每到星期四的下午，所有的同学都不约而同地把课桌收拾得干干净净、整整齐齐，其他的时候大家都不愿意去整理。

其中，有个学生觉得那位企业家那么忙，说不准会上午过来，于是他每周四一大早就开始收拾课桌。后来他又想，如果只是在周四收拾课桌的话，万一那位企业家在其他时间来访，岂不是会看到自己的课桌很脏很乱？自己之前所付出的努力岂不是全泡汤了？想到这里，他决定把自己的课桌每时每刻都保持得干净整洁，这样才会万无一失。

可遗憾的是，直到他毕业了，那位企业家也没有再来过。其他同学早就忘记了这件事，但是这个学生就此养成了随时保持整洁的好习惯，而且他也学会了做任何事都要有条理，要坚持到底，这让他在后来受益匪浅。

很多年以后，那位企业家终于又见到了这个小男孩，只不过他这次不是来送电脑的。当年的小男孩，如今成了一家知名社交网络公司的创办人，那位企业家用2.4亿美元购买了这家公司1.6%的股份。

学生听到这个故事之后惊讶不已，我趁机说道："习惯的力量是惊人的，会经年累月地影响我们的行为，它能载着你走向成功，也能驮着你滑向失败。"

具有强烈反差的两个故事带给学生极大的震撼，学生充分感受到来自习惯的冲击力，久久没有回过神来。

类似的故事或实验还有很多，你只要留意就会发现许多好的素材。

二、问题导向

用故事启发学生是第一步，要让学生有意识且主动地养成好习惯，班主任需要以问题引导学生向更深处思索。

经过故事铺垫与适时点拨，学生的情绪高涨。我抛出关键问题："既然习惯如此重要，那我们应该拥有哪些好习惯？"

学生回忆起生活中的细节，七嘴八舌地说了起来："卫生习惯很重要，我看见有人乱丢垃圾就很讨厌，这种人太不讲卫生了。"

"我妈妈说要养成良好的生活习惯，让我每天早睡早起，按时吃早餐，这样对身体好。"

"我们老师经常强调，要养成良好的学习习惯，比如上课要认真听讲、及时做笔记、按时完成作业、及时复习、提前预习等，这样会让我们学习起来更轻松。"

……

我将学生提到的习惯逐个写在黑板上：卫生习惯、生活习惯、学习习惯、交友习惯、思维习惯……

我继续追问：“以上各个方面达到什么标准才叫好习惯？”

学生开始热火朝天地讨论起来。就这样，好习惯的具体标准在交流中碰撞，在讨论中完善，直到最后达成共识。

良好的卫生习惯：勤剪指甲勤洗澡，饭前便后要洗手，自己垃圾不乱丢，个人物品整理好。良好的生活习惯：保证睡眠休息好，饮食均衡营养足，适量锻炼身体强，劳逸结合心情妙。良好的社交习惯：尊重他人是前提，言谈举止讲礼貌，有效沟通很关键，真诚待人乐陶陶。良好的课堂学习习惯：候课、倾听、表达、阅读、书写、展示、做笔记、写作业等（表2-1）。

表2-1 良好的课堂学习习惯

训练项目	要求	具体事项
候课习惯	听铃声，速落座， 先静心，再候课	预备铃响即回位，安静及时做准备， 学习用品早备好，精神面貌数最佳
倾听习惯	细倾听，勤记录， 理思路，后交流	他人发言我不扰，细心倾听素质高， 边听边记理思路，若有疑惑有序告
表达习惯	有自信，姿挺拔， 声洪亮，速适中	要想发言先举手，小组讨论轮流言， 围绕主题不闲聊，控制音量互不扰
阅读习惯	有主见，爱思考， 心悦读，善小结	不动笔墨不读书，圈点勾画如拾珠， 多加提炼汲精华，乐学善思顿开悟
书写习惯	身端正，桌整洁， 笔画明，书写美	字斟句酌慎思考，字迹工整不潦草， 笔记学案皆美观，书写规范卷面好
展示习惯	乐合作，分工明， 言有序，形式多	小组合作分工明，轮流展示言语清， 用语规范神飞扬，自然大方笑颜绽
做笔记、写作业习惯	多色笔，做笔记， 速更正，作业清	课堂笔记习惯好，多色笔来把记标， 独立作业快纠错，查漏补缺显妙招

三、方法引领

标准好定，实践困难；习惯重要，养成不易。整个过程中，最重要的一环是提供方法，帮助学生养成好习惯。

（一）整体促进法

整个班级可以充分考虑师生商讨的各项习惯，再结合学校的作息时间表全面制订习惯养成细则，从早读、教室卫生、课桌摆放、课堂学习、文明礼仪、体育锻炼、作业质量及好人好事等维度评价，以量化计分的方式督促学生的习惯养成。

整体促进法的优点是，让学生在短时间内了解各项习惯的要求，用外力促使学生提高自我约束力。整体促进法的不足之处是，学生要养成习惯的项目太多，稍不留心就会顾此失彼，并且面对细密的加减分制度可能会产生焦虑。

（二）板块式推进法

开学初期，班主任可以结合学生每天的活动轨迹和顺序制订计划：先列出所有要养成的习惯，第一周主抓早读习惯，对于其他方面的习惯仅提醒；第二周主抓清洁卫生，同时巩固早读习惯；第三周主抓文明礼仪，巩固早读习惯和清洁卫生习惯；第四周主抓学习习惯，巩固清洁卫生习惯和学生的文明礼仪，以此类推。

例如，在主抓早读习惯时，我会每天关注学生早读时期的表现——包括学生的到校情况（提前到校、到校后的行为、迟到情况、迟到原因）、早读任务的布置（提前布置、明确任务、限定时间）、早读方式（站读、领读、齐读、默读、男女生赛读、分小组赛读、师生赛读）、早读效果（声音大小、专注程度、记忆效果）——及时予以肯定并进行技术指导。在指导学生掌握记忆技巧时，我曾给学生介绍信息加工流程（图2-7）[①]，帮助学生了解记忆的原理，知晓复述和编码的意义，从而借用早读将所学知识从短时记忆转化为长时记忆，以便随时提取。

---

① 罗伯特·斯莱文．教育心理学：理论与实践 [M]．吕红梅，姚梅林，等译．北京：人民邮电出版社，2016：138.

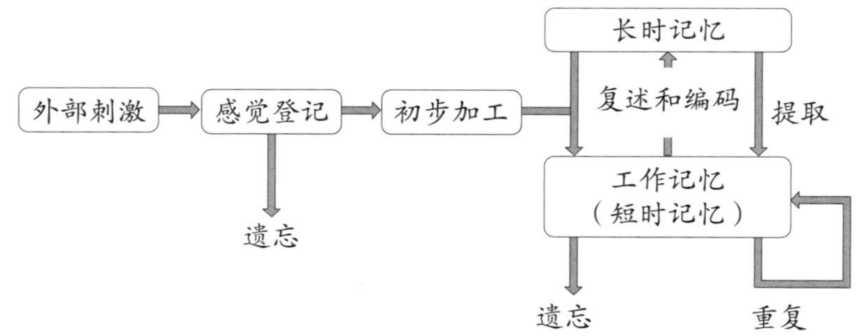

图2-7　学习的信息加工流程

板块式推进法的优点是，每周只确定一个习惯养成主题，班主任可以从各个环节精雕细琢，让学生毫无压力地培养新的习惯，班主任细致入微的指导有助于学生提高自我意识，提升自我管理能力。美中不足的是，板块式推进法用时较长。

（三）自我修身法

每个学生都渴望成为更好的自己，如果班主任能用好这股力量，就能让学生习得自我修身之法，产生强大的内驱力，养成良好的习惯。

我曾给学生讲过本杰明·富兰克林的修身计划的故事——

本杰明·富兰克林曾经因为一些不好的习惯受到同学的排挤，他立志要改变自己，让自己拥有完美的品德。于是他制订了一整套修身计划，列举了13项要培养的美德。为了实现目标，他专门制作了一本小册子，每一页都画了表格，纵向7行，代表一星期的7天；横向13行，写上13项美德的名称。如果当天在哪一项美德上有过失，就在相应的格子内涂上一个黑点，直到最后小黑点出现得越来越少。得益于从小培养的美德，他最终成为大名鼎鼎的科学家、政治家。

学生听到故事后深受触动，也争相模仿画起表格，每天与自己较劲，督促自己坚持做这件事，直到养成好习惯。

以上三种方法分别从外部环境、认知发展和内在动机等方面提高学生的自控力，帮助学生养成好习惯。

四、持续强化

好习惯的养成需要时间的积累，要经历从量变到质变的过程，有时我们甚至要在自我克制的痛苦中煎熬。能够缓解痛苦，加速好习惯养成的最佳办法就是持续强化。每一次达到习惯养成目标后的正强化，都是再次行动，进而养成新习惯的隐形动力。

如果采用整体促进法，班级可以根据学生的综合积分予以适当的鼓励，精神层面的表扬和物质层面的奖励都行，或者与其他刚性需求的事情关联起来，如积分高的优先选座位等。

如果采用板块式推进法，则可以每周聚焦一种习惯的养成，班主任的智慧指导能改变学生的认知，学生练习过程中分泌的多巴胺、内啡肽等神经递质会给大脑带来愉悦的感受，痛苦是暂时的，快乐才是一个人长期坚持某种习惯的真正的动力和推手。

如果采用自我修身法，班主任不妨教会学生及时给自己积极的心理暗示，如给自己写一句肯定的话语，对着镜子微笑一分钟，再一次翻看自己的记录本，画上一个笑脸，向父母和朋友分享自己的修身过程，等等。正向的鼓励、亲友的肯定，都在无形中制造一种可视化并且可量化的正反馈，有助于学生获得更多能量。

青鸾三班曾经在学生的习惯养成方面进行了大量的实践研究，其中在帮助学生养成收拾书包和整理课桌的习惯时，发生了一些有趣的故事——

案例：小鹏变形记

青鸾三班一直在关注学生的习惯培养，可是班上总有几个“小迷糊”的抽屉和书包一团糟，课本横七竖八地塞在书包里，作业本卷着边儿零零散散地插在课本中间，试卷和学案揉成一团，蚂蚁爬进书包的话准会迷路。

小鹏就是这样一个“小迷糊”，无论我提醒多少遍让他将书包和抽屉整理一下都没用，他书包里的东西还是如一团乱麻，剪不断，理还乱。同学们见状暗暗摇头，小组长和同桌也为他的习惯而烦恼，小鹏也好像变得有点自卑。唉……我真想拥有魔法，挥挥魔法棒就能让小鹏变得爱收拾。

小鹏的窘迫让我想起了我的儿子，我曾在儿子读小学二年级时有意训练了他一把：我将他柜子里的衣服全部抖落在沙发上，故意弄得乱七八糟，再把叠衣服的过程演示给他看，并激励他：“咱们今天来做一个小游戏，看你能不能将这些衣服叠平整，然后想办法分类放好，要做到确保自己以后穿衣服更方便。听说能做到的小朋友都有超能力，我看好你哟！”

儿子稍加思索便开始行动起来，饶有兴致地把衣服一件件叠好，再把内衣放在一摞，长裤叠在一起，毛衣有序堆成方块，还找出几张小卡片歪歪斜斜写上一行字，放在相应的衣服上。最后，他成功变身为收纳“小超人”。

小鹏在家可能更关注文化课的学习，日常生活琐事由父母操办，他没有机会学习整理内务。这不是小鹏的问题，批评与责备都没用。他现在不正像我的儿子一样，需要手把手地示范和帮助吗？

那一天，我将他的书桌搬出了教室，并给他搭建了一个大大的操作平台。然后，我蹲下来和他一起把书包里的所有东西倒出来，将课本放一摞，作业放一摞，将试卷的边角抚平后再压平整。看着我认真地示范，他恍然大悟，接过我手中的书本开始继续整理起来。时间一点点过去，小鹏将书包与书桌收拾得干净清爽，他胖乎乎的小脸上绽放了笑容。

再后来，小鹏的书包一直都比较整齐。这让我明白教育真的有魔法，教育不是高高在上的指手画脚，也不是轻描淡写的提醒，而是教师蹲下身子的姿态与心态，是和颜悦色的示范与指导。

原以为这件事已画上句号，没想到小鹏觉得意犹未尽。

五月科技节前夕，他兴致勃勃地说："王老师，将物品收纳整齐是一件十分愉快的事，我看同学们都喝矿泉水，我想将班上的空瓶子收集、整理一下，可以吗？"

小鹏这葫芦里卖的什么药？我且等等看吧。

于是，小鹏一本正经地准备了一个大箱子，并且在外面贴上要求："我需要收集550毫升的空瓶子，请勿投其他垃圾，谢谢大家的配合。"

青鸾三班的同学都很给力，小鹏隔天就收集了满满一箱空瓶子。过了几天，那个纸箱子不见了。等到要上交科技节作品时，小鹏搬来了一个大家伙——塑料筏，近百个塑料瓶紧密地排列在一起，被做成一个竹筏的形状，中心部位放置一整块泡沫并加固以增加浮力，前头插上了一面小红旗。

小鹏自豪地说："王老师，我测试过，这只'红旗牌'塑料筏都可以承载我的重量啦。"

小鹏爸爸这时发来塑料筏的制作照片：两个孩子将散乱的空瓶子一个个筛选、清洗、晾干、排列顺序、拧紧瓶盖，然后逐层固定。制作成功后，小鹏开心地坐在塑料筏上比着胜利的手势！

最后，经过评委审核，小鹏制作的塑料筏以其庞大的体形和变废为宝的理念获得了科技节大奖，他还被邀请在颁奖典礼上介绍自己的作品。

小鹏自信地站在台前侃侃而谈："这是我和搭档做的'红旗牌'塑料筏，因为我觉得把饮料瓶丢掉太可惜了，所以一直都想变废为宝；再加上我曾经有坐竹筏漂流的经历，恰好目前正在学浮力原理，我结合自己曾经在网上看过的类似的作品，最后决定动手实践……”

果然，教育的魔法太神奇了：生活废品脏又乱，小鹏妙想变身忙，分类整理细思量，脱胎换骨光万丈。

一晃四年过去了，小鹏已经长成一个阳光帅气的小伙子，去年高考考取了心仪的大学。昨天，他发来视频：“王老师您好，感谢您对我的关心与照顾，离别的这四年，我成长了许多，也懂得去珍惜当下，珍惜友谊。在我成长的过程中，您给了我无微不至的关怀以及许多展示自己的机会，使我变得更加自信。现在我正在高原圣城拉萨，在这里祝愿王老师一家事业有成，学业有成，身体健康，扎西德勒[①]！”

整理物件就是梳理思路，生活有序必定条理清晰，行事妥帖映射思维严谨。一个看似不起眼的整理物品的习惯，一旦养成之后，可以影响孩子一生。亲爱的读者，愿我们都能帮助学生养成好习惯，走向幸福未来。

① 扎西德勒为藏语，意思是吉祥如意。

师生共读课程：
书香漫卷润心田

朱永新教授说：“一个人的精神发育史就是他的阅读史，一个民族的精神境界取决于这个民族的阅读水平，一个没有阅读的学校永远不可能有真正的教育，一个书香充盈的城市才能成为美丽的家园。”①

在这份洞见的启发下，我深知在一个班级中营造浓郁的阅读氛围，对于孩子们心灵的熏陶与智慧的启迪至关重要。人们认为语文教师作为班主任在推动班内阅读方面具有得天独厚的优势，小学阶段的学生往往有充足的时间和合适的环境开展阅读活动，而作为初中数学教师并兼任班主任的我，尽管面临非专业的阅读指导背景、紧张的教学时间安排以及有限的阅读空间等重重障碍，依然不会动摇在学生的心田播撒阅读种子的决心。

我深知阅读的重要性，即使寸步难行，我也要步步为营。打定主意后，我开始行动起来。

一、第一阶段：协力营造阅读氛围

（一）布置图书角

每带一个班，我都会想方设法在教室里找一块空地布置图书

---

① 朱永新．每朵乌云背后都有阳光 [M]. 北京：人民文学出版社，2021：155.

角。有时候，我会把家里的旧茶几或是小角柜搬到教室，和学生共同装饰一新；有时候，家长们也会送来书柜以解燃眉之急。如果学校为每个教室统一配置了图书柜，这一步就可以省略。

图书角的灵魂是图书。为了让学生有书可读，我发动学生将自己家中的好书带来，以便交换阅读；随后，班级招募图书管理员，录入学生带来的书籍，并分类编号上架；为了方便同学们借阅，也为了更好地管理图书，学生还会制订详细的图书借阅方案。

（二）举行阅读会

我们会举行以“阅读，让生活更美好”为主题的班会，学生们介绍阅读的作用，交流阅读的名言，分享阅读的喜悦。

图2-8　关于阅读的心语本插图

有学生在心语本中写道：“阅读不在于我们拥有多少书，不在于我们粗略地读了多少本书，而在于我们在读书时，能让人生从此改变，开启新的梦想与未来。”这个学生还给文字配上插图：不读书的人，看到的只是别人画给他看的美好世界（图2-8）。读了书之后，你认识了黑暗和丑陋。只有读了更多的书之后，你才能站在巨人的肩上，看到希望和光明。

二、第二阶段：借力实施阅读指导

（一）借力于我的好友——语文名师“爱的色彩”

“爱的色彩”这一昵称属于我的挚友谢华。她不仅是四川省泸州市泸县第二中学里一位才华横溢的语文教师，也是泸州市作家协会的会员。她对阅读有深厚研究与独到见解，早已在教育界赢得了广泛的认可，甚至在《中国教师报》2011年度“最美女教师”网络评选活动中荣膺“十佳”的称号，接受了整版的专题报道，足见其在推广阅读教育方面的显著成就。

我深知，在引导学生从被动阅读走向主动“悦读”，进而迈向更高层次的“越读”过程中，专业指导的重要性无可替代。因此，我决定向谢华取“真经”，借助她丰富的经验和独到的视角，为学生们打开一扇通往知识与智慧的大门，让阅读成为他们探索世界、丰富内心的最佳伴侣。

谢华的到来，为我们的班级注入一股清新的阅读之风，充分展现了她的“阅读三部曲”，引领学生多读书、读好书、好读书。

第一步：阅读——推荐读物，指导阅读方法。

阅读的场地设定在图书馆，利用“阅读磁场”加强吸引力。必读书目是《繁星·春水》《伊索寓言》《童年》《昆虫记》《朝花夕拾》《骆驼祥子》《钢铁是怎样炼成的》《海底两万里》《名人传》《水浒传》《傅雷家书》《培根随笔》《格列佛游记》《简·爱》《草房子》《世说新语》《三国演义》《文化苦旅》《呐喊》《毕淑敏散文集》，这二十部古今中外的优秀著作包括了寓言、散文、小说、传记、家书等不同文体，涉及自然、社会、人生、历史、科学等丰富内容。

第二步：“悦读”——相互交流，激发读书乐趣。

课前三分钟开设“好书我推荐”栏目。每学期都有几个主题内容，近似群文阅读的方式，某一个时段专门读一个作家的作品，或是专门读一类作品。史铁生、王开岭等名家的作品，次第走进学生心灵，学生由被动的阅读状态逐渐抵达主动的“悦读”境界。

第三步：“越读”——拓宽视野，自由广泛阅读。

“自助餐式”的阅读，渐渐抵达“越读”境界，给学生打开了一扇文学的窗口、文明的窗口、文化的窗口。语文变成辽阔而美丽的世界！好的阅读像极了水草丰茂的原野，让师生阅读的疆场不断得到拓展，视野不断扩大，情怀不断提升。

学生在她的引领下，发现了阅读的乐趣。一本本精美的读书笔记，一场场盛大的阅读交流会，让学生羡慕不已。

（二）借力我的搭档——语文教师

要想在班级推进阅读课程，必须依靠语文教师。在借力于“爱的色彩”时，我邀请语文学科的樊老师参加，共同探讨阅读之法。樊老师将阅读融入自己的课堂中，并将其渗透在常规教学中：每堂课前三分钟进行好书推介，每周开展一次阅读课，每周做一次读书笔记，每月进行一次读书交流，每学期举办一次颁奖典礼。

三、第三阶段：亲力参与阅读示范

阅读不应限于文学作品，也不该只是语文老师的专属领地。时下广为流传着一句警世之言：教育界最大的悲哀，莫过于一群不读书的老师在拼命教书，一群不读书的父母在拼命育儿。这番话深刻揭示了以身作则的重要性，提示我们，教育者自身的阅读习惯与素养，对下一代的灵魂塑造有着直接影响。作为班主任，我们的示范引领和多领域阅读对学生阅读同样起着至关重要的作用。于是，我决心先从自己做起，身体力行，成为阅读的先行者和倡导者。我不仅自己阅读，还带动身边的教师、家长和学生一起阅读。

（一）阅读示范

我曾经参加爱心与教育研究会的阅读活动，分阶段进行为期90天、180天的“丹凤朝阳——坚持读”（表2-2），每天早起用半个小时阅读，并撰写读书笔记，然后分享在博客里。

（二）阅读分享

在这个阅读活动中，我认真研读《给教师的建议》一书，收集了苏霍姆林斯基关于阅读的描述，并将其中的经典段落分享给学生：

我从来没有、一次也没有给这样的学生补过课，那种补课的目的就是让学生学会在正课上没有掌握的教材。我只教他们阅读和思考。阅读好比是使思维受到一种感应，激发它的觉醒。

请记住：儿童的学习越困难，他在学习中遇到的似乎无法克服的障碍越多，他就应当更多地阅读。阅读能教给他思考，而思考会变成一种激发智力的刺激。书籍和由书籍激发起来的活的思想，是防止死记硬背（这是使人智慧迟钝的大敌）的最强有力的手段。学生思考得越多，他在周围世界中看到的不懂的东西越多，他对知识的感受性就越敏锐，而你，当教师的人，工作起来就越容易了。①

为什么有些学生在童年时期聪明伶俐、理解力强、勤学好问，而到了少年时期，却变得智力下降，对知识的态度冷淡，头脑不灵活了呢？就是因为他们不会阅读！人的脑子是一个复杂的整体，如果它的一部分不够发达，就会阻碍整个脑的工作。在大脑两半球的皮层里，有一些区域是管阅读的，它们跟脑的一些最活跃、最富于创造性的部分是密切联系的。如果在管阅读的那些区域里有了死角，那么皮层的所有部分的解剖生理的发展就受到阻碍。②

① 苏霍姆林斯基．给教师的建议 [M]. 杜殿坤，编译．北京：教育科学出版社，1984：21.

② 苏霍姆林斯基．给教师的建议 [M]. 杜殿坤，编译．北京：教育科学出版社，1984：208.

表2-2 “丹凤朝阳——坚持读”示例

丹凤朝阳——坚持读（108/180）	
时间	××××年×月××日7：30
书名	《给教师的建议》
作者	瓦·阿·苏霍姆林斯基
页码	第534~538页
标题	（九八）课堂教学与课外阅读
概括摘录	1. 我校全体教师编制了一份《童年、少年和青年时期阅读的好书目录》……到现在已有900种书。这份好书目录是对学生进行智育、德育、情感教育、审美教育和公民教育的大纲。（第534页） 2. 学校教育的缺点之一，就是没有那种占据学生的全部理智和心灵的真正的阅读。没有这样的阅读，学生就没有学习的愿望，他们的精神世界就会变得狭窄和贫乏。（第535页） 3. 我们力求使每一个少年、每一个青年都找到一本他“自己的”书……这是需要教育艺术的。阅读这样的书是一种自我总结，是自我教育的开端，是面对自己良心的自白。（第535页） 4. 精神高涨的状态、研讨书籍时的喜悦——这些（用形象的话来说）是一个强大的杠杆，用它能够把大块的知识高举起来。在这样的情绪状态中，不随意识记是特别积极的。（第535~536页） 5. 我们的教师还特别关心让每一个中年级和高年级学生的个人藏书里有丰富的科学书籍……只有通过独立阅读来满足学生多方面的智力兴趣，才能在此基础上进行深入的钻研。要让一个人在少年期和青年早期多读、多想、多探求，他才能近乎偶然地发现自己最感兴趣的某一个专门领域。（第537~538页）
感悟	“多探求”在我家曾经是一个奢侈的词。儿子喜欢饲养小动物、养护绿植、拆装玩具，这些都被爷爷奶奶视为不合时宜。幸好我和儿子喜欢阅读，各种百科知识与人文书籍激发了儿子的兴趣，他乐此不疲地读着，实验着；而我能够理解他，为他撑起了一小块天地，供他自由呼吸、自在探求。 家庭的阅读氛围十分可贵，学校的提倡阅读之举也很重要。去年，我参加教育培训，访问的几所学校都十分重视阅读。比如，其中一所中学有开放式的书架，白橙两色相间的沙发椅可以让阅读者以最合适的姿势尽情阅读；图书馆还有数十个收纳箱，里面都是几十本相同的书，以便学生“共读一本书”。该校还运用“得天读厚”“读霸一方”“读一无二”“读家生意”“读善其身”“匠心读运”等策略，让孩子爱读、想读、会读、悦读，大力推动阅读。该校所有图书都进行了扫描、编码，储存在电子图书库里，该系统详细记录了学生什么时间读过什么书，以便老师、家长给孩子提出阅读建议。

如果我们希望学生热爱阅读，那就自己先读起来，读得深入、读得愉悦、读得通透，分享时自然就能感染学生。师生共读与亲子共读的身影，成了一道迷人的风景线。

四、第四阶段：全力充实阅读空间

青鸾三班的班级管理采用积分制，用积分衡量每个学生和每个团队在各个阶段的表现。学生最期盼的事情就是用积分兑奖品，因为奖品是物质奖励和精神奖励的完美结合——图书。

青鸾三班设有班级基金，来源不是每个学生统一交的班费，而是班级师生共写文章后获得的奖励。师生写得多、写得精彩，赞赏就多，奖品就越丰厚。

我们的流程是，每个学生定期将自己喜欢的书籍名称报给班长，经过审核后由班级统一购买。在此期间，学生们要不断地自我提高、自我发展，尽可能多地获得积分。等到颁奖典礼揭晓获奖名单时，学生们就能根据自己的积分选择喜欢的书籍。

奖品的所有权归获奖者，而阅读权则属于全班同学。因此，我们班的图书资源和班级管理制度相互结合，不断扩充和完善。

五、第五阶段：接力拓宽阅读视域

作为数学教师，我接过语文教师的接力棒，致力于推动学生的课外阅读。面对学业紧张的初中生，我要思考如下问题：读什么？怎么读？读得怎么样？

苏霍姆林斯基说："对这些儿童来说，把学习仅仅局限于背诵必修的教材是特别有害的——这种做法会使他们养成死记硬背的习惯，变得更加迟钝。"[①]同样地，如果把阅读仅仅理解成对教材和某些指

① 苏霍姆林斯基．给教师的建议 [M]. 杜殿坤，编译．北京：教育科学出版社，1984：18.

定篇目的阅读，那也是狭隘的。若能给学生提供富含智力背景的课外阅读材料，则能教给学生从多角度进行理性思考的能力，思考会变成一种激发智力的刺激。因此，我想让学生拥有更丰富的阅读材料，如苏霍姆林斯基所言，用“两套教学大纲”发展学生的思维。

经过反复对比，我们选择阅读《数理化通俗演义》。这本书贯串古今中外，文辞优美，用语生动，它以时间轴为主线，将数学、物理、化学、生物学等学科以章回小说的形式呈现，能让学生享受沉浸式阅读。

我知道每一个学生都渴望被看见，索性在微信公众号“凤语微澜”建立“与你共读”板块，将其变成学生的课外阅读平台。起先，我示范领读《数理化通俗演义》第一回，而后让学生浏览不同的章节，当学生兴致浓厚时再全面推进。

我邀请学生将个人简介和形象照发过来，并约定每周朗读三个章回。这个“读”与众不同，既是学生自己阅读，也是自行朗读录音，更是进行章回导读展示。每推出一个章回，我都要整理文稿、剪辑音频、配图编辑，有时还要和学生交流朗读的方法，包括咬字发音、抑扬顿挫等。

在这里，我带着学生一起阅读，把学生的阅读变成可以交流、展示的作品，让学生在科学知识、表达能力、自信心等方面都有提升。在这里，每一个孩子都是朗读者，都有属于自己的舞台，都能成为一束光。

请看几个章回的导读——

（1）科学发展的过程，就是一部人类不断战胜愚昧获得真知的过程；孩子成长的过程，亦是在不断犯错和纠错中感悟和重塑自我的过程。今天，请谭嘉俊同学分享《数理化通俗演义》第十四回。小谭同学虽然声音稚嫩，但他是最先将全书读完的同学。每一个破土而出的嫩芽都渴望阳光雨露，每一个努力的孩子都期待被看见。

（2）“为求真知不惜身，明知有虎虎山行。死亦不怕何惧火，真金一块留后人。”今天，请刘瑞恩同学分享《数理化通俗演义》第十五回。这是一位非常喜欢物理和化学的同学，阅读面很广，他将第十五回“血液循环的发现”讲述得惟妙惟肖，很有画面感。

（3）“物体从空自由下，轻重没有快慢差。你我一个加速度，共同享受九点八。”今天，请卢奕同学分享《数理化通俗演义》第十六回。科学靠实践，实践出真知，期盼同学们从文中感悟科学精神，勇于动手实验。

（4）“阿翁有镜能烧船，伽郎镜能抓来船。方信真有缩地法，十里犹如一尺间。”今天，请单旭熙同学分享《数理化通俗演义》第十七回。这是一个思维走在前面的学生，上课经常迸发灵感。为了发挥最佳水平，他注音、断句、做标记，读了一遍又一遍，读出了情感，读出了科学家的品质，读出了少年的梦想。

……

我深切地感受到，书籍如甘霖般滋养着孩子们的心田，他们在阅读的海洋里汲取着成长的力量。在“与你共读”的温馨时光里，学生的眼眸闪烁着对未知世界的好奇与向往，仿佛装着星辰大海。嘉俊曾经在学习的道路上偶遇挫折便徘徊在放弃的边缘，然而现在，阅读赋予了他新的勇气与信心。再看瑞恩，那个曾经在课堂上小动作不断的男生，如今已将玩具换成了学习工具，他的专注成为课堂上一道亮丽的风景线。至于旭熙，为了达到朗读的最佳效果，他陆续给我发过三个版本的音频。我听着这些音频，仿佛看到了爱因斯坦手中不断改进的小板凳。旭熙的每一次尝试都更接近完美，展现了他的执着与进步。

学生的每一次成长与变化，不仅是书籍本身的魔力在发挥作用，更是周围环境正面反馈与鼓励的成果。书籍教给学生思考，而这种思考会变成一种激发智力的刺激。家长的赞许、同学的欣赏、教师的期待，更如同春风化雨，润物无声。而通过微信公众号展示个人作品，学生们有机会将自己最好的一面展示给更广阔的世界。个人形象的塑造、简介的撰写、音频的录制，每一步都是自我探索与表达的旅程，促使他们不断地自我超越，塑造全新的自我形象。

在我看来，阅读是静谧而美好的，它让思想在无限的空间里自由翱翔，让灵魂在书香的浸润下散发出独特的香气。师生共读的每一刻，都是一次向着光明未来迈进的幸福旅程，我们在书页间相约，共同在知识的海洋中航行，享受那份宁静、喜悦与自由。

学习力提升课程：
学海泛舟立潮头

前不久，学生黄志高发来消息："丹凤老师，您的教育方式于我而言意义非凡，不仅在于数学的学习，更在于高中乃至未来对正确学习方法的掌握，甚至在于面对人生困难和选择时的从容应对。您的教育方式让我不再惧怕讲台，敢于展示自己；让我在面对难题时能有条不紊，用理性方式去思考分析；让我在面对嘈杂的世界时，总能准确提炼出我想要的信息，并适当地加以表达。我想，这就是您当时想教给我们的，是对学生来说超越学习本身的、终身受益的宝贵财富。"

志高早已进入大学殿堂，他的信息让我不禁热泪盈眶，这是近年来我帮助学生提高学习力的最好反馈。无论是作为班主任还是作为学科教师，我们都需要帮助学生提高学习力。具体怎样做，希望我的思考与实践可以帮助各位读者。

进入学习型社会后，学习力成为学生终身学习所需要的能力，是学生的学习动力、毅力和能力的综合体现。然而，实际情况却不容乐观，不少学生存在学习内驱力不足、学习方法欠缺、学习效率低下等问题，这些都是学习力弱的表现，具体表现为学生缺乏学习兴趣、学习吃力、自我评价低、不善于科学管理时间甚至拖延或厌学等。

提高学生的学习力，首要的是弄清学习的概念和本质。

狭义的学习指学生在教师的指导下，有计划、有目标、有组织、有系统地掌握知识、技能，发展智力和能力，培养个性和思想品德的过程。广义的学习内涵更为丰富，其定义是有机体经由练习或经验，在知识、态度（含情绪）、行为（含品行）或行为潜能上发生的相对持久的变化。它既是一种结果，又是一种内部过程；不仅指学生在学校内的学习，也包括个体自出生就存在的持续终生的日常生活中的学习。

遗憾的是，有的教师将学习窄化为学科知识的学习，功利化地阻止学生参与与学科知识无关的学习活动。他们常用学科知识的学习挤占其他学习的时间，同时通过增加学习时长和训练量来提高学生的学习成绩，甚至用不同的态度对待成绩不同的学生。这种做法必然会大大削减学生的学习乐趣，打消其学习积极性。

如果我们能明确学习的概念，更新对学习的认知，了解学习的范畴，尝试创新学习的形式，包容和理解学生的学习行为，就会让学生获得更好的学习体验。

提高学生的学习力，关键是了解学生在学习中的特征。

心理学家皮亚杰认为，孩子拥有十分强大的学习机制，他用消化来打比方："对他们来说，学习就像吃饭一样自然。"①然而，据专项社会调查，刚入学的儿童，约有82%对自己的学习能力极有自信；而当他们16岁时，这一比例急剧下降到18%；约五分之四的青少年和成年人在重新面对学习时会有无力感。

我们遇到的学生就像半成品，他们往往带着家庭和之前阶段教育的烙印来到我们身边，其生命之初的学习力可能已被抑制或破坏。因此，班主任要科学地培养和提升其学习力，不仅要保护学生原有的学习力，还要想办法修复其已被破坏的学习力。

---

① 艾莉森·高普尼克，安德鲁·梅尔佐夫，帕特里夏·库尔．孩子如何学习 [M]. 林文韵，杨田田，译．杭州：浙江人民出版社，2019：16-17.

我们的学习力提升课程，主要从科任教师、班主任、家长和学生四个角度出发开设，四个维度相互促进，四位一体效果最佳。

一、从科任教师角度出发，依靠学科，激活学生

班主任首先是学科教师，不妨立足自身所教的学科，想方设法利用学科魅力激发学生的学习兴趣。例如，著名语文特级教师李镇西曾经带领学生组织语文兴趣小组，游历峨眉山，在油菜花田中学习写作。他还曾为学生读报、读小说，让学生在文学的天地自由呼吸，任意驰骋，感受青春的激昂，产生思想的共鸣，得到心灵的升华。再如，历史特级教师魏勇为了让学生更深刻地理解和感受历史，精心设计情景模拟或角色扮演活动，在讲解某个历史事件时，他会让学生分组扮演不同的历史人物，通过模拟会议、辩论等形式，重现历史情景，让学生在参与中学习，增强学习的参与感和代入感。这些创新举措不仅让课堂变得生动有趣，还激发了学生的学习兴趣和好奇心，培养了学生的综合素养。

在数学教学中，我也进行过许多探索：引导学生尝试撰写数学小日记，培养其主体意识；引导学生主动绘制数学小报，开拓学科领域；引导学生依据学案开展学习，实现教学“翻转”；引导学生撰写数学小论文，感悟实践应用；引导学生反向研究教学设计，体验角色互换；引导学生绘制思维导图，优化学习方法；教师示范中考试卷分析，学生模仿感悟……

此外，我还根据学科特点与教材顺序，设计了一组从七年级到九年级的创意假期作业，帮助学生即使在寒暑假也能增强自律意识，提高学习能力，提升综合素养。对于学习力的提升而言，这组假期作业中的每一个环节都意义深远。我详细地记录了全过程，撰写的文章《来一场假期作业的“革命”》刊发在2015年7月29日

《中国教育报》的课程专栏上。多年后，当黄志高等学生来看望我时，我们共同聊起这段研究过程，他们都在感叹昔日数学教育教学中的创举理念先进、方法新颖，表示在高中和大学的学习中都很受用。

二、从班主任角度出发，创造平台，树立榜样

青鸾三班设有学习班长和学习部。在班委会刚成立时，我就开始进行引导。学习班长的职责包括了解各门学科特点，总结各科学习方法，协调各位科代表，关注同学们的课前准备、课堂表现与课后作业情况，等等。因此，学习班长、学习部成员和科代表组成一支强有力的队伍，他们肩负使命，持续地助力同学们在各个科目的学习。

每次期中考试和期末考试结束后，学习班长会结合各科的考试情况，召集表现突出的同学来总结学习经验，等汇总完善后，在班会或家长会上进行分享。对于学生而言，听优秀同学的分享会更新奇、更有吸引力，因为身边的榜样更加鲜活、更有说服力。

学生是学习的主体，这种方法能倒逼班干部反思自己的学习行为，不仅总结自己学习过程中的得失，还会提炼出学习方法来帮助同学，从而在班上形成互帮互助、共研共进的良好氛围。

请看班长向诗悦的分享——

同学们，还有不到三个星期的时间就要迎来期末考试了。期末考试不仅是对我们一学期学习成效的检验，也关乎我们过年时的心情和“待遇”。因此，在这紧要关头，期末复习很重要。接下来，我将分享自己的学习方法。

数学：首先，复习的要点是基本概念，因为几乎所有的题目都是从概念中衍生出来的。其次，就是重点题型，只要掌握得熟了、

透了，就可以触类旁通、举一反三。最后，要重视计算，在计算时切不可漏乘、多乘，算完后还要验算一下，看看是否正确。

语文：①语文主要靠平时的积累，日常背诵和记忆一定不能忘。②文言文是难关，但只要找到规律就不会感觉“难于上青天”。③阅读理解是有模板的，只要照着模板去答题，就比较简单了。④写作文之前一定要仔细审题！七年级的作文基本是记叙文，叙事很简单，但要写得生动却不容易。有些同学总是苦恼作文没有素材可写，其实素材就藏在平时的生活中，只要我们仔细观察，就会有源源不断的素材；而且因为真实经历或亲眼见过，所以我们自然能写出真情实感来。还有一点，立意要健康、向上。

英语：①单词的拼写要牢记，单词是学习英语的基础，如果连单词都记不住，更别说写作文和答题了。②短语也很重要，英语其实是一门非常需要语感的科目，只要背熟课文、记熟短语就不成问题。③句子是短语的延伸，也要多记。④英语的作文主要是针对语法点的考查，语法会贯串大部分的题目。

小四科（历史、地理、生物学、道德与法治）：七年级的小四科的复习重点在于理解并掌握基础知识点，只要上课认真听讲并完成老师布置的作业，基本没有大问题。

同学们，我前面的总结里一直提到一个字——“记”。“记”的确十分重要，学习没有捷径可走，只能脚踏实地，一步一个脚印地走。还有一个就是考试期间的心态，只要心平气和，直面难题，相信大家都能取得好成绩。

家长们看到后大为赞赏，并评价道：“怎样抓好期末总复习？小作者提供了圆满的答案，她既讲清了各科的复习要点和方法，又交流了应当树立的学习态度。这篇短文值得每一个孩子及其家长学习、借鉴。”

科代表们认真研究、仔细琢磨，并相继在班上分享自己的学习方法。在班长和科代表们的引领下，越来越多的学生不仅开始感悟学习方法，而且还思考起学习各个学科的价值，并结合自己的学习分享体会。

学生童梦洁是这样感悟数学学习的——

学习数学，最关键的是要培养兴趣，慢慢地，你就会发现学习数学是一件极其有趣的事情。

数学，可以解决生活中的许多问题，学会了数学就是学会了生活。如果你有一双发现知识的眼睛，那你就会领悟到，数学就在我们身边。

数学，是一幢高大无比的楼房。要想学好它，你就必须耐心地探索每一层的楼梯，终有一天你能爬上最高的楼层，那一刻你一定会无比欣喜与自豪。

学数学，要有良好的心理素质。心理素质是决定你的学习能力、状态的因素之一，当遇到学习中的挫折时，你需要的是沉着冷静地去面对，想办法去解决，而不是产生畏惧感。学习数学要有恒心，有毅力，绝对不能前功尽弃，不然就功亏一篑了。因此，在学数学的过程中，我们要养成善于思考的好习惯，做题目要学会举一反三、灵活运用，这样你就能轻而易举地学好数学，取得让自己满意的好成绩。

考试的时候，我们要调整好自己的心态，使自己任何时候都能保持镇静，正确对待考试。做完题后要认真地检查，检查时要有条不紊，要对自己有信心，不断地鼓励自己。会的题目不要出错，困难的题目要试着去思考、钻研，尽量使自己在考试中超常发挥。

伯特兰·罗素曾赞美数学："数学，如果正确地看，它不但拥有真理，而且具有至高的美，正像雕刻的美，是一种冷而严肃的美，这种美不是投合我们天性的微弱的方面，这和美没有绘画或音乐的那些华丽的装饰，它可以纯净到崇高的地步，能够达到严格的只有最伟大的艺术才能显示的那种完满的境地。”[①]

总之，在学习数学的过程中，我们还会领略到一些生活常识，这些知识能使我们在今后的人生道路上受益匪浅！

三、从家长角度出发，寻求合力，合作共赢

学生学习力不足可能表现为各种问题，这往往源于他们缺失安全感、价值感以及目标感，而这些感觉的缺失与学生所受的家庭教育有很大关系。要提高学生的学习力，家长就是教师在教育过程中的亲密队友。因此，班主任要定期和家长沟通，得到“队友”的支持，让家校形成合力，同频共振，共同给予学生最基本的安全感、价值感以及目标感。

（一）永远相信孩子的潜能，给孩子安全感

我班上有一个小女孩，刚进校时阳光开朗，学习劲头十足，但到了初二后，经常面色阴郁，状态明显不佳，不时会在朋友圈发一些奇怪的话语，如“反正我永远是你们拿不出手的女儿”。

后来，小女孩向我敞开心扉。原来每一次考试后，父亲都会虎着脸对女儿说：“你这成绩不行啊，想当年我的成绩在班上可是名列前茅。”每当小女孩拼尽全力取得一点点进步，向父母报喜时，妈妈却轻飘飘地说上一句：“只进步了这么一点，就那么骄傲。”

小女孩眼里噙着泪水说：“老师，我最初很想学习，想成为父母的骄傲，希望能看到爸爸的笑脸，可是我发现怎么努力都没有用，学得好与学得差都一个样，最后我就一点也不想学了。”

---

① 伯特兰·罗素.我的哲学的发展[M].温锡增，译.北京：商务印书馆，1982：193.

这种情况就属于家长不给力，把孩子的学习积极性消磨殆尽了。只有家长能和教师同时给予孩子信任，相信她的潜力，她才会脚底生风，勇往直前。因此，在我与家长充分沟通后，家长开始反思自己的态度，小女孩的情况渐渐好转起来。

（二）呵护孩子的求知欲，给孩子价值感

与家长交流时，我会讲到一个案例：某位女歌手是美国斯坦福大学的教育学博士，她以极其专业的视角保护着孩子们旺盛的求知欲，随时随地都让孩子们感到自己是被重视的，学习是有意思的。最终，她成功将三个儿子都送进斯坦福大学。她说："孩子问我问题时，我绝对不会说'等一下'，因为孩子们有疑问是不会等待的。"她在炒菜时，孩子跑过来问："妈妈，妈妈，为什么天是蓝的？"即使根本回答不了，她也会把火关了说："哎呀，你问得真好！等一下，我们一起去找答案。"等陪着孩子找答案之后，她才继续炒菜。

李镇西老师曾经在一次讲座中说："只要学生到办公室找到我，无论我在做什么事情，都会停下来先解决学生的问题。"有一次李老师正在接受采访，看到学生来访后，便停下来先解答学生的困惑。当记者询问原因时，李老师这样回复："学生来找我，一定是鼓足了勇气才来的，而且他还有那么多课程要学习，我不能让学生等待。"

对孩子问题的关注和重视，就是在保护和激发孩子的好奇心、求知欲，让孩子获得价值感。有这样的母亲，何愁孩子没有学习内驱力？有这样的教师，何愁学生没有学习兴趣？

（三）鼓励孩子发展兴趣爱好，给孩子自豪感

我的一个同事的儿子在读小学时特别喜欢玩积木玩具，经常用磁性球拼出各种模型，有时候一玩就是一个下午。同事知道，在这

个过程中，儿子的专注力、想象力与创造力都得到了提升。他没有去打断，而是用欣赏的眼光看待儿子的作品，甚至配上文案将孩子的作品发在朋友圈。他欣喜地看到儿子不断地将兴趣爱好升级——在初一时用3D打印（三维打印）笔创建模型，在初二时自学电脑程序，用3D打印机设计模型，并一直保持学习的热情，甚至在初三开始自学感兴趣的高中科目。

前不久，有一位家长来找我，说孩子出现心理问题，不愿意上学，成天在家里玩手机、看小说，也不搭理家长。在我们交流的过程中，有一个细节引起我的注意：这个孩子成绩优秀，曾经考过年级第一，但是孩子在小学时就喜欢看小说，尤其喜欢写小说。有一次家长看到孩子成绩有点下滑，便愤怒地把孩子的小说稿撕掉了。后来，孩子对学习的热情也慢慢消减，在各种因素的综合作用下，问题越来越严重。

其实，对孩子兴趣爱好的鼓励，就是在对孩子进行正面强化，让他不断获得学习的自豪感。只要把握好这个度，孩子最终会将这种专注力与探索精神迁移到学科知识的学习上，拥有十足的学习内驱力。

四、从学生角度出发，提供方法，持续指导

有这样一个说法：三流老师教知识，二流老师教方法，一流老师教思想。作为一名致力于提高学生学习力的优秀班主任，不仅要教学生知识，还要教学生获取知识的方法，更要让学生懂得知识方法背后的原理。

每带一届学生，我都会定期介绍不同的学习方法，并鼓励学生使用合适的方法。

（一）费曼学习法

当学生学习动力不足时，我会借用班会、社会实践活动给学生布置任务，引导学生将视角从“学”转换到“教”。同时，我还会介绍高效能的费曼学习法：第一，确立你要学习的目标；第二，理解你要学习的对象；第三，以教代学，用输出代替输入；第四，进行回顾与反思；第五，实现知识的简化和吸收。

学习的目的是输出，以教代学就是最好的方式，能让学生从被动接受到主动学习，从快速理解到深刻记忆，从知识输入到思维输出。

（二）番茄钟法

当学生反馈说自己的学习效率不高、注意力不太集中时，我会介绍番茄钟法（图2-9），同时在课堂上演示限时完成任务的效果。

（1）设置任务：明确要完成的任务和具体时间，将任务分解成若干个小任务，并确定最后截止时间。

（2）设定番茄时间：每个番茄时间通常为25分钟，根据实际情况在该时间范围内进行专注工作。

（3）番茄倒计时：开始专注工作，并启动番茄钟，进行25分钟倒计时。在这个时间段内，不要分心，不要做其他事情。

（4）番茄时间结束：番茄倒计时结束，意味着可以从紧张的工作状态中松弛下来，可以站起来走动，伸展四肢，缓解身体疲劳。

（5）休息倒计时：再次启动番茄钟，休息5分钟，并开始回顾、总结刚才25分钟的工作，以及进行下一个25分钟的准备工作。

（6）完成任务：每个番茄时间结束后，返回第二步，持续进行若干个番茄时间的专注工作，直到任务完成。

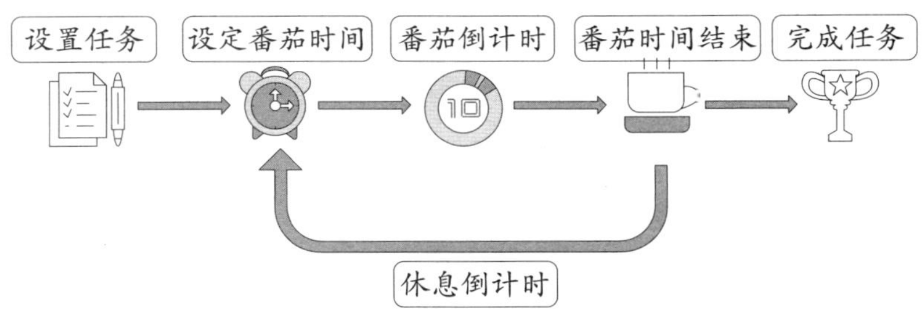

图2-9　番茄钟法示意图

番茄钟法的关键在于提高人的专注力，避免在任务中分心和拖延，并在达到目标时给予奖励，学生只要坚持下来就能真正实现高效的学习和优秀的时间管理。

（三）SMART学习法

当学生面临期中考试或者期末考试时，我会利用哈佛大学的实验说明确定目标的重要性——

哈佛大学的学者曾做过这样的统计，他们选择了家庭背景、年龄等各种因素基本接近的孩子，对他们进行追踪调查。在最开始的统计中，他们发现，这部分孩子中27%没有具体的人生规划，60%的人目标模糊且经常会改变，10%的孩子有短期目标，仅仅3%的孩子有明确的长期目标。

经过长达25年的追踪调查，他们发现，目标感不同的孩子有迥然不同的人生：没有目标感的孩子往往生活在社会的最低处；目标感模糊的人勉强能维持生活；具有短期目标的人成为社会的中层人士，有属于自己的高薪且稳定的工作；最后3%的有明确长期目标的孩子，长大后成了成功人士。

明确设定目标的重要性只是第一步，最有技术含量的是第二步：利用SMART学习法，科学有效地设定和实现目标，提高复习效率，提升个人价值。

SMART由五个英文单词的首字母构成，代表目标设定中的五个关键要素——

S是special，即具体的。目标应该是明确和具体的，能够清晰地描述要实现的结果和预期的行为。

M是measurable，即可衡量的。目标应该有一个明确的衡量标准，以便人们能够清晰地了解目标是否达成。

A是attainable，即可实现的。目标应该是可实现的，既不过于简单又不过于困难。

R是relevant，即相关的。目标应该与个人或组织的总体目标和价值观相关联。

T是time-bound，即有时限的。目标应该有一个明确的期限，以便人们能够追踪目标的实现情况。

如何使用SMART学习法确定目标，做好复习备考规划，小朱同学做出了示范——

第一个环节：S——special（具体的）。

小朱同学最近几次考试总名次都在前100名之外，他给自己定的目标是进入前70名。根据协商，我们将本次期末考试目标定为进入前100名，把进入前70名作为下学期的目标。我们知道，这样的目标有点空洞，必须进一步细化，于是进入第二个环节。

第二个环节：M——measurable（可衡量的）。

我引导小朱同学进行学科优劣分析，并根据平时的学习情况制订分科目标（表2-3）。

表2-3　小朱同学的分科目标

优势学科	劣势学科
生物学50（满分50）（可达到）	语文100（满分120）
历史42（满分60）（须努力）	道德与法治 35（满分50）
数学110（满分120）（须努力）	英语100（满分120）
物理75（满分80）（可达到）	—
地理40（满分50）（须努力）	—

第三个环节：A——attainable（可实现的）。

现在需要针对优势学科目标、劣势学科目标制订可实现的计划，以缩短与目标之间的距离，使之可以实现。小朱同学针对分科目标，制订了各科学习的详细计划（表2-4）。

表2-4 小朱同学的分科学习计划

学科距离	具体方案
历史离目标差5分	落实关键句子的背诵
数学离目标差10分	强化找规律、动点、答题格式以及计算等题型
地理离目标差8分	以复习资料为主，理解区域与地图，落实每周三次背诵
语文离目标差5分	重点关注文言文阅读和作文
道德与法治离目标差5分	以资料为主，巩固宪法知识
英语离目标差5分	复习单词和短语 （先落实两个新的单元，再每天巩固一个单元）

第四个环节：R——relevant（相关的）。

我们都知道，人有惰性，目标好定实施难。接下来就是关键环节，一定要想办法获得相关支持，比如在组内寻找可以结对奋进的伙伴，在家寻求父母督促，在校恳请老师点拨，等等，目的只有一个——尽快结盟，寻找支持力量。

小朱同学制订了这一环节的行动方案。

方案1：疑问处，积极主动询问同学。

方案2：作业错题，务必落实。

方案3：分科结对，自我约束。

（1）历史学科：与小李同学一对一相互监督。

（2）数学学科：每天以选用资料为主找相关题目训练。

（3）地理学科：与小李同学一对一相互监督。

（4）语文与英语学科：自己独自落实。

（5）道德与法治学科：利用好每天的20分钟背诵时间。

第五个环节：T——time-bound（有时限的）。

小朱同学的在校复习时间仅有8天，列出时间表，并对照目标落实好每日计划，就是在提升每天的效率，助力他完成第一步的目标（表2-5）。

表2-5　小朱同学的时间表

周一	周二	周三	周四	周五	周六	周日
—	—	—	—	14	15	16
17	18	19	20	21	22	23
24	25	26	考试	考试	—	—

一般情况下，教育工作者都是从自己任教的学科出发教授知识。然而在复习阶段，当七八个科目一拥而上时，学生往往会应接不暇，除了落实课堂所学，还要完成各科家庭作业，有的学生还要另外进行自主复习。很少有人能站在学生的角度，教学生如何合理地安排多个科目的复习，灵活处理课堂学习、家庭作业、自我复习计划之间的关系。因此，学生往往只能凭借自己的精力和蛮劲，通过横冲直撞的方式“杀”出一条路来。然而，其中涉及的时间管理技巧、任务优先级排序、整合复习策略、情绪管理、资源利用以及家校合作等，恰好是学生最需要的。接下来，我将通过一个案例呈现学生习得方法、取得进步的完整过程。

案例：13天从第140名突飞猛进到第63名，她做到了

青鸾三班八年级下学期期末考试之前，我向学生介绍了SMART学习法，引起了学生童梦洁及其家长极大的兴趣，他们兴致勃勃地开始实践起来。没想到，只用了13天时间，童梦洁的成绩从第140名竟然突飞猛进到第63名。

童梦洁是这样行动的：经过慎重考虑，先利用SMART学习法制订目标与计划（图2-10）。

SMART学习法

1. S——special（具体的）

之前的考试大致都在第120—140名，这次的目标为进入前100名，把进入前90名定为下次目标。

2. M——measurable（可衡量的）

优势	劣势
语文100（可达到）	地理35
数学110（须努力）	历史40
生物学45（须努力）	物理70
英语105（可达到）	—
道德与法治40（可达到）	—

3. A——attainable（可实现的）

学科距离	具体方案
数学距离8分	几何题找规律
生物学距离3分	细节要理解，多看课本
地理距离7分	结合资料，对图表及行政区划进行记忆
历史距离5分	背历史意义及各个时期的历史事件
物理距离5分	八上的知识点要巩固复习

4. R——relevant（相关的）

方案1：查看课外资料。

方案2：落实作业错题修改。

方案3：有疑问处，询问同学、老师。

（1）数学学科：根据资料选做不熟的题。

（2）生物学学科、地理学科：根据资料、课本进行落实。

（3）历史学科：根据老师画的重点，结合课本背诵。

（4）物理学科：记熟公式，弄清实质。

图2-10　童梦洁的学习目标与计划（局部）

接下来等待童梦洁的是十多天的坚持，这是她毅力的体现。

1. 计划实施第1天

（1）学生真实地记录复习过程（图2-11）。

（2）学生总结：我在记地理相关知识的时候，容易将一些内容混淆，一些省级行政区域的名称也没有记熟。

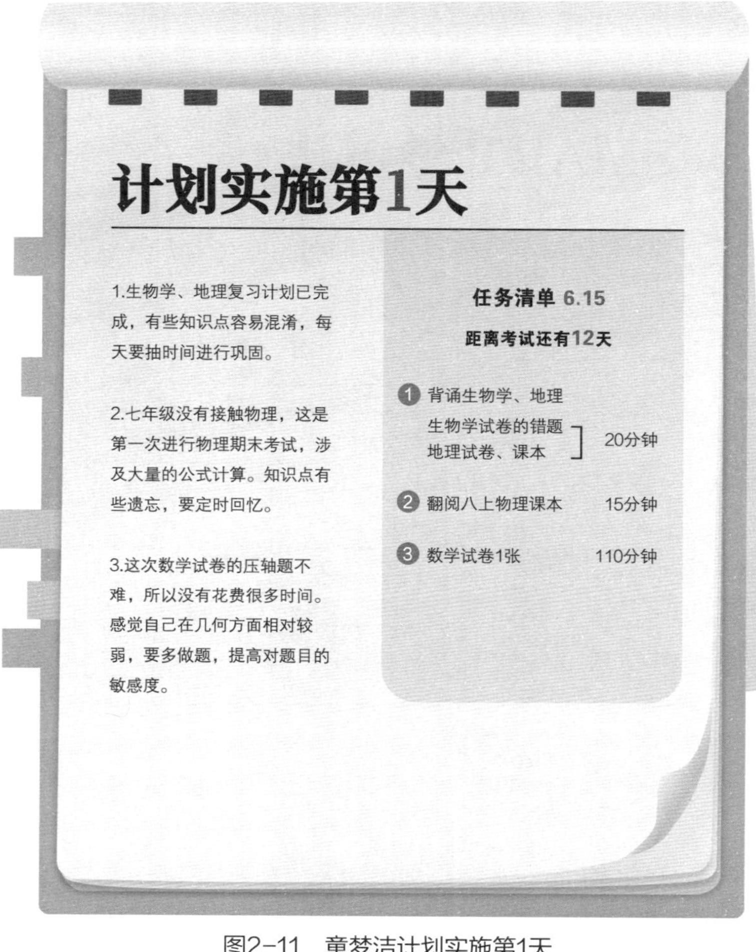

图2-11　童梦洁计划实施第1天

（3）教师建议：能不能用形象记忆法或者图像法来加深记忆？

（4）学生回复：我在课外资料上看到过形象记忆法的相关说明，根据各个省级行政区域在地图上的轮廓进行形象记忆，效果确实更佳。

（5）教师推荐：利用口诀记忆我国各省级行政区域的名称。

①两湖两广两河山（湖北、湖南、广西、广东、河北、河南、山西和山东）；②五江二宁青陕甘（江西、江苏、浙江、黑龙江、

新疆[1]、宁夏、辽宁、青海、陕西和甘肃）；③云贵西四北上天（云南、贵州、西藏、四川、北京、上海和天津）；④内重台海福吉安（内蒙古、重庆、台湾、海南、福建、吉林和安徽）；⑤还有港澳好河山（香港和澳门）。

2. 计划实施第2天

（1）学生真实地记录复习过程（图2-12）。

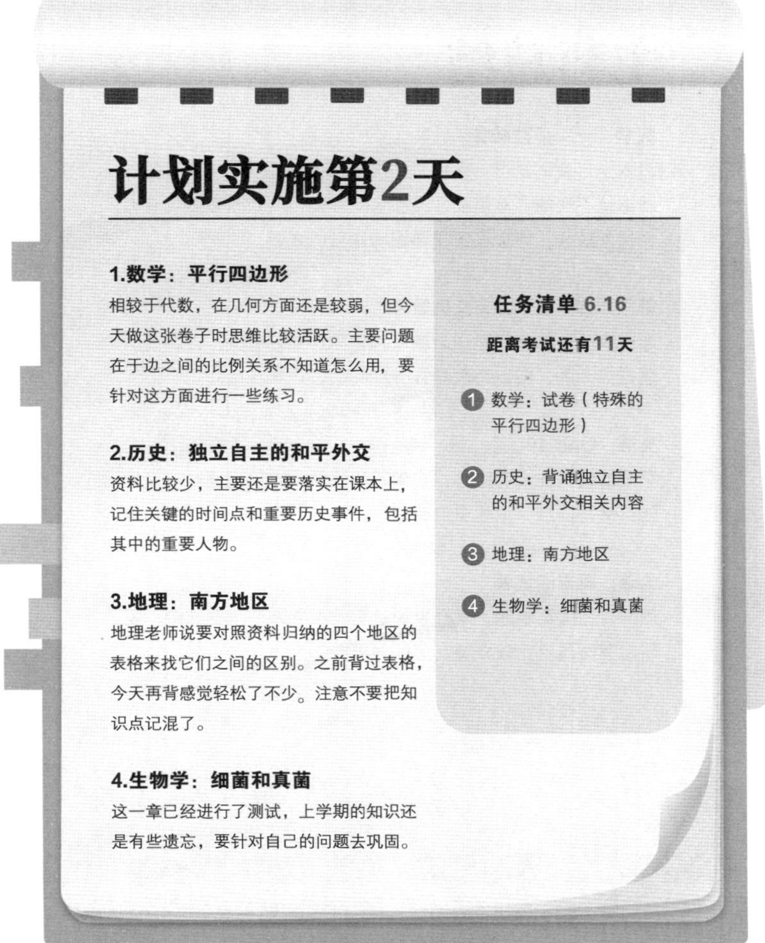

图2-12　童梦洁计划实施第2天

① “疆”是“江”的同音字。

（2）学生总结：每天按照计划复习，我不会像以前一样茫然，能够清晰地规划时间，提升了复习效率（图2-13）。明天，我会进一步完善复习计划，加油！

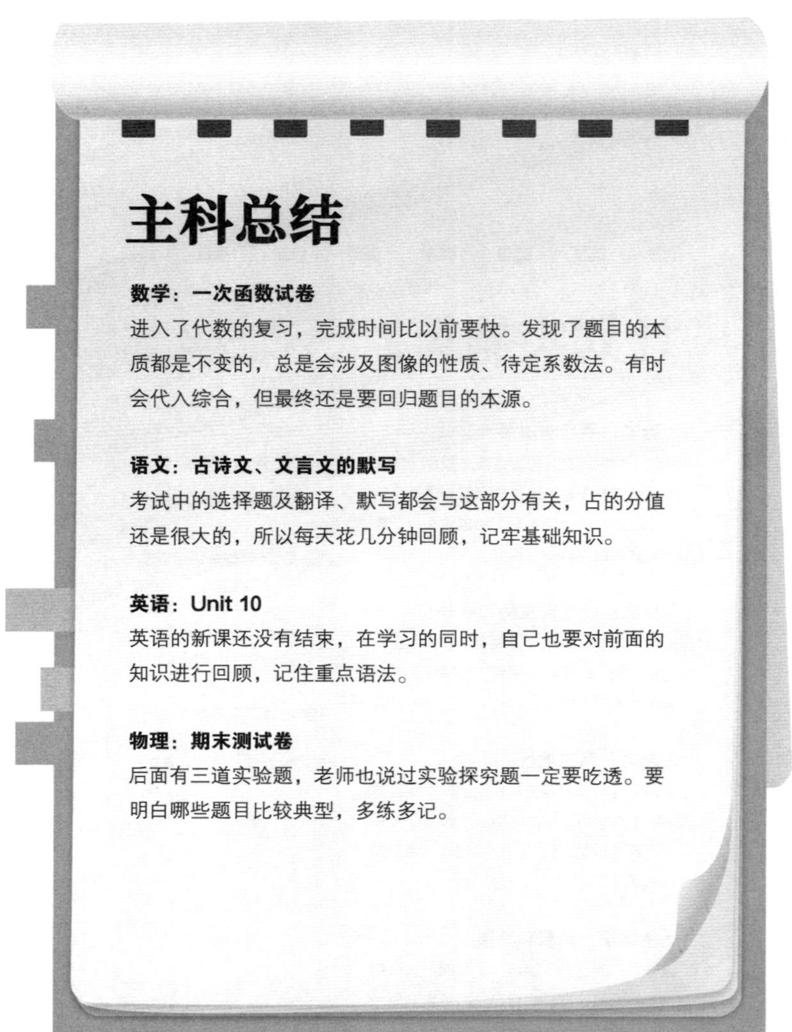

图2-13　童梦洁对主科的复习总结

3. 计划实施第3天

（1）学生真实地记录复习过程（图2-14）。

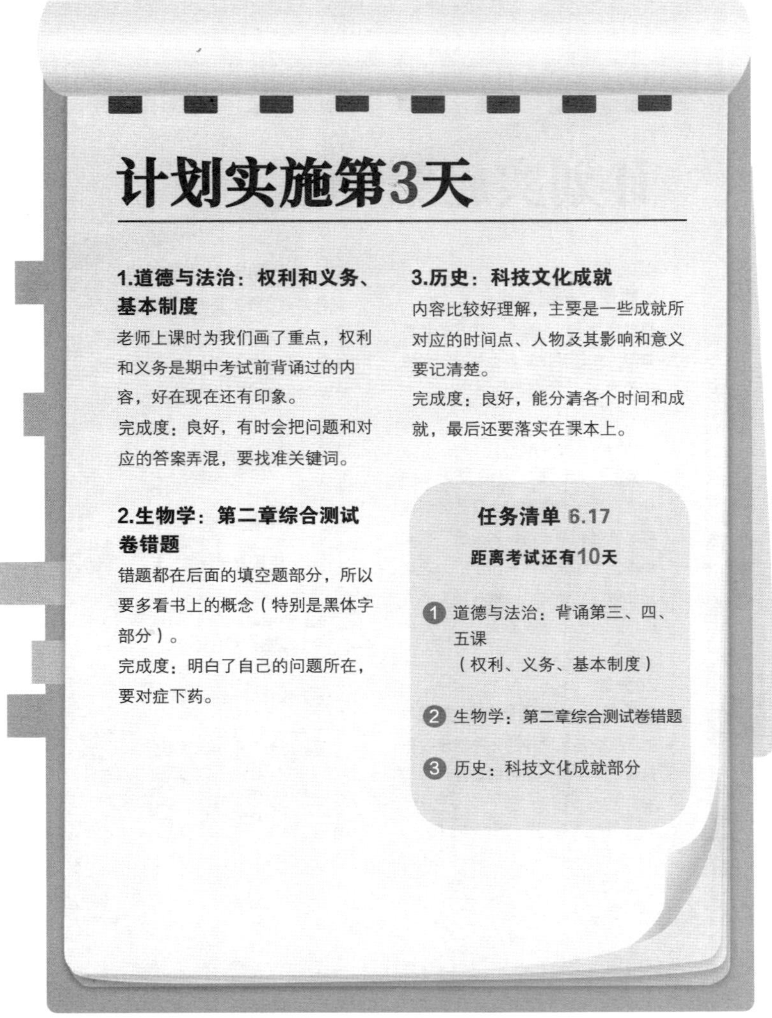

图2-14　童梦洁计划实施第3天

（2）学生总结：我每天做复习计划，确实会多花费一些时间，但是我感受到自己的学习效率提高了不少，这是值得的！

4. 计划实施第4天

（1）学生真实地记录复习过程（图2-15）。

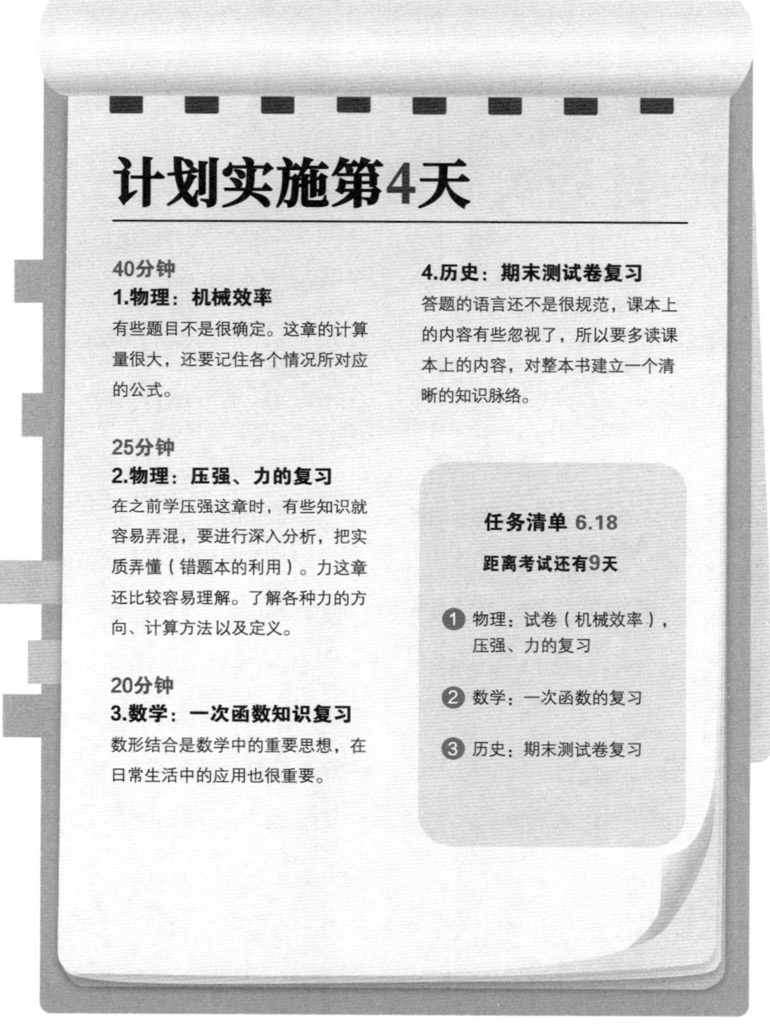

图2-15 童梦洁计划实施第4天

（2）学生总结：通过这段时间有计划的复习，我对自己的学科知识漏洞有了清晰的认识，可以有针对性地查漏补缺。对于平行四边形中的选择题和填空题的压轴题，我还是觉得有困难。

5. 计划实施第5天

（1）学生真实地记录复习过程（图2-16）。

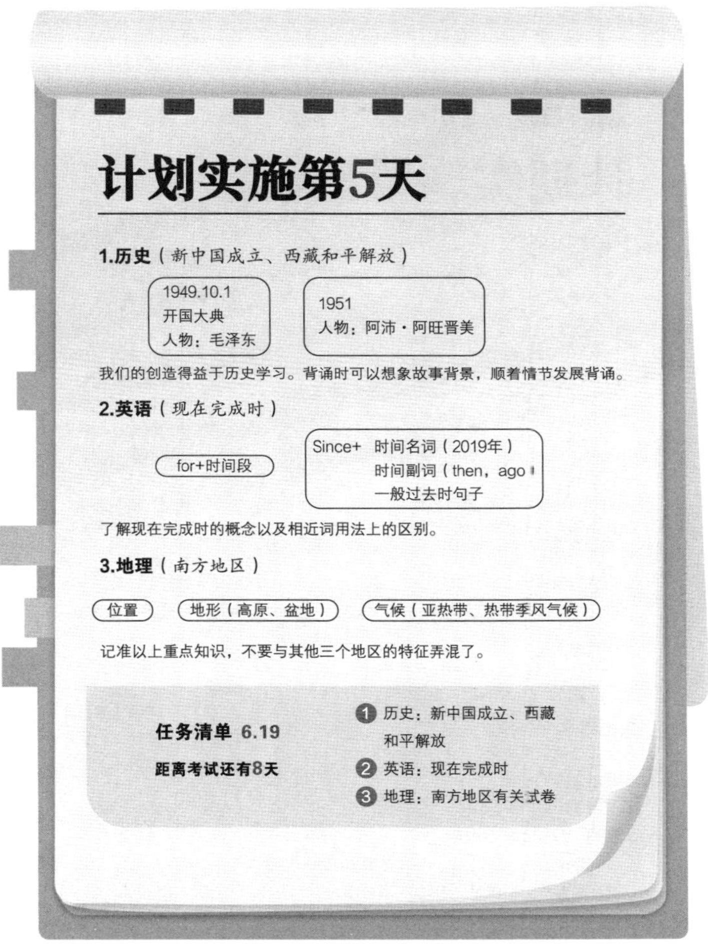

图2-16　童梦洁计划实施第5天

（2）学生总结：我改良了计划表，保留了最主要的内容，这样能帮助我清楚地进行回顾与分析。

（3）教师建议：你对历史、英语和地理都有详细记录，对历史还提炼了方法，很不错。老师建议你对以上科目复习的完成情况做一个小结。

6. 计划实施第6天

（1）学生真实地记录复习过程（图2-17）。

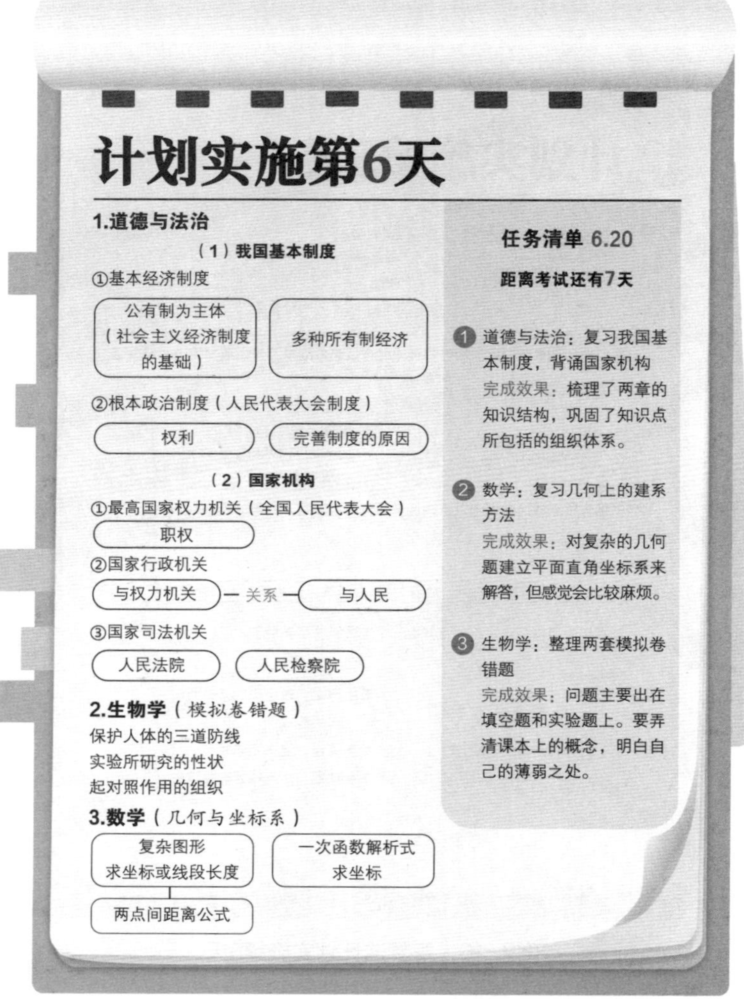

图2-17　童梦洁计划实施第6天

（2）学生总结：我每天都选择三个科目进行总结，对相关知识点进行梳理，用知识网络图呈现，复习起来一目了然、胸有成竹。

（3）教师引导：知识网络图实质是一种思维导图，你用这种方式复习，感觉如何？

（4）学生体会：用知识网络图的方式来总结提炼各科知识要点，这样简洁明了，也能浓缩整章最重点的部分，复习更加快捷有效。

7. 计划实施第7天

（1）学生真实地记录复习过程（图2–18）。

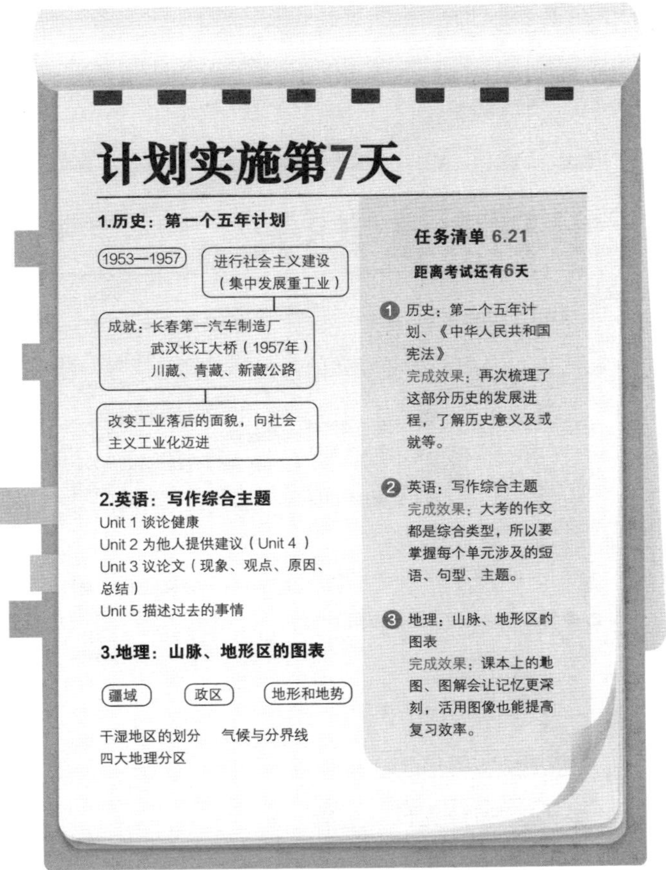

图2–18　童梦洁计划实施第7天

（2）学生总结：我复习了历史、英语和地理三个学科的知识要点，对容易忽略的知识也进行了回顾。

（3）教师引导：知识要点写得比较详细，具体的复习效果怎么评价呢？

（4）复习效果：历史学科已梳理清晰，了解了之前含混不清的内容；英语学科，我对前五个单元的作文主题进行了总结，效果不错；地理学科，如果遇到只截取一个地区的部分来填图，有些地方会弄混，没有做到特别熟练，还须进一步查漏补缺。

8. 计划实施第8天

（1）学生真实地记录复习过程（图2-19）。

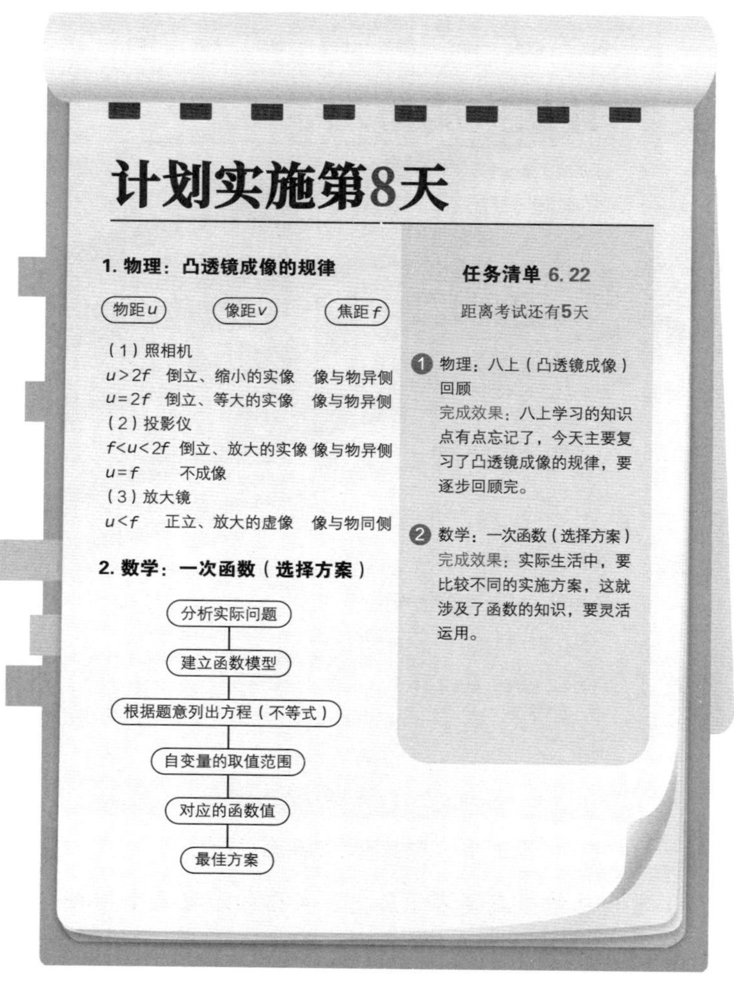

图2-19　童梦洁计划实施第8天

（2）学生总结：八年级上册的物理知识有些遗忘，我今天对凸透镜成像的规律进行了复习，找回了一点感觉，剩下的几天要巩固复习其他重点内容。数学学科，我主要复习了不等式中选择方案类型的应用问题，熟悉了解题的基本格式，归纳了题型，思路很清晰。

9. 计划实施第9天

（1）学生真实地记录复习过程（图2-20）。

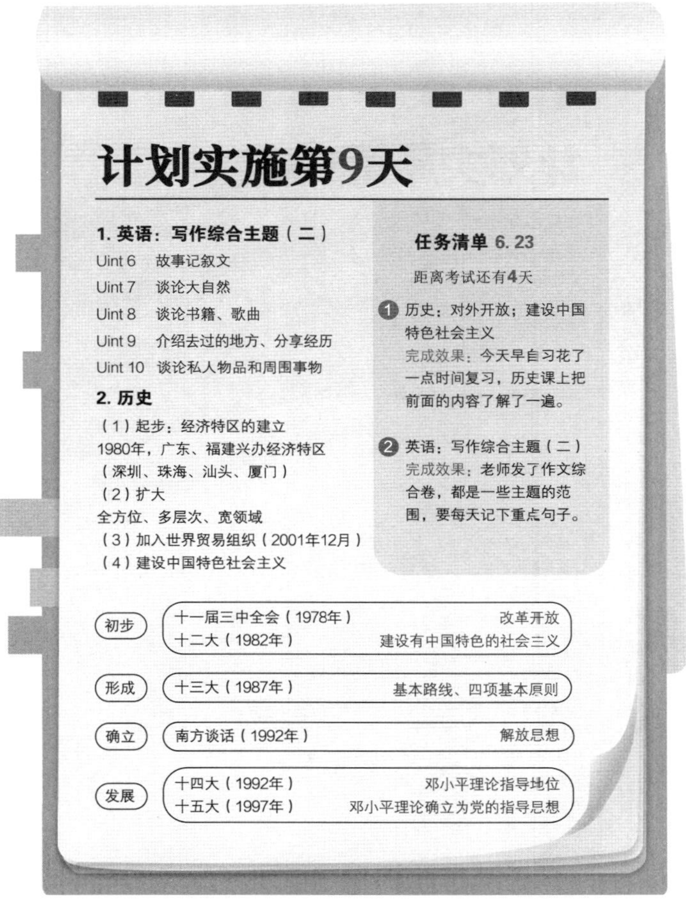

图2-20　童梦洁计划实施第9天

（2）学生总结：历史老师让我们在课堂上自由复习背诵，我浏览了教材的目录和板块结构，记忆了重要历史事件的发生时间及其历史意义；英语学科的作文一般都是综合作文，这需要我们有组织句子的能力，并且要掌握每个单元所围绕的话题，这样综合起来写作会更出彩，所以我复习了后五个单元的写作表达，了解了整本书的作文主题。

10. 计划实施第10天

（1）学生真实地记录复习过程（图2-21）。

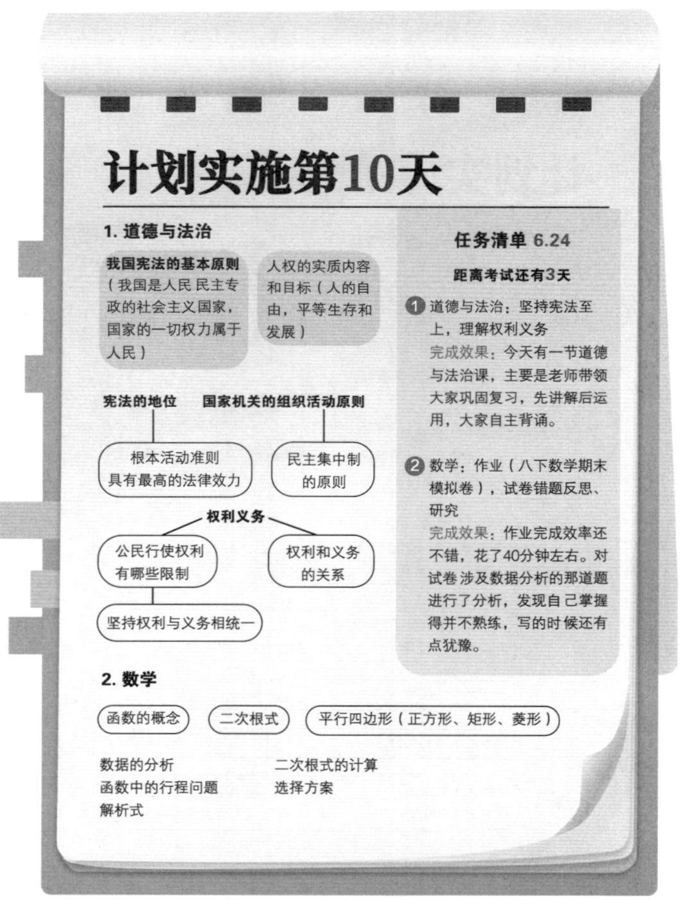

图2-21　童梦洁计划实施第10天

（2）学生总结：①道德与法治课，我跟着老师的步伐一起往前复习，感觉期中记忆的知识点还有一些印象，所以复习效率很高。

不过，我发现仍然有漏洞，于是利用老师给的时间去背诵。②数学学科，我对最近的作业和试卷进行了题型（包括涉及的知识点）分析，找出自己欠缺的地方，并对错题进行整理与研究，再次确认了正确的解题过程。

（3）教师引导：你的数学学科要针对数据的分析这一章节进行补救，既要用好模拟测试与每日计划，也要感谢自己的坚持。

（4）学生回应：每次测试都是在帮助我了解自己的学习情况，及时查找问题；每日计划能帮助我约束自己，让每一天都过得有意义。我希望自己能坚持下来，给八年级画上一个圆满的句号。

11. 童梦洁家长的分享

童梦洁的家长在家长会上分享了孩子的学习情况与实践过程，话语虽朴实无华却饱含着殷殷期待。

各位老师，各位家长：

大家好！

这是我第一次上台谈孩子的教育。初中这两年，我看到了孩子的进步和成长，让我感到幸运的是，我们班有几位非常负责任的老师，特别是班主任王老师。你懈怠了，有人鼓励你；你进步了，有人表扬你；你生病了，有人关心你。王老师真的就像妈妈一样，给予孩子们无微不至的关怀。作为家长，我真的特别感动！

这次期末复习，王老师精心地为孩子们制订了复习计划。我在家长群里看到后，觉得非常棒。对于怎样帮助孩子复习，我一窍不通，每次只能对女儿说："你要自己好好复习，我管不了太多。"她无从下手，也没有明确的目标与计划。这次，我坚定地对女儿说："一定要按照王老师提供的计划认真复习，不能辜负王老师的良苦用心！"

接下来，她开始给自己定目标。她以往的考试成绩大致都排在年级第120~140名，这次她给自己定的目标为进入前100名。有了目标才有动力，有了好的方法才有效率。她每一天的复习都是有条不紊地按照计划进行，遇到困难就会及时和王老师沟通，王老师也给予了相应指导，我每天也会陪伴她直到当天的复习任务结束。

她最初给自己制订的目标是进入前100名，最终这次期末考试成绩是第63名。采用了王老师推荐的SMART学习法制订计划后，孩子超额完成目标。孩子在这次考试取得了巨大的进步，既离不开王老师的指导和帮助，也离不开她自己的努力与坚持！

种瓜得瓜，种豆得豆。教育是一份责任，也是一门艺术。初中阶段是孩子们的人生观、价值观形成的重要时期，我们家长要多和孩子沟通，做孩子的朋友，发现问题及时地共同解决。作为家长，我还需要学习、摸索和完善，和孩子一同成长！

最后，再次感谢辛勤耕耘的老师们！祝愿所有老师和家长朋友工作顺利，身体健康！祝愿所有孩子快乐成长、学业有成！谢谢大家！

第三辑

幸福教室的智慧之光

心灵密码：
用“暮省心语本”搭建彩虹桥

班级管理进入平稳阶段后，表面看似波澜不惊，实则暗藏微妙变化，一旦某些问题悄然成势，扭转局面将极为艰难，需要付出巨大努力。

此时，班主任恰如一位心灵导师，需要心细如发，方能巧妙引导学生。“暮省心语本”正是这样一种连接，它能成为师生情感交流的彩虹桥。

“暮省心语本”看似只是简单的笔记本，实则是开启学生心扉、促进师生心灵对话的魔法钥匙。在这里，无论悲喜与对错，学生们都可以尽情倾吐。班主任通过心语本，能够细致入微地捕捉到每一个学生的情绪变化。在这一过程中，班主任不仅是知识的传递者，更是学生情感的倾听者与成长的同行者，通过及时的情感回应、问题收集与方法指导，帮助学生拨开迷雾、深度思考，共同塑造班级的价值导向。

一、为什么不是日记，不是班级史记，也不是周记？

第一，日记通常具有私密性质，不宜强制学生分享，加之现今学生普遍面临较大的学业压力，如果每日再额外要求他们写日记，可能会不当地增加他们的负担，反而达不到班主任预期的正面效果。

第二，班级史记作为记录班级点滴、增强集体凝聚力的重要方式，其价值不容忽视。常规操作是通过接力模式，由学生依次轮流执笔。但是当前班级规模普遍较大，轮到学生再次撰写时可能已经时隔太久，这种方式对于学生个人成长轨迹的连续记录与反思而言效果有限。

第三，周记旨在记录个人及团队一周内的经历、见闻、思考、感悟、疑惑和收获，它对文字表达和文学性有较高的要求。因此，这对于不擅长写作的学生而言，可能会成为一个负担。他们可能会因写作压力而敷衍，导致周记内容空洞，这无疑背离了让大家写周记的初衷。

二、为什么是“暮省心语本”？

心语是心灵的桥梁，可以跨越那些看似遥远却又近在咫尺的心灵距离。在纷繁复杂的社会背景下，人际交往并非总能如我们所愿般畅通无阻，尤其在家庭形态日益多元化的今天，离异、重组与单亲家庭的增多，无形中在学生的心灵世界筑起了一道道防线，使得他们对外界更加保守和警惕。此时，简单的谈话难以穿透这层心理壁垒，心与心的书面交流则能让学生在字里行间解除顾虑，畅所欲言。

“暮省心语本”正是这样一座心灵的桥梁，它鼓励学生们在静谧的夜晚，借由笔尖流淌的文字，进行深刻的自我反省。正如班名“青鸾”的寓意那样，面对镜子自省，是为了更好地了解自己，更加客观地看待自己，缩短自身与内心愿望之间的距离，从而像青鸾展翅，一飞冲天。

三、“暮省心语本”怎么使用?

一位优秀的班主任应该具备敏锐的洞察力，善于发掘身边的教育资源。例如，精心挑选心语本、开发心语本的功能等，这些事项本身就是对教育时机的精准把握，也是激发学生情感与潜能的一种智慧体现。

（一）温情赠予，个性装饰

心语本究竟是学生自行购买，还是班主任温情赠予，抑或由家委会统一购买？在笔记本的选择上，是倾向于选购高端精致、价格不菲的款式，还是更偏爱价格亲民、设计素雅的类型？这些都是需要考虑的问题。

心语本是供师生抒发心声、共写班级故事、承载珍贵回忆的重要载体，其意义非凡，因此在选择时需要兼顾美观与深意。在深思熟虑之后，我决定自己出资统一购买心语本，将其作为一份满载班主任温情与期望的礼物赠予学生。我选择了最朴素的那一款，不是因为价格实惠，而是因为它朴素中有留白，可以为学生提供更广阔的表达空间。

把心语本送给学生时，我这样说："咱们新组建的班级，就像素净洁白的心语本，寓意着一切从零开始，充满了无限可能。同学们心中的班级愿景，就是我们共同绘制多彩未来的颜料，让我们将这些美好心愿融入心语本之中，尽情装点。"

听了这番话，学生们内心的"小宇宙"仿佛被点燃了，将那心语本视如珍宝，倾注满腔热情去雕琢它的每一页。有的学生用斑斓的包装纸装饰，有的学生则在扉页绘出梦幻的卡通世界，有的学生挥洒绚丽的水粉勾勒美丽的心灵家园。而那一句"七（3）班，我们是一家"被工整地镌刻在封面之上，更像是一句誓言。每一次翻阅心语本，目之所及尽是孩子们的纯真愿景与斑斓梦想，我的心中便涌起一股暖流。

（二）百无禁忌，畅所欲言

心语本是心灵的港湾，自然要让学生无拘无束，自由抒发。笔下世界，广阔无垠，学生在心语本里什么都可以写：可以涂抹心情，记录喜怒哀乐；可以温情描绘，同窗、师长、至亲皆可跃然纸上；还可以探讨各种事项，如小组协作、班级管理、家中琐事和社会热点；等等。方式多样，长短由心，形式不限，可写、可画，可谓随心所欲、百无禁忌。

为了让学生把心驻扎在心语本里，我开始吐露心声："我的心语本就是微信公众号'凤语微澜'，我会和同学们一起写心语。在还没有见到大家之前，我就已经开始悄然守候，我是如此期盼与大家相遇，与大家共度三年的美好时光。为此，我早已望穿秋水。"

回应我的是学生们爽朗的笑声和明亮的眼眸。

我继续启发学生："亲爱的同学们，新学期已经过去一个多月，你是否感受到了某种特别的氛围在悄悄发酵？老师们是否在以独特的方式启迪智慧？漫步校园，你有着怎样的心境？学校的一场场活动带给你什么感受？对于班级管理，你有哪些见解和期待？这些都可以写出来，我只有一个要求——一定要从心出发，发自肺腑。请相信，我会在未来送给大家惊喜！"

学生们听罢，一个个喜滋滋地捧着心语本，用心书写起属于自己的故事。

学生小玉（化名）在心语本的扉页上，缓缓揭开了她内心深处最隐秘的角落，那里藏着她曾经最难以面对的过往——

其实，我对女班主任是有一点心理阴影的。我的启蒙老师是刚从师范学院毕业的大学生，很年轻。家长都非常怀疑这个老师的能力，但值得一提的是，她的教学能力还算不错，比预想中的要好很多。

可是，这并不代表她的班级管理能力有多强。她总是喜欢在放学时慢悠悠地走进教室，冷不丁地说上一句：“我真是看到你们就烦。”

不知从什么时候开始，我就不喜欢她，甚至有些讨厌她。我曾对父母说过这一点，得到的回答却是“师傅领进门，修行在个人”。也行啊，那我好好学习吧。这种想法一直憋在我心里。

给我留下心理阴影最深的地方，是三年级的教室。那时，我调皮地捉弄了一个同学，当着全班同学的面，班主任狠狠地数落了我，而且嘴里的话很难听。

那是我第一次写检讨，也是我在小学留下的最深的记忆，一切仿佛就发生在昨天。从那时起，我对老师产生了一种源自心底的恐惧，我不敢直视老师的眼睛。

王老师，您一定发现了，我总是不敢直视您的眼睛。我也不想这样，却总是下意识地躲闪。我逼着自己面对，也希望自己能改正这个毛病。

在开学时，我曾问您教过几届学生。我知道您肯定有着丰富的经验，但总是会有顾忌。可是通过这一个半月的相处，我的顾虑完全消除了。您是一个好老师，是一位教学方法与管理方式都非常好的老师。

我相信，在接下来的三年，您会是我乃至我们全班最好的引导者。

读着小玉那如泣如诉的心里话，我的脑海中浮现出一个小姑娘暗自啜泣的场景，我在心语本上画上重重的波浪线，写道：“看到这些，我很难过。我愿意成为你心中的那个好老师！”我在心中下定决心，要成为每一个学生的坚强后盾，不仅是学习上的导师，更是心灵旅途中的同行者。

每个学生都是带着过往的印迹来到我们面前的，有的自信阳光，有的自卑悲观，有的积极进取，有的消极沮丧，他们都需要一个心灵家园。小玉用了一个多月的时间来打量她的新班主任，观察她的新同学，这才渐渐消除了自己所有的忐忑不安，愿意将自己最隐秘、最难堪的伤口裸露出来。这种勇气来自她在新班级感受到的幸福与温暖，来自她被疗愈后的坚强与乐观。心语本是桥梁也是镜子，照出学生的胆怯与渴望，也照出班级的容量与温度。

数年后，已进入大学的小玉告诉我："回想那个时候，我现在已经忘记她曾经给我的伤害了，因为我进入初中之后遇到的女老师都非常好。因为您的存在，我才开始相信，原来老师对学生不是一味地指责，不是一味地贬低。您让我能，也愿意去相信。"

（三）沟通无碍，问题自消

心语本里有学生们丰富的心灵世界。我每次批阅心语本时都沉浸其中，时而大笑不止，时而蹙眉深思，时而拍手称赞。心语本还自带解决问题的强大功能，一些让人头疼的问题不用大动干戈就能迎刃而解。

我们班有一个高个子姑娘小欣（化名），每次大课间做广播体操的跳跃运动时都只是草草应付。我十分不解：她是有特殊情况不方便跳，还是单纯不想运动，懒得跳？我走到她身边询问原因，小欣的脸一阵红一阵白，欲言又止。看着小欣一脸为难的样子，我说道："要是不方便说出来，那就写在心语本里吧！"

小欣如释重负。没过多久，我在心语本里看到了答案——

小欣用一幅插画道出了女孩子在青春期时的羞涩与尴尬：一双修长的腿，一条漂亮的校服裙，裙角飞扬，满满的都是青春的气息。

小欣配上了文字说明："我们每周一要穿礼服款式的校服，女生的下装是裙子，穿着裙子跳操确实有些不方便。我站的位置比较特殊，后面总会有几个男生，尽管裙子很长，但是我难免会担心……”

青春期的女生心思细密，许多微妙的不适难以启齿，幸好心语本给了她们一片自由倾诉的天地。教育应当是充满人性与温情的，而非机械地追求规范，忽略个体感受。我很庆幸，心语本让我与学生的心贴得更近，让我得以倾听而不是盲目责难。

得知小欣的顾虑之后，我选择理解与温柔以待。解决方案自然生成：调整队形，将后面的男生移位；探讨校服改良，适当加长裙摆；我亲自站在小欣的身后；让学生在大课间更换运动服，让每一个学生轻松上阵。就这样，一个棘手的小插曲，悄悄地化解了，小欣也可以毫无后顾之忧地在田径场上奔跑跳跃。

数年后，小欣回忆起这段往事不禁感叹：“心语本真的很有意义，这是一种非常有效的沟通方式，让我有机会将心里话说出来。这样可以减轻我们的心理负担，减少我们的内耗；老师也可以了解情况，更好地提供帮助。”

（四）相机赋能，引导成长

心语本不仅是桥梁还是钥匙，能打开心灵的门锁，找到教育的契机。

自从学生踏入校门的那一刻起，我便非常重视学生的习惯养成教育，比如定期收拾课桌椅、有序整理书包等。我会通过班会进行具体演示与指导，呈现收纳整理物品的方法，并且班干部会定期检查，或表扬典范，或温馨提示，以帮助学生养成良好的习惯。

有一次，萱萱（化名）在心语本中写道：“今天带的东西少，抽屉我也收拾得超级干净，而且因为摆放整齐还被夸奖了，感觉挺好的。可在家里我就变懒了，东西到处扔，想找啥都得翻半天，有的东西到现在我都找不到放在哪儿了。嗯，看来今晚回去得好好收拾收拾房间，让家里也变得整整齐齐的。”

萱萱聪慧机敏、懂事乖巧，正处于习惯养成的关键期，我一直在寻觅恰当的时机帮助她。她在心语本上的寥寥数语，让我心中一动：正是此刻，教育的良机悄然而至。我满心欢喜地在旁边批注："太好了，萱萱，你已经迈出了培养优秀习惯的重要一步，这可是通往成功的美妙旅程呢！"我特地给萱萱写了一封信——《好习惯会使你搭上成功的列车》，其中的片段如下——

萱萱，青春年华正是播种好习惯的黄金季节。无论是学习上的自律、思维的敏锐、言语的得体，还是行为的规范，这些习惯一旦养成，将会成为我们一生的宝贵财富。要记得，好习惯的培养非一日之功，它需要从细微处着手，从日常生活的小事做起，慢慢渗透，日积月累。别小看了日常的每一次小努力，正是这些看似不起眼的日常累积，铸就了我们更加精彩的未来。

多年之后，我和萱萱聊起这封信，她骄傲地告诉我："我现在收拾东西可是很及时的。"果然，萱萱已经踏上成功的列车，越跑越快。现在萱萱已经读大学了，在我的邀请下，她讲述了自己的体会——

初中是我们养成习惯的关键时期，有一个好老师在这么重要的时候拉我们一把，对我们的帮助简直太大了。那时候，我们对世界充满好奇，想法有很多，特别需要有人给我们指明正确的方向。初中生在学校的时间最多，老师对我们影响特别大，帮我们建立正确的三观（世界观、人生观、价值观）太关键了。

就像您当时做的那样，从生活中的小细节教起，比如将自己用完的物品顺手收拾好等。这些小习惯虽然不起眼，但时间长了，真的能省下好多收拾整理的工夫，让我的学习环境也变得整洁多了。这样一来，我学习起来效率高了，心情也好，还能腾出更多时间去做自己喜欢的事情。

我在深圳上幼儿园，后来回到老家从小学读到高中，两地的教育理念和模式有很大区别。读初中的时候，我还不能完全理解您的一些做法，现在回想起来，您的观念在当时非常超前，而且特别有用。您要一直坚持自己的教育理念哟。

（五）心无旁骛，路遇庆典

从开学起，我就和学生共同书写心语，我铭记开学时学生留给我的美好感动，深情地写下《最美尽在开学时》；我想让学生尽快了解科任教师，写下了《好一个“铁汉柔情”的静玲老师》；当看到学生不太自信时，我写下了《孩子，秀出你自己》；在学习小组建立起来之后，我与学生一起用文字记录，写下了《青宇小组蜕变记》《皓月当空，重回第一》《“问题小组”没有问题》等文章。

对于学生在心语本上书写的心语，有的我会直接留言回复；有的则征得本人同意后，在班上分享；有的我会根据需要，进行一对一的亲切交流。美好的心语令人目不暇接，我忍不住会在自己的微信公众号上推出。于是，学生每天回家最盼望的事情就是浏览“凤语微澜”。

那年冬天下了大雪，古城银装素裹，分外妖娆。学生们把一个晶莹剔透的世界搬进心语本，我则爱不释手地把学生对冬雪的美好情愫分享在微信公众号里，并配上校园的雪景图。当天，有编辑联系我：“王老师，这张雪景拍得好美，有正面的吗？”“您的学生写的文章非常好，我能否选两篇发表在《教育周刊》里？”于是，青鸾三班有两名同学的文章同时刊发在《教育周刊》上，这几乎是史无前例的，既是对两个学生的嘉奖，也是对其他同学的鼓舞。

心语本，小天地大世界，无心插柳柳成荫。心语本是师生沟通的彩虹桥，心语本是少年成长的护心镜，心语本联通着编辑部，心语本正播放着青春的旋律。

成长驿站：
在“幸福榜”上看见你的笑

前不久，一位年轻班主任向我倾诉烦恼：经过自己几个月的苦心经营，班级目前已经步入正轨，完备的积分制也激活了学生的积极性。可是，问题也随之而来：学生的关注重心被积分所左右，有的学生因为积分而争论不休，有的学生因积分过低而被同学孤立，学生在班级的地位也逐渐与个人积分的高低相对应，甚至这位班主任自己每次看到年级评比时的积分榜，也都会焦虑。

班主任利用积分管理班级，的确可以省很多功夫，例如可以根据积分调换座位、选班干部等。积分既有量化评价功能，也有价值导向功能，但倘若班级管理完全以冰冷的数据为主导，反而会被积分制约，导致教室缺乏人情味，学生缺少幸福感，久而久之，学生容易变得功利。

班级管理需要理性与感性的结合，柔性的力量往往更容易抵达心灵。泰戈尔说：“不是锤的打击，乃是水的载歌载舞，使鹅卵石臻于完美。”因此，我们在班上实行积分制时，不妨同步做好情感教育，设置“幸福榜”。

前不久，我和学生陈方哲（现在已大学毕业）聊天时，她就深有感触地说：“王老师，您带班和其他班主任不一样，我们在班上都觉得很幸福，因为我们能看到彼此的优点与进步。有您的奇思妙想，我们每个人都可以找到自己的兴趣点，都可以成为其他人眼中的骄傲。”

我想，这正是“幸福榜”的魔力，它以不同形式滋养着我的历届学生。

承载同窗之谊的“幸福榜”，是学子成长的加油站。

青鸾三班教室前门的墙壁上有一块精心设计的区域，顶端是青鸾三班的班徽以及班级精神——“让别人因为我的存在感到幸福”，主体部分由红、绿、黄三个色块组成，红色块对应热切的“点赞榜”，绿色块是透着宁静的“心语轩”，黄色块属于代表警示的“自省区”，这就是青鸾三班的“幸福榜”（图3-1）。

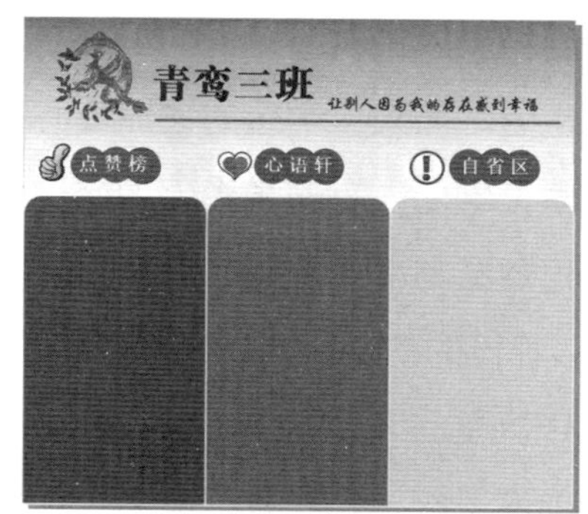

图3-1　青鸾三班的“幸福榜”

“幸福榜”仿佛神奇的魔杖，轻轻一挥，磨砺出一双双善于捕捉美好的慧眼；更如同一股温暖的春风，悄然提升班级的幸福指数，为每一个学子注入茁壮成长的活力之泉。

如果学生在组内或班级的日常中发现好人好事，他们就会将之悉数记录在便利贴上，然后小心翼翼地粘贴在红色的“点赞榜”上。渐渐地，这份正能量如同涟漪般在班级中扩散开来，美好的人和事如同繁星点点，愈发璀璨夺目。

如果学生对班级事务有不同见解，无论是选择匿名还是实名，他们均可在书写后将其贴在绿色的“心语轩”上。不久之后，班干部们便会主动出击，集思广益，探索问题的最佳解决之道。

如果学生察觉自己近来未能尽善尽美，或觉得光阴易逝，他们就可以在黄色的“自省区”定下目标，以此自我鞭策。如果有人发现同窗偶尔的失当行为，他们也可以开诚布公地在该板块留言，以诚挚之心引起共鸣。很快，这一方小天地汇聚了来自各方的温暖力量：不仅有同行者的鼓励“跟帖”，更有坚定的决心与默默的改变在悄然绽放。

“幸福榜”以其独特的魅力，引领着青鸾三班的同学们将目光聚焦于彼此的优点与成长的足迹，同时鼓励每个人倾听内心的声音，追逐梦想的脚步。瞿锐捷同学满怀感慨地说：“每当看见同学们的感人瞬间或惊喜表现，我都会忍不住记录美好，分享给更多人。这份行动不仅让我深感自豪，仿佛自己与班级的心跳同频共振，更让我在每一次的分享中，感受到了前所未有的喜悦与期待。我希望自己的所思所感能拨动更多同学的心弦，使他们产生共鸣。”

幸福不是空洞的词，而是具体的事。

我翻开相册，看着“幸福榜”上曾经粘贴过的小纸条，青鸾三班的一幕幕仿佛就在眼前，幸福感如花香弥漫在空气中，沁人心脾。

今天课间，李凯主动修好了白板笔，让我们为他这种默默无私的奉献精神点赞！我们再也不用为白板笔的问题而发愁了。李凯，青鸾三班因你的存在而幸福！新的学期，新的起点，我们一起加油！

——无名

今天，程耀扬身体不适呕吐了，瞿锐捷、郭润泽为他清理呕吐物，不抱怨，不怕脏，主动为同学服务，值得表扬。

——严诗雨、宋佳琦

今天中午，刘力果帮助胡子恩同学将劳动工具分好类，为同学们提供便利，同学们要学习他们的精神。

——摆渡组

程耀扬本次考试与以前不同，一字一句地阅读题目，十分认真，值得表扬。他的态度十分可贵，让我们和他一起进步！加油！

——无名

今天下午太阳很毒，大家都觉得热，不太愿意劳动。张宇箫与杨昌喆同学拿着扫帚不辞辛劳地在田径场打扫卫生，装了满满两大桶垃圾。他们有担当地说："把责任交给我们男生就好啦！"最后，他们还帮助其他组将劳动工具送回，并和劳动班长一起整理劳动工具房。

——摆渡组

宋佳琦作为组长协助组员整理抽屉、书包，帮助组员养成整理物品的习惯，同时也帮助组员理清思路。宋佳琦，蘅芷小组的成员因你而幸福！

——瞿锐捷

今天中午，烈日高照，冯泽亮、苏开宇却在阳光最强的地方打扫卫生。我们下午去录播室时，可以清楚地看到他们背上的汗，那汗水把衣服都打湿了。

——长歌小组李凯

彰显父母智慧的"幸福榜"，是孩子成长的动力源。

我们班有统一印制的家校联系本，用于记载每天的作业和要事。其中有一块区域是家校留言板，这是孩子成长的动力源，是彰显父母智慧的"幸福榜"。

每天放学之前，学生都会思考自己当天的表现和所经历的事情，并将收获写在这个区域。这既是个人的常规"暮省"，也是简单版的心语——

陈雅新在探索提高课堂效率的方法："今天，我按照王老师介绍的方法，亲自验证了一番。在一堂课的行进中，大约前二十至三十分钟是注意力的巅峰区间，随后的十分钟里，我的注意力难以集中，这自然是生理规律导致，我无法完全控制。于是，我决定好好把握这“黄金半小时”，倾注全力，然后再匀出几分钟，让思绪悠游，任大脑暂歇，仿佛重启，这样思维能更清澈，视野能更开阔。”

黄安妮从同学身上汲取成长的养分：“今天，我亲眼见证了宋佳琦两次演讲的风采，那番从容与进步使我深切体会到，一个人的蜕变是需要经历千锤百炼的。想要做成功一件事，就必须不断地练习和改进。迎难而上，接受挑战，恰好是雕琢自我、成就自我的宝贵契机。”

李文麒倾吐了自己的新发现：“我一直不太喜欢开口读英语，唯恐一不小心就读错。然而，就在今天，我鼓起勇气在家大声朗读英文，意外地发现了声音的力量。大声且自信地朗读，效果极佳！”

李欣恬写道：“今天，我们已经开始练唱班歌，接下来要选出四位同学当领唱员。我之前没有任何想法，现在觉得自己有必要争取，毕竟机会不常有。”

……

学生记录的过程就是创造幸福的过程：有探索新方法的惊喜，有感悟成长的欢愉，有改变自己的快乐，有鼓足勇气的雀跃。在这里，学生的每一天都是崭新的，每一天都是被期待的。空气里飘散着甜甜的味道，吸一口都是幸福。

智慧父母往往有一双慧眼，有善于反思的头脑，总能看见孩子的需求，及时在“幸福榜”上回应，从而潜移默化地影响孩子——

李文麒的妈妈回应女儿：“今天的作业不算多，但是你完成的时间有点长，时间大多用在英语科目。英语需要多读、多背，我今天听到你大声朗读英语，非常认真，很棒，继续加油吧！”

李欣恬的爸爸给女儿指引方向："只要你不把自己束缚在心灵的牢笼里，谁也不能阻止你展翅高飞。行动力的强弱，决定成功的快慢。恬宝，努力加油！"

宋佳琦的妈妈收到母亲节的礼物后，满心欢喜地留言："今天是母亲节，在开家长会的时候收到了老师送的花和女儿写的信，我很开心！今天女儿放学回家又主动承担了一些家务，我为女儿的行为点赞。女儿，你是好样的！"

刘力果的妈妈给予儿子理性的点拨："今日召开了家长会，我也彻底明白孩子之间有距离，其实这也是家长之间的距离。儿子，你不是最优秀的，却是独一无二的。妈妈会努力，和你一起变得更好。"

父母是孩子心灵的港湾，父母的爱永远是儿女的精神支柱。家长们在"幸福榜"上的回应与思考，给孩子的成长注入无穷的力量。

幸福不是简单的说教，而是指引孩子前行的光。

智慧父母善用"幸福榜"进行家校沟通，能给予孩子及时的提醒、无微不至的关心、未来方向的指引，让孩子拥有对美好生活的憧憬，为孩子提供成长的动力。

学生李昌灏在初中阶段取得长足的进步，得益于母亲在"幸福榜"上的持续助力——

2月21日：昌灏，新学期新目标，我们更希望你能有新的收获，期待你的进步与成长！

2月26日：昌灏，看到你的笑容，我很开心；看到你的目标和前进的动力，我将会更开心。

2月27日：昌灏，自己能主动午睡是进步，希望以后你能主动且自觉地安排自己的生活。

3月4日：昌灏，希望你能踏实认真地学好每一天，事情分轻重缓急，你应自控自觉。

3月9日：昌灏，希望你能用勤奋串起每一天、每一节课。越是困难越要坚持，只有这样，你才会看到希望，才有可能触到幸福，加油！及时改正错误，也是一种进步。

3月12日：昌灏，希望你能为自己制订一个合理的学习、复习计划，同时也希望你能做一个与时间赛跑的人。我相信你能做到！

3月19日：昌灏，希望你记住——命运掌握在自己手里，未来由自己操纵。一切靠自己，加油！

3月20日：昌灏，希望你能提高学习效率，要明白时间就是生命，浪费了时间就是牺牲了生命。

4月7日：昌灏，希望你能有计划地学习和复习，不管做什么都要有一个好心态，心态改变命运。

4月9日：昌灏，希望你能做一个思想深刻的人，多看有思想深度的书，将自己的思想根植于现实的土壤。一定要做到！我们相信你一定会做到！

4月16日：昌灏，这段时间你的确很用功，收获却不尽如人意。希望你不要放弃，失败是成功之母。记住：同样的错误不要再犯，加油！

4月25日：昌灏，这次期中测试总体来说不错，但我希望你能在其中看到自己的不足，向缺点挑战，向成功迈进。我们总以为开始得太晚，因此放弃；殊不知，只要开始，就永远不晚。一年一度，有人收获满满，有人两手空空，差别在于你是否开始。有了开始，就有了成功的希望；没有开始，就永远没有成功的可能！我希望你能明白这个道理！

现在，昌灏已经走上工作岗位，他回忆起母亲昔日的做法时，由衷地感慨：“我现在才发现，原来我妈是一个谋篇布局的高手，她深谙教育之道，不会像许多家长那样直白地批评，而一直用这种方式正向地影响着我，指导我前行。”

由此可见，家长在参与“幸福榜”的互动时，需要遵循几个原则：首先，用积极正面的语言肯定孩子的努力与进步，让鼓励成为他们成长路上的阳光。其次，要成为孩子烦恼的倾听者与解决者，帮助他们卸下心理负担。再次，要在孩子需要时，温柔地为他们指引前行的道路，而非强硬干预。最后，切忌落入说教的窠臼，或是显露出过分的刻意，要保持自然与真诚，让每一条留言都能贴近孩子的心，成为他们成长旅程中温馨的陪伴，让孩子感受到幸福。

如果你正为积分制带来的单一评价体系感到困扰，不妨考虑引入“幸福榜”这一温馨而富有创意的举措吧。“幸福榜”魅力无穷，在于它超越了纯粹的竞争与评分，转而关注个体的闪光点与集体的正能量。“幸福榜”的形式多样，粘贴在教室里，有助于建设纯真的同窗之谊；传递于家校间，有利于建立和谐的亲子关系。“幸福榜”如同一个魔法，它在不改变积分制功能的同时，为其增添了情感的色彩，让教育变得更加立体和温暖。它提醒我们，教育的最终目的不仅是传授知识，更重要的是培养健全的人格，滋养幸福的心灵，让每个学生都能在爱与尊重中健康成长，绽放属于自己的光彩。

中途接班：
用58封“情书”叩开学生的心门

作为班主任，能够伴随学生从入学至毕业，无疑是职业生涯中的一大幸事，它象征着教育旅程的完整与圆满。然而，每到假期，学校为了确保各年级、各学科间的均衡发展，常常会进行师资调配，这使得中途接班成为班主任的工作常态。面对这一挑战，新班主任肩上的担子尤为沉重，不仅要承接前一任班主任留下的教育“遗产”，妥善处理好学生及家长对前一任班主任的情感依附，还要在此基础上精心构建自己的班级管理体系，做一位智慧而细心的“后继家长”。

我曾经中途接了初三的一个班，这个班以转学人数之多而轰动全校，以换教师次数之频繁而全校“闻名”。

据说，这个班在初一、初二时，学生经常搞恶作剧，将墨水洒在老师的衣服上，或将粉笔碾碎成灰撒在老师的水杯里，令老师十分抓狂。更有甚者，曾有多名学生与社会人员来往密切，打架斗殴，因性质恶劣而被劝退或转学。

在这种情况下中途接班，我们又该如何应对呢？

一般情况下，班主任在第一节课都会介绍自己，聊班级愿景，谈学科学习，说课堂规则，我也不例外。此外，我还别出心裁地和学生交流对教育的看法、对学习的期望，因为我想听听学生的心声。

学生的初次反响并未如我所愿，回馈我的是冷漠的面容与猜疑的目光。在他们的交头接耳中，藏着这样的话语：“连之前那些体魄健壮的男老师都难以驾驭我们，你这样纤瘦的女老师，又能有何作为呢？”

我深深懂得，每一个踏入校门的孩子，心中都怀揣着对美好校园生活的向往，他们梦想着一个温馨如家的班级氛围，渴求遇见一位能启迪智慧、引领航向的师长，更期盼身边围绕着一群携手并进的同窗。然而，频繁地更换教师在他们心中投下“被遗忘”的淡淡阴影，班级中个别同学的纪律问题又如阴霾笼罩，让他们苦不堪言。渐渐地，这份信任与期待变得奢侈。他们开始怀疑，是否真的有老师——并且他有足够的力量，去倾听他们的心声，陪伴他们走过这段成长的风雨路程。

中途接班，确实面临着既定班级文化的挑战与融合的重任。在有限的时间里，班主任的首要任务是搭建心灵的桥梁，而非仅仅着眼于班级规则的建立或教学进度的追赶。班主任只有设身处地为学生着想，才能让学生接纳自己，才有真正的教育可言。正如李镇西老师2022年在微信公众号“镇西茶馆”发表的文章《李镇西：好的教育与好的老师（演讲实录）》中所言：“只有当师生彼此生命相融，能够互相听到对方的心跳，能够真正感受对方的脉搏时，好的教育才能真正发生，好的教师才能真正诞生。”

一、立志寻心，解惑通结

新班主任既要展现倾听与理解，又要体现共情与尊重，在还未摸清学生特点时，不宜大刀阔斧地改革，最好的方法是展现个人魅力和专业能力，在保持班级稳定性的同时，逐步引入自己的教育理念和管理风格，做到渐进式改变。于是，我精心地设计了系列方案，希望在最短时间内解开那些至关重要的结——

追溯历史，了解现状。学生们在前两年经历了什么，他们为什么是现在的模样？

个性化认知，精准施策。每个学生的家庭环境、性格习惯、优点缺点、学习风格是什么？

明确目标，建立愿景。学生对自己的期望是什么？对新班级的期待是怎样的？是否适应我的教学风格？

加速融合，赢得信任。在初中最后一年里，我如何以最快的速度让学生接纳我？

提供支持，重建信心。我可以在哪些方面对学生提供帮助，让学生打开心扉、重拾信心？

二、策划速成，即刻践行

在确定这些目标后，我便开始付诸行动——

充分感知班级情况。我利用每一分、每一秒与学生充分对话，提前候课，推迟离开。我们共话日常、分享故事，这使我能更多地了解班级的深层样貌。

全面观察个体特征。我会细心观察学生的表现，记录他们在课堂的每一次发言、课间的嬉戏，乃至作业中的点滴思绪，及时互动，从反馈中了解学生的内心。

问卷拉近师生距离。即使中途接班，我依旧会设计问卷收集学生信息，促进师生互动。以下是我所设计的问卷的导语——

亲爱的同学们：

在这段短暂而珍贵的时光里，我已经被你们每一个人身上散发出的独特光芒深深吸引。你们之间的互助精神，课堂上的那份专注与热情，还有那总是保持得井然有序的讲台，都如同耀眼的明灯，照亮了我们共同前行的道路。现在，我想邀请你们做一次心与心的交流，请根据以下问题介绍自己吧。

你认为自己的优、缺点是什么？你自己的学习状况如何？你希望自己在初三有哪些改变？你的中考目标是什么？你对王老师的教学与管理有什么建议？

作为你们的同行者，我非常渴望成为你们最坚实的后盾。来吧，就像和好朋友聊天一般告诉我。我也诚挚地邀请每一位同学的家长，参与这次对话。

这份问卷给学生提供了倾诉的平台，让他们可以敞开心扉，一吐为快。师生共建班级的欣喜，家校携手并进的欢愉，让整个班级洋溢着团结协作、积极向上的精神风貌，将新接班时略带尴尬的氛围变得热切欢腾。

三、“全息”沟通，深度互联

访谈洞悉多元视角。我和新班级现在与过去的教师展开深入对话，倾听他们从不同维度描述的学生面貌与课堂气氛，力求全面且客观地理解每一个学生，没有先入为主，不预设任何框架。

精准把握学业状况。接手新班级伊始，班主任对学生学习成绩的分析十分重要：既能从中初步了解学生的学习基础、学习习惯、学习方法或学习兴趣等，更能体察数据背后学生的情绪波动、信任程度。于是，我为每一个学生定期设计个性化的试卷分析单，引领学生自我剖析，寻找知识漏洞，定位知识盲区，以便学生增强信心、快速提升。

匠心编织成长轨迹。通过日积月累的互动、细致的观察、精心设计的问卷、深度访谈与科学分析，我收集的不仅是数据，更是关于每个学生生动鲜活的故事。我将学生的资料分门别类地整理出来，就得到了一摞厚实丰盈的“成长编年史”。每一次翻看这些档案，我都如同重走学生的心路历程，深切地感受到学生独特的个性与火热的心。

我没有强行改变学生，学生却开始接纳我；我没有刻意建设班级文化，班级却更有凝聚力。只要班主任能够营造一个开放包容、鼓励创新和自主管理的环境，学生们就会在这样的氛围中找到归属感，班级自然会形成一种积极向上、互相支持的集体精神。

四、深思熟虑，笔赋深情

面对这摞沉甸甸的“成长编年史”，我心中满载着对每个学生的深切关怀与期盼。他们就像园中的幼苗：有的迫切渴望更多光照，有的急需雨露滋润，有的期待营养补给，有的则须摆脱束缚，让心灵自由呼吸。我有千言万语要对学生倾诉、叮咛。然而，毕业班的紧张节奏宛如疾风骤雨，每分每秒都显得格外珍贵。学生们的肩上承担着沉重的学习任务，每个人的成长路径又各具特色，这无疑增加了深入交流的难度。

苏霍姆林斯基曾说：“没有也不可能有抽象的学生。”李镇西老师在《爱心与教育》一书中介绍，他经常采取写信的方式与学生一对一地交流，把自己视为与学生在人格、尊严和情感上平等的朋友，尊重学生的个性，以心灵赢得心灵，以人格塑造人格。

于是，我效仿李镇西老师写出了第一封信，收到信的那个孩子欢呼雀跃，眼里闪烁着喜悦的光芒，在课堂上脊背也挺得笔直，仿佛获得无尽的力量。每个孩子在内心深处都是渴望被理解和爱护的，我把心一横，毅然决定：“何不为每个孩子都写上一封情谊满满的信呢？58个孩子，58份温暖，58份期待，一个也不能少。”

在随后的一个月里，我将这份爱的工程融入日常。白天繁忙工作之余，我开始在心中勾勒信的框架，晚上回家，我便在电脑前一字一句敲打出来。正值严冬，寒气逼人，手指在键盘上跳跃不久便冻得僵硬，但是一想到学生拆开信时那种溢于言表的激动，我的心里便暖暖的，所有的疲惫与寒冷瞬间融化，夜晚也因此变得宁静而温馨。我深知，培养学生不仅在于知识的传授，更在于志向的确立、心灵的启迪与品格的塑造。对于天资聪颖但缺乏远大志向的学生，我在信中这样写道：

国尧：

你好！期末将至，你作为数学科代表及小组长为大家付出了很多，在这里我先向你表示感谢。（**肯定**）通过这个学期对你的观察，我有些感想不知是否妥当，在此与你一起探讨。

刚接班时，我便听到许多老师这样介绍你："国尧啊，非常聪明，文笔好，阅读面广，看过很多深奥的著作……"那时，我很好奇：你是什么样的孩子，竟然会得到老师如此高的评价？我猜测，你的言谈举止应该有过人之处。从我的观察来看，你的确是天赋异禀，而且学习能力很强。（**描述**）不过，从平时的一些细节来看，我又不能完全理解。比如，有几次你在教室里和同学一起丢地球仪或是粉笔头，有时还拿着拖把和其他同学打闹，或者上课时故意拖出长长的尾音。（**现象**）

你也许认为自己和其他同学一样可以在班上瞎闹，只要考上几次满分，排名在年级前几就万事大吉了。可是我不这样认为，在我眼中你有着雄鹰般的能力与眼界。你在课间偶尔的小插曲，让我觉得仿佛一只正在高飞的雄鹰遇见一群大雁，看到彼此的差距而沾沾自喜。其实，我觉得你可以换个角度思考。那一张张的试卷无法承载所有的知识，千万别为了每次的年级第一或是满分而自满。我觉得，你能做到超越分数，在属于雄鹰的领域尽情翱翔。我之所以借

书给你看，就是因为希望你看过以后有更开阔的视野，从各方面去锤炼自己，珍惜自己的天赋，飞向更广阔的天空。（**期望**）

在最近几次的试卷分析中，你提到了以下两个问题：①在细节方面不够仔细；②容易疏忽分类讨论或几种情况的题型。我希望你能在以后的作业中考虑周全，不妨试着做错题分析与类题拓展，以上问题一定会迎刃而解。

国尧，你对什么感兴趣呢？多发展自己的爱好，也为自己定个目标吧，这样你的步子会更加轻快。

有心理学家做过这样一个实验：组织三组人，让他们分别向着10千米以外的三个村子进发。

第一组的人既不知道村庄的名字，也不知道路程有多远，只被告知跟着向导走就行了。刚走出两三千米，有人就开始叫苦；走到一半的时候，有人几乎愤怒了。他们抱怨为什么要走这么远，何时才能走到头，有人甚至坐在路边不愿走了。越往后走，他们的情绪就越低落。

第二组的人知道村庄的名字和路程，但路边没有里程碑，只能凭经验来估计行程的时间和距离。走到一半的时候，大多数人想知道已经走了多远，比较有经验的人说："大概走了一半的路程。"于是，大家又簇拥着继续往前走。当走到全程的四分之三的时候，大家情绪开始低落，觉得疲惫不堪，而路程似乎还有很长。这时，有人说："快到了！快到了！"大家又振作起来，加快了行进的步伐。

第三组的人不仅知道村子的名字、路程，而且知道公路旁每一千米都有一块里程碑。人们边走边看里程碑，每缩短一千米大家便有一小阵的快乐。行进中他们用歌声和笑声来消除疲劳，情绪一直很高涨，所以很快就到达了目的地。（**故事触动**）

心理学家得出了这样的结论：当人们的行动有了明确的目标，

并能把行动与目标不断地加以对照，进而清楚地知道自己的行进速度与目的地之间的距离时，人们行动的动机就会得到维持和加强，就会自觉地克服一切困难，努力到达目的地。

我期望这个故事能让你有所触动。以上是我的一些看法，欢迎交流！附上你这学期所有的考试成绩，祝你新年快乐！

你的老师、朋友：王丹凤

2010年12月23日

一般情况下，教师们最容易忽略成绩中等的学生，然而他们在学习习惯与品格形成的关键时期，更需要教师持续地激励与塑造。于是，我在信中这样推心置腹地写道——

方方：

你好，从那天你帮助罗国田找优点起，我便开始喜欢热心助人的你。（**描述**）

在我发的问卷中，你写道："我认为自己的学习情况很不稳定，有时候100多分，有时候不及格，我觉得需要改变自己对作业的态度。我遇到不会做的题时，总想等到第二天再去问同学。我有时也会很认真，做不出来不罢休，我希望自己能以这种态度对待作业中的每一道题。我相信，坚持下来，自己一定会有稳定的成绩。"

的确，你的自我评价相当贴切：低至66分，高至103分，你既向全班同学展示了自己的实力，也表明了你可以退到谷底。"逆水行舟用力撑，一篙松劲退千寻。"这句话说得一点都没错。（**反馈**）

在好几次的试卷分析中，你都说了同样的话："一分耕耘，一分收获，我正是因为没能把精力放在学习上，所以收获了不理想的成绩。我一定会克服不良习惯，改变对学习、对作业、对课堂的态度……"（**现象**）

你父母说的话很质朴："能认识到自己的不足并加以改正是最好

的，每次考试都犯了同样的错误，试卷分析都是同样的问题，意义何在？”方方，我希望你在遇到难题想放弃时，能想起这些话；希望你在讨巧想问别人作业时，能想起这些话。要改，就从每天的作业态度改起，你要面对的并不是每天的作业，也不是应付老师，而是要打败那个想放弃的自己。（**直指问题**）

有一篇文章叫《把自己酿成美酒》，文中写道，现实生活中的我们，起初都是一碗米，并没有什么本质差别。但有的人终其一生也没有脱离原来的形态，庸庸碌碌，一事无成；而有的人却不同凡俗，卓尔不群，成为通体莹澈、芳醇甘美的佳酿。

这篇文章通过一位企业家和一位高僧的对话讲了一个发人深思的故事，高僧问企业家：“一碗米有多大的价值？”企业家答道：“将米做成米饭，顶多有几元钱的价值。”

高僧说道：“将一碗米做成米饭，确实只有几元钱的价值。但倘若稍微动动脑筋，将米泡一泡，分成若干份，再用粽叶包成粽子，那就是十几元的价值了。如果再把它发酵，精心酿成一瓶美酒，那就会是几十元甚至几百元的价值了。”企业家心悦诚服，连连拍手表示赞同。

高僧并没有为其所动，而是继续说：“其实一碗米的价值是因人而异的，区别就在于，越接近其本来形态价值就越低，形态改变越大价值就越高。这就是米饭和美酒的差别，酒离米的形态最远，倾注在它身上的时间最长，酿酒的过程也存在着很多不确定因素，所以把米酿成酒失败的可能性甚至大于成功的可能性。这样，你是否还愿意将米酿成酒呢？”

我想，只要去努力，即便你没有把自己酿成美酒，但起码你已离开了原有的状态，已超出了一碗米的本来价值。（**故事触动**）

方方，让我们一起把自己酿成美酒，哪怕机会渺茫、前途难料。只要努力了，生活中的风雨、前行路上的挫折，都会成为我们的酒曲。

最后，附上你这一学期所有的数学成绩，请对照各章节认真分析，为明年的中考复习做好准备！预祝新年快乐！

你的老师、朋友： 王丹凤

2010年12月28日

我知道，基础薄弱的学生得到的关爱一向偏少，因此更渴望班主任的悉心呵护，更需要班主任为其增添信心。面对他们，我这样写道——

诗洁：

你好！这个学期，课堂上的你并不活跃，我平时与你的交流不算多。从一些细节，我能看出你很细心，而且是喜欢我这个老师的。（**描述**）

国庆节期间，你给我发短信："王老师，祝你国庆节快乐！越来越漂亮！"这条简洁真挚的短信给我留下了深刻印象，你能惦记着我，并送祝福给我，我很欣慰。后来，在一次作业中，我发现你的作业里夹着一张小贴纸，上面密密地写着一排小字，我凑近一看才知道内容是"王老师别撕，因为这里破损了，我才贴的"。你能如此爱惜书本，而且还细心地解释，真的很可贵呀。（**回顾细节**）

当家里有事时，你第一个想到给我打电话。点滴中都透露了你对我的信任和喜欢，谢谢你，诗洁。我很惭愧，没能更多地关注你、帮助你，在此说一声对不起，希望这封信能有所弥补。

在问卷中，你说："我的优点是乐观，但因为小学基础没打牢，现在学习很困难。我希望上课能管住自己，不和同学聊天；目标分是520分；对王老师没有任何意见，很好。"

诗洁，面对学习中的困难，你可以尝试这种办法：假期利用空余时间把初一到初三的教材找出来，列出所有章节，并从中挑选你认为最简单的章节，结合例题与知识点开始温习……（**学科建议**）

顺便说一下，自信的女生最可爱。希望你能改变发型，别让头发遮住明亮的大眼睛。文章《昂起头来真美》说的就是这个道理：珍妮是个总爱低着头的小女孩，她一直觉得自己长得不够漂亮。有一天，她到饰物店去买了一只绿色蝴蝶结，店主不断地赞美她戴上蝴蝶结很漂亮，珍妮虽不信，但是心里挺高兴，不由得昂起了头。可能是急于让大家看看，她出门时与人撞了一下都没在意。珍妮走进教室，迎面碰上了她的老师。“珍妮，你昂起头来真美！”老师拍拍她的肩说。那一天，她得到了许多人的赞美。她想，这一定是蝴蝶结的功劳。可对镜一照，她才发现头上根本就没有蝴蝶结，一定是在出饰物店时与人一碰，弄丢了。（**故事触动**）

诗洁，自信原本就是一种美丽，很多人因过于在意别人的看法而失去很多快乐。无论分数高低，无论遇到多大困难，只要你昂起头来，快乐会使你变得可爱。

我将这一学期的数学成绩附上，请对照分析，相信你在下个学期会有更大收获。

你的老师、朋友：王丹凤

2011年1月1日

无论学生分数高低，也不管学生性格是内向还是外向，我都会为每一名学生写下一封独一无二的信。信里有教师对学生如朋友般的初步了解、日常观察、理性评估、期望激励、故事触动、成绩分析等，这些信是一位中途接班教师用心书写的“情书”。

58封“情书”起到了怎样的效果？科代表唐福生这样说——

尊敬的王老师：

五十八封书信，六万三千多字，三十多个夜晚，从小到大，我从来没有见过一个老师能对每一个学生都如此用心。若不是亲耳听到，亲眼看到，我几乎无法相信。当我见到这些信时，我在震惊的同时也深深地感动了。在此之前，我和一些同学不止一次地向您“催稿”，在见到这些信后，我们都平静了下来，似乎都明白了些什么，耐心地等着那封属于自己的信的到来。

您在信中既肯定了我的优点，也指出了我的不足。我认为您的评价十分准确。说实话，我从小到大都没有明确过一个真正的目标，从来都不知道自己究竟应该做什么，为什么而奋斗。每当想起这个问题，我心里都会十分迷茫。这一次，您的一封信彻底点醒了我，让我明白，人这一辈子一定要有奋斗的目标和理想，这样才能更好地激发自己的潜能。

现在，您已经彻底融入初三（4）班这个大家庭，已经完全被大家所接纳，您已经成为我们必不可少的朋友。在这里，我想对您说：“老师，您辛苦了！”鉴于您常常说我“稚气未脱”，在此我想用我那富有磁性的嗓音对您说：“哥们儿，我挺你！”

您的学生、朋友：唐福生

中途接班虽是一场未知的旅程，但以真心换真心，以诚意动人，终会收获意想不到的温暖与成就。学生的积极响应，家长的深切信任，让我有了“忽如一夜春风来，千树万树梨花开”的欣喜。师生之间的情谊日益深厚，学生们在不知不觉中悄然成长，实现自我蜕变。中考之时，学生凭借日常积累和不懈努力，自然而然地迎来了丰收的季节。

五、念念不忘，必有回响

在筹备参与“爱心杯”优秀班主任的评选工作之际，我遵循活动规定，邀请10个学生提笔书写100字左右的感言。其中，学生肖祎赠予我一份厚礼，她洋洋洒洒地写下一篇长文——《很幸福，做您的学生》，字里行间流露出的真挚情感，如同甘露滋养了我的教育生涯，这是对我教育工作的最高赞誉。

2018年，肖祎考上了国外一所知名大学的研究生，她回母校看望我。恰好，我们的故事因一封封满载深情的信件而被《中国教师报》深度挖掘，并以《王丹凤：写一封师生最美的“情书”》为题进行报道。该报道占据了整个版面，而肖祎的文章也被发表在其中。

很幸福，做您的学生

2010年，初秋开学第一天的课堂，她站在了教室里：“以后我就是你们的数学老师，我叫王丹凤。”剩下的话我已记不清，因为第一眼惊艳我的只是她的容貌。一头柔顺的长发披到肩上，没有多余的修饰，一脸的清丽，大眼睛里透着一股坚定。她站上讲台讲了第一堂课，带着她独有的气场和魅力。我否定了我以为的数学老师“标配”，也许这就是人们常说的“明明可以靠颜值，却偏要靠才华”吧！

第二天下午，王老师发下了昨天的数学作业。我翻开作业，看见她端丽的字：“很高兴能欣赏到你这么漂亮的字，真棒！”因为班风不好，我们已经换了两个数学老师，每个老师都像过客。那时的我已经厌烦了数学，也很久没有认真地写过数学作业了。我属于鼓励型的学生，成就感越大越有干劲。她应该不知道那句话让我从此有了一种安定感，也成了我后来学习数学、认真完成作业的动力。

她的课堂不是教与授，而是带着我们一起探索，她的课堂总是让我们充满了满足感和充实感。她的课堂也从不仅是她一个人的事。七年过去，我仍旧记得当年数学课前，男生们在黑板前奋力画图的背影，忘不了我们在课堂上和她兴奋地讨论。她的课堂也不仅是数学课，上课前或课中气氛不佳时，她就会给我们讲个颇有深意的小故事，或者做一件让人颇有感触的小事，课堂气氛顿时热烈起来。一次，上课前的一两分钟同学们喧闹不止，她站在教室门口轻轻说：“现在同学们都把眼睛闭上，凭感觉一分钟后睁开眼，不用刻意去数时间。”我们都照做了，有的同学早于一分钟睁开眼，有的同学晚于一分钟睁开眼，而后她说：“你们有的人也许会惊讶一分钟原来过得这么快，时间如果不珍惜就是这样一点点地飞逝；你们有的人也许会惊讶一分钟其实并没有想象中那样短暂，所以一分钟也可以做很多事。”然后她翻开了书本，那节课我想每个人心里都有一份自己的感悟。她告诉我们，草稿也应该整齐地写，避免粗心，方便检查。潜移默化，现在我打草稿都会一步步写下去。她告诉我们的还有太多太多……她的课堂总会给我们意想不到的收获。

她证明了她小小的身躯里有大大的能量和一颗炽热的心。

中考后回学校集合，仲夏，她站在大礼堂外等着同学们。她给每个人一张属于自己的照片，那是她100天以来的用心积累。她就是这样，眼里有每一个人。

有太多故事，有太多细节，都是我们彼此的默契，是我永存的回忆。

丹凤，很幸福可以做你的学生，很骄傲能做你的学生，很感恩能有你这样的良师益友。

如果一定要说出她带给我什么，那可能就是我已慢慢感悟到：“一个人如能享受到正是此刻正是此人，正该如此的欢乐，已经足够，不必苛求；一个人如果能完成正是此时正是此人，正是如此的目标，已经足够，无谓遗憾。”

后进学生：
从“顽石”到“宝玉”

作为班主任，面对那些仿佛坚不可摧的后进学生，我常常会感到特别棘手。他们往往结伴而来，并表现出基础知识薄弱、学习习惯不良、自信心缺乏以及学习效率低下等特点；一旦触发事端，就会在平静的湖面上掀起惊涛骇浪，课后则是一片亟待收拾的混乱与挑战重重的景象。

转化后进学生，无疑是对教育者耐心与智慧的最大考验：无数次的温馨谈心，无数次的家访奔波，甚至有时不得不采取纪律措施，然而，这一切努力后，他们似乎又回到了起点，顽固的习惯如影随形。

这些学生的背后，往往隐藏着复杂的家庭环境，或因家长教育方式不当、教育理念落后，或因家庭结构的变化（如单亲、父母离异或家庭重组），给孩子心灵造成难以言喻的伤害。

然而，我们要坚信，每一块看似冥顽不灵的石头，都有可能是藏匿光芒的璞玉。正如李镇西老师笔下的万同、张凌，或许我们班上也有像他们那样等待精雕细琢的宝石。从“顽石”转变为“宝玉”，绝非一朝一夕之功，它不仅需要教育者倾注满满的爱心，还需要时间的慢慢雕琢、情感的细腻滋养、心灵的细致修复，以及品格与智慧的双重熏陶。

我曾经遇到过一些后进学生，比如初二就因为家庭原因辍学的小志（化名）。

一、璞玉蒙尘：中途退学的困顿与惋惜

2013年夏日炎炎的六月，正值初二下学期期末，小志和他的父亲走进了我的办公室，带来了一个令人揪心的消息："王老师，小志读书这条路，怕是走不通了。既然他自己实在不想读，我们想就这样算了。"

我心中顿生焦急：每一个孩子都是可塑之才，怎能轻易放弃学业？我连忙问："小志还这么小，不读书的话，将来去做什么？"

小志的父亲尴尬地抓了抓头皮，缓缓道来："我想让他回店里帮忙，以后再学个手艺什么的，养活自己应该是没问题的。"

我心中不禁生疑：这真是小志的意愿吗？我转向小志，只见他默默跟在父亲的身后，低垂着头，沉默不语。

我回忆起两个月前的对话，小志曾坦诚相告："王老师，说实话，我对读书真的没有兴趣，坐在教室里一个字都听不进去。我想早点工作赚钱，我读书需要家里花钱，而我工作却能挣钱，还可以减轻家里的负担。"难道这个想法一直盘踞在他心中？我再次追问小志："你真的不打算继续读书了吗？"

他只是头垂得更低，眼睛半闭，喉咙里挤出一个模糊的回应。

小志的父亲在一旁叹气，补充道："他其实是舍不得您和同学们。"我感觉小志在父亲说这句话时，整个人似乎瞬间缩小了一圈，我分明看见一滴泪珠无声地滑落。我尽力劝说，却未能扭转局面。小志始终保持着沉默，直至最后的告别。

小志的离去，按理说应该让我这个班主任感到一丝轻松，毕竟班上的"难题"似乎解开了。然而，彼时我正在实践李镇西老师《爱心与教育》一书中的教育理念，对小志的了解让我对他的离开感到深深的惋惜。这十年间，我的心中始终挂念着他，那个初中学业未竟的小志，他的人生是否安好？

二、偶遇“宝玉”：脱胎换骨的惊喜与重生

今年春节，QQ（一款通信软件）上那个熟悉的名字——小志，伴随着头像的闪烁，再次点亮了我们失联已久的对话框。

为了避免我的关心伤害到他，我小心翼翼地询问，这才知道小志的现状——在湖北省移动公司担任项目经理，肩挑企业及政府机构间专线网络的规划重任，更投身于5G（第五代通信技术）基站建设的浪潮之中。

太不可思议了，一个初中辍学且毫无背景的人竟然创造奇迹，他是怎样脱胎换骨，由“顽石”变成“宝玉”的呢?

小志似乎洞察了我的疑问，轻描淡写间透露了他的蜕变之路：“王老师，我想让您知道，我没有辜负您的期望。离开校园后，我工作了几年，随后通过参加成人高考，拿到了武汉理工大学的本科文凭，目前已经在事业单位立足。”

寥寥数语，背后承载的是小志十年间的风雨兼程、酸甜苦辣。我的思绪不禁飘回往昔，眼前浮现出那个年仅十三岁的他，身形高大，行为懒散，贪玩厌学，沉溺于虚拟世界，还经常惹是生非。回忆与现实的对比如此强烈，我几乎无法将记忆中小志的形象与他现在的形象重合。他继续说：“我现在很后悔，如果当初能珍惜读书的机会，现在的我也许会有更多选择。但是王老师，如果没有您当年的耐心教导，我这一辈子就废了。”

三、精雕细琢：琢玉成器的历练与成长

记得小志刚上初一那会儿，学习底子薄，成绩总是排在后面。还好有妈妈的鼓励，让他还能勉强跟得上学业。可到了初二，家里出了变故，父母关系破裂，妈妈离开他去了别的城市。这件事对小

志打击不小，他像是突然失去了学习的动力，整个人变得消极，整天沉浸在小说和网络里。

苏霍姆林斯基说过：“一个好的教师，就是在他责备学生，表现对学生的不满，发泄自己愤怒的时候，他也时刻记着：不能让儿童那种‘成为一个好人’的愿望的火花熄灭，而应‘充满情和爱’。”

如果要说我与同学们在那个时候给予了小志什么，那应该是我们在通过各种方式，努力保护他心里那点儿还想变得更好的小愿望，让他别彻底放弃自己。

（一）家访，给心灵一片晴空

小志住的地方靠近城门，家里开着个小卖铺。那天我去家访，是他奶奶接待我的。老人家六十多岁，身体不太好，心脏有点问题，还得硬撑着看店。小志的爸爸身体也有点毛病，干不了重体力活，只能出去打些零工，白天黑夜地倒班。奶奶边说边叹了口气：“王老师，我们是真的有心无力，管不住小志学习的事啊。”

在我家访的时间段里，周围环境很嘈杂，不时有人上门买东西，还有邻居家的小孩在门口嬉闹叫唤。旁边就是夜市，晚上喝酒的、打麻将的各种声音都有。小志放学回家就处在这种环境中，家里大人忙得团团转，哪还顾得上他学习，更不用说给他创造个安静的学习环境了。奶奶心疼孙子，每天都悄悄给他点零花钱，让他自己买点喜欢的东西。结果小志的情况有点失控，对零食和饮料的依赖越来越重，体重也渐渐飙升到两百斤。

通过这次家访，我才明白，为什么小志在学校表现得像块“顽石”。了解到这些背景，我对小志更多了几分理解与心疼。我这次家访不是告状，也没有批评指责，就是想了解情况，表达关心。此后，小志对我多了一些亲近与信任，在班上总会给我面子，言行举止收敛了不少。

（二）竞选，给梦想一片天地

课间休息时，我抓紧时间与科任教师沟通家访的收获。班会上，同学们争先恐后地分享自己对家访的感悟，班级里洋溢着一股温馨又和谐的气氛。每当小志表现出一丝进步的迹象，老师们都会不失时机地给予表扬，同学们也会用真诚的掌声给予他鼓励，这样的氛围让他渐渐地感受到了集体的温暖和自身的价值。转眼到了下学期，班级开始筹备班干部的改选。我注意到小志那双微眯的眼睛里闪烁着跃跃欲试的光芒，尽管紧抿的嘴唇透露出些许胆怯。我知道这是一个绝佳的契机，只有当一个人感到自己属于这个集体，拥有责任感，才能勇敢地迈出那一步，站到台前。我相信，是时候推他一把，让他在实践中成长！

小志似乎感应到我的鼓励，他精心准备的竞选演讲让人耳目一新，赢得全班同学的热烈掌声，最终成功当选为劳动班长。

尊敬的老师，亲爱的同学们：

大家好！光阴似箭，日月如梭，快乐的寒假生活已经告一段落，新的学期向我们缓步走来。今天，我要竞选劳动班长，因为我热爱劳动，愿意为班级做贡献。假如我当上了劳动班长，我一定会带领同学们把教室打扫得干干净净，让同学们有一个舒适的学习环境。不管是劳动班长也好，纪律班长也罢，都是架设在师生之间的一座桥梁。

请大家相信我，给我一次机会，相信在大家的共同努力下，我们七（6）班能从暂时的胜利走向永久的辉煌，让学校以我们为荣！我的演讲完毕，谢谢大家！

2012年2月21日

当选后的小志，仿佛变了一个人，对班级的清洁工作倾注了极大的热情。常务班长谢文婷也不时地指点他，我则借着班干部培训的机会与他交流，教他如何高效地分配劳动任务，如何检查以确保教室内外的整洁，以及如何在同学间建立良好的协作关系。小志对此乐此不疲，干劲十足。

（三）接纳，给个性舒展空间

小志用实际行动证明了自己的承诺，班级的每一个角落都因他的努力而焕然一新，班级的凝聚力也在不断提升。面对小志的转变，我深感挑战重重，但也更加坚定了我发掘他内在潜力的决心。

可是，好景不长，小志当上劳动班长一段时间后开始懈怠。“顽石”的雕琢并非一日之功，更非单一角色所能轻易“招安”。在那段时间里，无论我们如何尝试帮助，他都显得十分消极，甚至拒绝沟通。他又退回到了原来的样子，甚至直接“摆烂”。但他这种退步的行为并未使我放弃，我坚信他有潜力再次蜕变，毕竟有昔日的记录为证。

物理课即将开始，我照例去教室查看情况，谁知小志突然从教室后方蹿到前排，翻弄着另一个学生的抽屉。正当我疑惑之际，一个声音响起：“老师，他在找故事书。”有人将一本杂志递到我手中。我冷静地带小志到办公室，心中却五味杂陈，我深知他家庭的困扰：母亲离家，父亲残疾，奶奶年迈，只能用物质填补教育的空白。小志的体重随着对零食、游戏和课外书的沉迷而飙升。看来，我得好好教育小志一番！

谁知，小志面对我的质疑却说：“王老师，每个人都有自己的兴趣和爱好，我就是喜欢看这种类型的书啊。”我听到这句话心急如焚，甚至恨铁不成钢地扬起书：“上课看这种书，还能叫兴趣？”

小志低下头不吭声了，过了一会儿他又开口说道：“王老师，说实话，我对读书真的没有兴趣，坐在教室里一个字都听不进去。我想早点工作赚钱，我读书需要家里花钱，而我工作却能挣钱，还可以减轻家里的负担。”

小志的坦诚让我心中的怒火瞬间平息，转而被一股暖流代替：他视我为可以信赖的朋友，正在毫无保留地向我敞开心扉呀。我温和地探问：“那你和爸爸谈过了吗？你适合做什么样的工作？你觉得你是适合动脑筋的工作，还是适合动手实践的活儿？”

“爸爸让我读完初中再想这件事情，我觉得自己比较喜欢网络，爸爸说可以让我试试当网管（网络管理员）。”

看来小志真的做了一番思考：与其在教室昏昏欲睡，大看闲书，还不如把时间利用起来学习技能。对于小志这一类学生而言，他们从小到大遭受了太多批评与打击，教师如果因为分数指责他，因为规则惩罚他，只会把他越推越远。想要帮助他，教师只能另辟蹊径，激发他的兴趣，让他的个性与特长得到发展。

我考虑片刻说道：“要做一名合格的网管，需要掌握很多知识，从软件操作到硬件维护，知识面要广。你有初中的学习基础，自学起来并不难。我们可以计划一下，你在课堂上跟紧能吸收的内容，至少要达到最低分数线，其他时间可以尝试自学网络管理的知识。现在，你自己考虑，是要继续在课上看课外书，还是把这些宝贵时间用来学习对你未来有用的专业技能？”

小志一下子恢复了精神，两眼炯炯有神：“我当然愿意把时间利用起来。王老师，我还想跟您说一件事。以前有同学跟我说：‘像你成绩不好又听不懂，还上什么学，出去玩不是更轻松吗？’我之前有好几次都不想上课了，想跑出去玩。可是一想到私自跑出去会让您伤心，让父母担心，我就克制住了自己的想法，我还做了思想斗争呢！”

“顽石”并非不可雕琢，他们看似平静的外表之下隐藏着的往往是内心的汹涌波涛。这正是我们持续的启发与心灵的触动所激起的层层浪花。我嘴角含笑：“你开始有内心的挣扎，在做决定之前能顾及他人，还能想着老师和父母的感受，这说明你真的在成长，变得更加懂事了！”

小志喜滋滋地看着我，乐了。我趁热打铁，追问了一句：“那么，关于这本杂志，我们该怎么处理？”

小志挺直腰杆，响亮地回答：“就按照班规来办吧！”

我点头赞同：“那就这样决定了。现在，我们结束今天的谈话，准备放学吧！”

“行！”

两个身影轻快地向教室走去……

2013年4月23日

在随后的两个月里，小志恢复了精气神，一扫先前的迷茫与懈怠，他的转变令人欣慰。然而，好景不长，正如本文开篇所提及的，尽管我竭尽全力地挽留，小志最终还是决定离开学校，去追寻他认为更适合自己的道路。这一别就是十多年，小志的离开也成了我心中一段未完的故事，一段关于成长、选择与放手的深刻记忆。

四、玉化蝶舞：历经蜕变的坎坷与翱翔

这十年间，小志从一个迷茫不前的少年成长为一名勇于搏击风雨的青年，他的蜕变仿佛一部励志剧。当我恳请他分享这十年的风雨历程时，他欣然答应，并满怀希冀地托付我：“王老师，希望您把我的经历讲述给那些和昔日的我一样对学习提不起兴趣的学弟学妹，让他们少走一些弯路！”

小志讲述了他从泥泞走向光明的曲折之路——

初二结束后，我离开了学校，满脑子里想到的词就是“自由”。那时的我格外兴奋，甚至在心里欢呼：“我终于不用每天坐在教室里，我还可以自己赚钱，我可以随心所欲，想干什么就干什么！”

然而，现实很快“打脸”了，亲戚介绍我去一家五金店做学

徒。在那里，别人与我非亲非故，只不过把我当成劳动工具罢了，更何况工资也不高，我干了一个月以后就不干了。家人说，等我长大一点后再出去做事。随后的日子里，我就每天躺在家里荒废青春。

一晃，又过去了几年。我想，自己终究还是要出去工作的，总不能天天窝在家里吧。于是，我找了几家自认为还不错的单位，可是对方一看学历就直接把我淘汰了。在那一刻，我才意识到学历的重要性，开始后悔自己没有好好读书，后悔当初没有听老师的话。

那几天，我特别颓废。后来，我听说可以通过参加成人高考提升学历，这才又燃起了一丝希望。我清楚自己的水平，初中两年几乎都在混日子，完全是零基础，我拿什么去考试，凭什么去上大学？

正当我准备打消这个念头时，我想起王老师在学校里对我的耐心引导和不放弃的态度。我想起王老师和同学们曾经帮助我、鼓励我的画面，我既感动又愧疚，下定决心不给王老师丢脸，不给我们曾经的六班丢脸，我的人生不能止步不前！我也不希望以后被人议论，说王老师班里的这个孩子没学历、没工作啥的。于是，我从网上买大量的学习资料，还报了一些补习班，开始拼命补习。

2018年10月，我参加成人高考，终于以602分的成绩考取了武汉理工大学。当看到结果的那一刻，我差点哭了，我证明了自己，并且改写了自己的命运！这一刻，我才知道世界上并没有什么所谓的天才，也没有智商差距，最主要的还是看你愿不愿意学，心里想不想学。只要你全身心地投入其中，你的付出与结果一定是成正比的。

去年大学毕业的时候，省移动公司来学校进行校招，我递交了简历，经过几轮的线上面试与线下考试，我与其他十位面试人员被成功录取。那一批一共招十一个人，我很庆幸自己能够成功被选上，也很庆幸自己的努力没有白费，成功赶上了与社会接轨的末班车。

在这里，我要感谢王老师当初的教导，谢谢您没有放弃我这个差生，才让我在多年后依旧有重新站起来的勇气。我现在的工作很好，家里条件也慢慢地好了起来，一切都在往好的方向发展，祝老师您也越来越好。

小志那激荡心弦的十年历程，让我热泪盈眶。我为他奋力拼搏的十年而感动，为他全力备考的日子而骄傲。在他打算放弃却能想到我的瞬间，我昔日的坚持居然成为他关键时期的灯塔，成为他坚持下去的航标。

教育这门艺术，旨在点亮心灯、唤醒潜能、鼓舞前行，它赋予人希望、方向和力量。尽管其效用不是立竿见影的，但一定会在学生人生的拐点绽放耀眼的光芒。

“王老师，私下告诉您，我在学习期间意识到自己的体形可能太胖，于是我每天都会控制饮食和坚持锻炼，只用了半年时间，我就从230斤减到了140斤。现在回想起来，我觉得以前的日子像做梦一样。我唯一的遗憾就是没有在六班读完初中，如果时光可以重来，我一定会做一个好学生，不惹您生气的那种！”

小志把自己的照片发过来，当小志的今昔影像交叠在眼前时，我仿佛一下子穿越回十年前，我们还像从前那般促膝长谈，只不过，昔日在憧憬未来，而今在回味往昔。

这十年风雨兼程，小志经历了辍学、打工、颓废、求职、受挫、拼搏，在跌宕起伏中寻找自我，死磕到底，最终改写了命运。对于他，我或许只提供了微薄之助，或仅是见证者。小志骨子里的那份纯良与担当，以及对卓越的渴望，本就是生命最璀璨的火花。

每一个梦想都需要被灌溉，每一个孩子都值得被期待，每一种色彩都应该盛开。由“顽石”至“宝玉”的蜕变，不仅需要爱的灌溉与耐心守候，更需要心灵的呵护、品格的塑造与智慧的启迪。我坚信，在爱与时光的雕琢下，最平凡的石头也能绽放出宝石般的光芒。

特殊学生：
迟来的天籁之音

在这个快节奏与高强度竞争并行的时代，学生们面临着前所未有的压力，心理健康问题日益凸显，有特殊需求的学生群体也在不断扩大。我们作为班主任，职责已远远超越了传统意义上的教学与管理，还要成为学生心灵的守护者、知识的引路人，以及情感的港湾。

面对学生的心理问题或行为异常，班主任须具备敏锐的判断力，知道什么时候该寻求专业的心理教师的协助，什么时候又必须果断地让专业的心理医生介入。然而，在日常的教学与管理中，许多难题的解决并不总是依赖于“专业人士”的直接介入。事实上，班主任的温情与智慧，往往能在日常的关怀与引导中发挥出意想不到的作用。这一点，在我与小海（化名）的互动中得到了印证。

开学的第一天，我在班上满怀希望地抛出问题，邀请每一个学生自我介绍并描绘心中的答案。就在这时，一道不同寻常的光芒吸引了我，那双眸子闪烁着未经雕琢的勇气与纯真。我欣然请他分享，回应我的却是断续而模糊的声音，那声音像是被风吹散了一般。我试图捕捉每个飘忽的音节，他也在不断尝试，想表达得更清晰些，而我依旧听得一头雾水。

见状，立刻有学生介绍道：“老师，他叫小海，是我的小学同学，听说他小时候脑部受过伤，所以说话不清楚。”

这一刻，我意识到，小海是个与众不同的孩子，这向我提出了全新的挑战。望着小海清澈明亮的眼睛，我的内心隐隐作痛，真希望自己可以为小海做点什么。

“每个人都是被上帝咬过一口的苹果，都是有缺陷的，有的人缺陷比较大，是因为上帝特别喜爱他的芬芳。”我向所有同学分享这句话，并继续说，“只要大家细心观察，便能嗅到他的芬芳。未来，让我们一起帮助小海。”同学们心领神会，教室里暖意浓浓。

然而，事情远没有想象得那么简单。小海像个天外来客，静默无声，我试着与他聊天，他却沉浸在自己的世界里，对外界的呼唤浑然不觉。在第一次升旗仪式时，其他学生肃穆行礼，唯有他悠然自得地把玩着自己的手指，旁若无人。第一次摸底考试时，我静候他一个小时，却未能见到他的踪影。第一次体育课时，其他学生整齐列队，步伐一致，他却独自在秋千上荡悠。

随后，一连串令人瞠目结舌的事件接踵而至，甚至险些引发众怒。

好几次，他毫无预兆地在教室里情绪失控，吼叫声差点掀翻屋顶；或者在同学们苦思冥想时，他又突兀地咯咯笑个不停；又或者，当同学们考试时，他悠闲地哼起小曲，沉醉其中。

我拿玩具哄他开心，讲故事期待他合群，想尽了各种办法沟通，可是他毫无反应。渐渐地，我的心被失望笼罩，同学们的态度也由最初的宽容转为厌烦。

不少朋友与同事给出建议：“像小海这样的学生应该去特殊学校……”

我开始向小海妈妈探求原因。她眼里噙着泪花娓娓道来：明知儿子与众不同，却选择不要二胎；深知教育儿子比教育普通孩子更耗神，却毫不退缩。从音乐到体育，再到美术，小海妈妈想尽各种办法寻找儿子的兴趣点……说罢，她点开手机上儿子的视频，果然小海灵巧的手指在琴键上上下翻飞，优美的旋律宛如天籁之音。据说，前不久，小海还获得了钢琴考级十级优秀证书。

与小海妈妈的深度交流，如同揭开了一幅关于爱与坚持的画卷。小海的努力与小海妈妈的付出给我上了一堂震撼心灵的课。那一刻，我深刻体会到，每个孩子都有其独特的光芒，等待着被发现与照亮。教育，应当给每个学生希望，包括小海以及像小海一样的特殊孩子。母爱如水，我也是母亲，如果我有这样的孩子，我能有这样的耐心和坚韧吗？师爱如光，苏霍姆林斯基曾用大量时间专门研究并帮助困难儿童，我能有这种决心与能力吗？

苏霍姆林斯基说："真正的教育能手都具有高度的情感修养。……儿童能够从他的声音里分辨出几十种细微的感情色彩：苦恼、烦躁、抱怨等。"[①]教师的成长源自对学生的深入研究，研究特殊学生能更快地促进教师成长。小海，正在考量着我的情感修养！

我翻阅了大量资料，发现寡言少语、社交困难、无法听进任何指令、眼神交流疏离、情感反馈缺失、时常有刻板动作等，这一切迹象似乎指向一种可能——他或许面临孤独症的困扰。

如何与有孤独症倾向的孩子交流？我从心理专家那里获得了宝贵见解：这类孩子一般有思维障碍、社交障碍、情感处理障碍。小海在班上的许多异常行为是情绪表达障碍导致的。他需要的是更多的爱心、耐心与恒心，一个熟悉且温馨的环境将有助于他表达情感。

为了有效地与小海互动，我下定决心：无论他是否有回应，我每天都会和他说话、抚触他；无论是否能听懂他的话，我都要微笑着温柔以待。

一次偶然的机会，我获悉市精神卫生中心的专家对此有研究，

---

① 蔡汀，王义高，祖晶．苏霍姆林斯基选集（五卷本）第 4 卷 [M]．北京：教育科学出版社，2001：708.

怀着希望，我联系小海妈妈去问诊，却得到了一个令人惋惜的答案：小海的脑神经发育不均衡，对节律性的东西异常敏感，对抽象思维的处理力不从心。目前，医学手段效果不明显，药物不能治愈，只能靠环境和教养。

“药物不能治愈”浇灭了希望，“只能靠环境和教养”又让我们看到了曙光。于是，我和学生们有了一个温馨的课题：继续营造温暖的班级环境，让小海能有正常的生活。我们班级形成了一种默契，每个人都在以自己的方式守护小海：晚上放学时，有同学替他记录作业要求，确保他不会遗漏；课间休息时，总有一双温暖的手牵着他，怕他走丢；放学路上，有同学相随护送，直到看到小海妈妈。慢慢地，这份不言而喻的牵挂，让我们的集体更加紧密，也让小海逐渐感受到温暖。

小海妈妈说：“他很喜欢待在学校，有同学和老师，他觉得快乐和温暖。”

小海妈妈还说：“老师的关爱，同学的关心，是小海的幸福和幸运！我常常觉得遗憾，因为这么好的环境，这么好的老师和同学，他不能那么充分地理解和享受其中的乐趣。记忆中，我的初中生活没有这么丰富，这么生机盎然。您就像一个妈妈，用自己的智慧与真情，用尽全力把家经营得井井有条，让这个家充满了幸福感。您虽然年轻，但是博采众长，形成自己独特的方法和理念，既有创意又注重细节，让孩子们少走弯路。我完全可以感受到您经常在思考，想要表达对您的赞扬，但我又感到词穷。只能说，没有多年用心的学习和积累，没有一份发自心底对教育的热爱和执着，是做不到这样的！我越是认识到您的优秀，就越觉得遗憾，也许别的家长体会不到我的这种感觉。我只想在这有限的初中生涯，尽可能让小海多去感知这份美好。”

小海妈妈的肺腑之言戳中了我的心窝，美好的校园生活应该是每个孩子的“标配”，而非奢侈品。

教育是一个缓慢的过程，好环境就是良药。于是，我们致力于建设班级文化，开展丰富的班级活动。渐渐地，小海在班上吼叫的次数减少了，即使上课时唱起歌来，只要同桌轻轻提醒，他就会立刻安静下来。

春风和煦地拂过大地，阳光温柔地流泻下来，青鸾三班的集体生日启动了。三月，他与另外两位“寿星”一起收到了同学们的生日祝福、贺卡、糖果，还有其他小礼物……

同学们在贺卡上写道：“春天万物复苏，这是大家共同的季节，祝你在新的一年里，慢慢成长，变得更好！”有的同学还温情地拥抱他：“祝2004年的小哥哥继续享受钢琴，以后也要无忧无虑哟！”

晚上，我的手机传来消息，是小海妈妈发的：“谢谢王老师，谢谢温暖有爱的青鸾三班，小海今天回家特别开心。”

随后，我收到了一条特殊的语音。起先，是小海妈妈温柔的声音：“今天王老师和同学们一起给你过生日，给你送了明信片，送了小礼物，还有糖果，你的感觉怎么样呀？”

紧接着，小海独特的声音出现了，每个字是那样清晰：“妈妈，我觉得今天很好，很幸福，很开心，很愉快！”

不一会儿，我又听到了小海的声音：“妈妈，我觉得这个生日过得特别有意义，同学们送的祝福很温暖，画的画栩栩如生，谢谢敬爱的王老师，谢谢可爱的同学们，希望王老师和同学们每天都开心。”

小海的声音依然有些断续和含混，我却听得格外清楚，备感亲切。每一个字都充满了山峰的力量，每一句话都像是山谷的回响。我仰头看天，不敢眨眼睛，害怕泪珠滚落下来惊扰这天籁之音。

我想，这份特殊的“礼物”不仅属于我，更属于班上的每一个学生。第二天课间，我拿起话筒对准了手机扬声器，当小海妈妈的声音在教室里回荡时，空气仿佛凝固，每一个学生都在仔细听辨小海的声音，不一会儿，掌声像潮水般袭来，学生们都被这真挚的情感触动，泪光闪闪。

心语本里，学生们写下感动。

梦洁写道："他是一个可爱的男孩，他的语音里有对老师和同学满满的爱意，有对青鸾三班的一种热爱，有他自己的一种拼搏向上的精神。这样的一段语音，怎能不令老师和同学感到震撼、感到欣慰、感到幸福呢？"

罗星写道："原来当我们在送祝福的时候，他不是在玩耍，而是在认认真真听我们说每一句话。他虽然没有表达出来，但他是有感情的，也是很高兴的。他的心里有我们这群可爱的同学，他也拥有一群可以帮助他的好朋友，只要他需要帮助，我们马上就到。"

梦妮写道："小海是我们组的成员，对于这次集体生日，他以一种特殊的方式表达了自己内心的开心、幸福。我想，他其实与我们一样，有自己的喜怒哀乐。我们将幸福送给他，他也将幸福带给了我们。那段录音让我们感动，我们为他感到快乐……"

这一刻，我明白了教育家苏霍姆林斯基的话："儿童每天都在亲身感受老师对他们的行为举止在他们的心灵深处做出的最细腻的情感反应。这种反应就是用人道精神进行教育的强大基础，离开它，就无所谓学校。"①

后来，小海能够与同学们进行简单的交流，能参与班级的长跑，还可以和同学们一起打扫卫生，一起合唱《世界需要热心肠》……

再后来，小海会偶尔拉着我的手不放，开始和我有眼神交流。

---

① 蔡汀，王义高，祖晶．苏霍姆林斯基选集（五卷本）第 4 卷 [M]. 北京：教育科学出版社，2001：709.

一天放学，他突然张开双臂，一把抱住我，一字一顿地说："妈妈……周末……带我……看电影了。"

我从未想过，小海有一天能够主动分享自己的日常。这突如其来的喜悦，让我迫不及待地向小海妈妈传达这份惊喜。电话那头，小海妈妈的声音因激动而微微颤抖："小海只会对特别喜欢的人才这样，通过一年的相处，他在心里认定王老师是非常亲切的朋友和亲人；当他心情特别舒畅时，他才会拥抱亲人，分享自己开心的事情。"

这番话语，如同温暖的阳光穿透云层，照亮了我内心的每一个角落，我不禁泪湿眼眶：我终于走进小海的内心，小海也自然地融入班级。谢谢你，小海，你的天籁之音让这个世界变得更加温柔；谢谢你，小海妈妈，你的信任与坚持让教育的路上充满了温情与力量。

苏霍姆林斯基的睿智之言"没有也不可能有抽象的学生"时时提醒着我，教育的精髓在于认识并尊重每一个学生的独特性。作为班主任，只有给予每一个独立个体以美好，才能在班级中共创一种幸福完整的教育生活。

我曾目睹过，一些同行在面对特殊学生时，起初信心十足，想拼尽全力帮助他们，最后却因为方法不得当，导致整个班级秩序被打乱，甚至出现特殊学生被同学孤立或排挤，最后不得不转学的现象。

因此，班主任在面对特殊学生时，不仅要付出更多心力与智慧，更要有细腻的心思与专业的智慧，一般可以采取如下方法。

首先，全面了解，特别关注。刚接手新的班级时，班主任可以在发布的学生基本信息问卷中添加一栏，询问学生的身心健康情况，确认学生是否为特异体质，身心有无异常（班主任要承诺为学生保密）。这不仅为特殊学生搭建了一座隐形的桥梁，也为教师铺设了理解与支持的基石。同时，班主任在开学初期要从多个场合全方位观察学生，以判断是否有学生出现异常行为，一旦发现特殊学生，既要做好记录，更要特别关注，这将成为他们成长道路上的宝贵地图。

其次，调适心理，深入交流。遇到特殊学生，不少班主任会长吁短叹，如果自己班上同时有两个及以上的特殊学生，更是心力交瘁，甚至情绪崩溃。此时，班主任最需要做的是调整状态，以平和的心态与研究的视角去解读每个特殊学生的独特之处，与家长、前任教师和同学充分沟通，网罗各方信息，为学生编织理解与支持的网络。同时，班主任保持自我情绪的稳定，既是给学生的最好的示范，也是自我保护的需要。

再次，专业至上，理性评估。许多特殊学生的状况可能由先天遗传或后天环境等因素导致，有的是脑神经受损，有的是感觉统合失调，有的是注意力缺陷，有的是智力发育迟缓，有的则是后天刺激引起的心理疾病，因其复杂性而需要专业诊断，严重者甚至需要医学康复治疗以及心理专业指导。班主任要能识别特殊学生的具体需求，并引导家长寻求专业帮助，确保每个孩子都能得到最适合的干预与支持。

最后，温情陪伴，集体呵护。一个充满爱与包容的集体，是特殊学生最坚强的后盾。教师的慈爱、同伴的友善，都能给特殊学生安全感、归属感、价值感，从而促进他们的身心发展。被幸福滋养过的特殊孩子，会以幸福为基石去修复身体障碍，让身体某些机能逐渐好转；如果能再辅以对症的医学治疗，即使不能完全康复，他们也会在未来融入正常生活。

时光荏苒，尽管我与小海的直接联系随风而逝，但是小海和他妈妈的故事一直牵动着我的心，提醒着我教育的意义远远超过书本知识的传授，它是心灵与心灵的触碰，是生命影响生命的深刻对话。我常常在心中祈祷，愿世间少一些特殊学生，愿这个世界的每一个角落，都能对那些与众不同的“天籁之音”报以更多的理解、接纳与爱护。

小海，虽然我们已失联，但请相信，在某个角落，有一个人始终为你加油，为你的每一步成长喝彩。愿你无论身在何方，都能勇敢地歌唱，让属于你的天籁之音，穿越时空的限制，温暖每一颗有幸聆听的心灵。

千千心结：
重拾错过的光芒

在广阔的教育之路上，我们会遇到性格迥异、各具特色的学生，有的如阳光般灿烂，有的内敛深沉，有的成绩斐然，有的调皮顽劣，有的看似平凡却暗藏潜力。然而，最考验班主任的智慧与心性的，往往是那些性格顽皮、习惯固化、难以矫正的学生。

前不久，小学低年级的年轻班主任曾老师向我求助，她描述了一个学生在课堂上频繁扰乱秩序的行为问题：该生不仅自己不听课，还喜欢在课堂上剪纸，把桌子附近弄得乱七八糟，严重影响了周围同学的学习。尽管班主任已经尝试和家长沟通，但遗憾的是，并没有得到积极的响应。这位满怀热忱却遭遇挑战的年轻班主任很苦恼，急切地希望我能提供一些建议。

其实，学生行为问题的根源错综复杂，涉及遗传因素、家庭教育、社区环境、学校氛围、班级管理和同龄群体的影响等多个维度。班主任面对这些问题，如果经验稍有欠缺，对学生的个体差异了解不够深入，或对教育理念的把握不够全面，便可能会感到措手不及，甚至产生深深的无力感。面对这一挑战，班主任的成长与适应尤为关键，需要不断学习与实践。我自己初为人师时，同样遭遇了“混世魔王”——小秋（化名），他的行为曾令我感到愤怒与沮丧。但正是这些经历，促使我深刻反思并认识到，教育之路不仅是对学生的引导与塑造，也是教师自我提升与蜕变的过程。

一、“魔王”之谜

小秋，一个来自三十千米之外小镇的学子。

初来乍到时，他似乎还保留着对外界的好奇与敬畏，循规蹈矩。然而，好景不长，短短数日，他的表现急转直下，变成了让人头疼的存在：轻则恶作剧，如捉弄女同学、乱丢粉笔头；重则行为过激，如在做清洁卫生时，将垃圾桶从教学楼四楼踢落到一楼。教室里也被他搅得乌烟瘴气，同学们隔三岔五来告状，抱怨声此起彼伏。

面对小秋的情况，传统的批评教育和班规处理似乎走进了一个死胡同，效果微乎其微。我开始寻找新的解决办法，尝试了心灵沟通、与家长共商对策、求助心理专家，甚至实施了每日细致入微的行为观察与分析……无奈，这一系列努力的收效并不显著，小秋的行为改善仅仅是昙花一现。

后来，小秋卷入了不应有的社会群体的冲突，违反学校纪律，差点被处分。那段时间，我作为班主任，承受着巨大的压力，也非常有挫败感。即便如此，我依旧坚持寻找那把能够打开小秋心灵之门的钥匙。

没过多久，一位低年级的班主任领着学生来指证，提及小秋与另一个人向低年级学生索要钱财之事。那一刻，我内心的堤坝轰然崩溃，在愤怒与失望交织之下，我脱口而出：“你为什么要这样做？你太让我伤心了，我没办法继续教育你了……”没想到，这些话竟成了我与他最后的语言交集。

三天之后，小秋悄然转学，教室中他的位置空空如也。本应释然的我，却陷入前所未有的沉重与失落，我无数次的努力都付诸东流了吗？他当真是“混世魔王”吗？这个问题在我心中反复盘旋，挥之不去。

二、赤子之惑

一次偶然的机会，我看到了小秋所写的《理解》——

今天，我又被老师叫到办公室了。我以为倒霉的日子又来临了，没想到老师只是一直在和我说话，并没有责备我。

我心想："咦，王老师今天怎么没有批评我？她一定是先礼后兵！"

又过了一会儿，王老师连话也不说了。

我心想："王老师一定是通知了我的家长，正等着他们的到来，然后再一同训斥我。"

不知过了多久，王老师说要带我去参加她儿子的运动会。我越来越搞不懂了，王老师的举动怎么跟以往不一样？在我们来到幼儿园后，王老师和我分享了她儿子的趣事，我也放松下来，把自己小时候的有趣经历讲给她听，她在一旁咯咯直笑。我突然觉得王老师变得温柔起来，并不像以往那般严厉。

回忆起小秋说的那个午后，因班干部频繁反映小秋的种种劣迹，使得教室几无安宁，我决定与他进行一番长谈。

然而，在办公室里，无论我如何劝导，小秋始终紧闭双唇，沉默不语。眼看时间紧迫，我不得不带着小秋一同前往幼儿园。在那片洋溢着欢乐的氛围中，我注意到小秋的眼神渐渐柔和，紧绷的面容也舒展开来，竟然饶有兴致地看着小朋友们的表演。

我轻声询问："你以前参加过类似的活动吗？"

出乎意料，小秋竟然应答了："没有，我记不太清了。"

我进一步追问："那你记得最早的事情是什么呢？"

过了几秒钟，小秋的脸颊泛起红晕，他支支吾吾地说："我，记得第一次上幼儿园时，紧紧抱住妈妈的腿，一个劲儿地哭，不让她走……"

那一天，小秋的顽皮外壳下，流露出的竟是如此纯真的回忆。这让我心中一震，他毕竟还是个孩子，孩子犯错，天地可恕。那一天，没有办公室严肃的气氛，没有我怒形于色的训斥，有的只是家长里短的闲聊，有的只是春风化雨般的关怀。他的话匣子打开了，从儿时和妈妈分床睡到小学运动会的点滴，从田地间的游戏到玩遥控车的乐趣。我仿佛见到一个率真少年，在大自然的怀抱中尽情奔跑，无拘无束。或许，从小镇到市中心，是环境的突变让他无所适从，这才有了他在课堂上的那些表现。

返回学校的路上，我和他聊了很多，关乎血浓于水的亲情，关乎男子汉在成长过程中的担当。

小秋在《理解》中还写道——

回到学校后，我鼓足勇气，把藏在心底很久的话说给王老师听，可是不一会儿放学铃声就响了，打断了我们的对话。这一次，时间怎么过得这么快，我和王老师讲起话来很轻松，不像以前，我一进入办公室就浑身不自在，站都站不稳，这也许是因为王老师能够从学生角度理解我的缘故吧。

王老师这次给了我许多宝贵的意见，我都记在心上。我知道王老师的良苦用心，王老师，我不会辜负您对我的期望，我会努力做好每一件事。

原来，在小秋看似平静的外表下，藏着一个波澜壮阔的内心宇宙，而我们师生之间，曾经因这份理解而悄然拉近距离，让两颗心在不经意间紧密相连。

三、自省之光

那一天，我恳请小秋仔细思索：自己为什么会出现这些行为，以后将如何改变自己，需要哪些帮助？

他静默良久，最终吐露心声：“王老师，我无法控制自己，每天晚上睡觉前都会回想当天发生的各种事情，想一想自己哪里做得不错，又反思哪些事情做得糟糕，可是到第二天就又忘了。”

这番话让我想起小秋妈妈曾经提及的小秋夜晚失眠的现象，或许那正是他默默进行内心斗争的时刻，独自承受着反省与自责的煎熬。而我，未曾深切地触及他的心灵深处，未曾在他最需要他人理解的时刻给予足够的关注，反倒更多地针对同学们反馈的现象对他进行教育。

此刻，《理解》中的每一个字都化作利剑，直击我的心灵深处，让我清晰地看到，小秋其实是一个正在同恶习做斗争的天使，一个急需温暖与帮助的孩子。我深感自责，假如我能对他再多一分耐心，再多一些等待，再多一次心灵深处的对话，假如我能拥有更加敏锐的情绪觉察力，去更深层次地探索那些行为背后的根源，或许就能成为那束引领小秋走出阴霾的光芒。

只可惜，命运的安排让我们未能有更多的交集，小秋的身影从此淡出我的视线。这份遗憾让我明白一个道理：当班主任，这不仅是一份职责，更是一场内心的修炼，是将自己化作光，去照亮学生的前行之路，帮助他们摆脱困惑与困境。

我衷心祈望，每一位像曾老师这样的年轻班主任，能从我的经历中得到启迪，认识到在教育的征途中，不仅要传道授业解惑，更要做学生心灵的灯塔。

怎样才能帮助曾老师解决困扰呢？我采取了一系列细腻且经过深思熟虑的步骤，引导她与学生之间搭建更为和谐的桥梁。

（一）探寻心声

我首先采取了细致入微的了解策略，搭建一个开放的沟通平台，邀请曾老师与学生一同参与。在双方讲述各自看法的过程中，学生选择沉默，而曾老师则急于倾诉，这初步反映了双方沟通的障碍与理解的缺失。

（二）解码差异

随后，我深入挖掘问题的深层根源。通过细致观察双方的反应与表达，我察觉到曾老师内心深处对班级管理的严格要求与对学生个体差异的忽视。这种期望与现实的落差，不经意间造成对学生的忽视与误解。而这名学生正处于探索与成长阶段，其行为更多源于好奇与兴趣，不一定是刻意为之，但是缺乏对规则的认知与自我约束能力。

（三）灵感启迪

为了打破这一僵局，我采取了拓宽教育视野的策略，向曾老师分享儿童发展心理学的知识，并借助小秋的故事和苏霍姆林斯基的教育理念，现场讲述动手能力对孩子创造力激发的重要性。[①]这一分享使曾老师茅塞顿开，认识到教育的多元性和孩子的潜能，也激发了学生的好奇心与自我展示的愿望。在我的请求下，学生主动展示自己的剪纸技术……

（四）行动赋能

在此基础上，我进一步采取实际行动，为学生购买与剪纸相关的书籍，通过曾老师，将这份鼓励和资源送给学生。不久，曾老师传来令人欣喜的消息，学生不仅在兴趣上得到了正面引导，生活习惯与学习态度也有了显著的改善。

（五）共同成长

曾老师给我发来消息，语气中充满了成长的喜悦："谢谢您，

---

① 关于儿童的动手能力，苏霍姆林斯基曾指出："在人的大脑里，有一些特殊的、最积极的、最富创造性的区域，依靠把抽象思维跟双手的精细的、灵巧的动作结合起来，就能激发这些区域积极活跃起来。"参见：苏霍姆林斯基．给教师的建议 [M]. 杜殿坤，编译．北京：教育科学出版社，1984：112.

王老师，是您让我认识到心态转变的重要性，如果没有人指出来，我会一意孤行地认为自己的教育方式是正确的。通过您的开解与帮助，我正在慢慢地改变，学生的状态也越来越好。希望我能如您一般，成为那束温暖的光，照亮学生前行的路。”

原来，曾老师正逐渐成为那束光，不仅照亮学生的道路，也温暖了自己，照亮了自己的教育之路。

第四辑

幸福教室的力量之源

良好开端：

陪孩子从容面对“小升初”①

担任起始年级的班主任，无疑是一份弥足珍贵的职责与喜悦，它赋予了我们塑造班级风貌、奠定坚实基础的独特契机。从家校共育的角度来看，这一阶段尤为关键，它不仅标志着学生踏入新的旅程，也引领着家长们步入“升级版”的家庭教育阶段。

当新生们带着好奇与期待步入校园时，他们的父母也同样面临着“入学考试”——如何迅速融入新的教育生态，理解学校的育人理念、日常运作与特色活动，掌握孩子的成长节奏与学习特性。这要求家长们不仅要成为旁观者，更要成为参与者，与学校携手合作，为孩子适应新环境铺设道路，甚至前瞻规划，为班级的成长与进步贡献智慧与力量。

家长们背景各异，其教育理念与育儿方法千差万别，从严厉教诲到过度呵护，从科学引导到自由放任，不一而足。在这样的背景下，班主任的角色显得尤为重要，把握住开学初期的黄金时段，对家长进行培训与指导，不仅能有效传递学校的核心理念，还能激发家长们的教育智慧，促使他们反思并优化自身的育儿策略，起到事半功倍、醍醐灌顶的效果。

以下是我在初一新生入学家长会上的演讲内容，希望对读者有帮助。

---

① “小升初”即学生由小学升入初中。

尊敬的各位家长：

在这明媚的晨曦中，我们汇聚一堂，共同迎接孩子们崭新的初中生活。我是你们的同行者，亦是你们的朋友，是一位怀揣教育热忱的教师，同时也是为人母的同路人。今天，我将从双重身份出发，与各位分享关于如何陪伴孩子从容度过“小升初”这一重要阶段的见解与心得。首先我要祝贺各位，您的孩子即将谱写人生的新篇章，成为初中生的一员。然而，这一转变并非坦途，许多孩子可能会面临适应的挑战。下面举几个案例，让我们一同探讨如何帮助他们平稳过渡，拥抱初中生活的无限可能。

（班主任这样开场，能够迅速与家长建立联系，并且唤起家长的共鸣与参与感）

案例1：小涵的晚自习“疼痛谜团”

去年开学季，一幕幕熟悉而又微妙的场景在校园中悄悄上演。一位班主任遇到了困难：那个眉宇间透着几分稚嫩与聪慧的小涵同学，一上晚自习就喊肚子痛。第一天晚上，班主任焦急地联络家长，小涵的父母心急如焚地赶到学校，满怀担忧地带着孩子前往医院，一番详细检查后，没有发现问题；第二天晚上，相似的情节再次上演，小涵又捂着肚子直喊痛，家长与班主任默契配合，再次送小涵就医，依旧没有发现问题；到了第三天晚上，小涵痛苦的神情与紧锁的眉头让人十分担心，但是家长的耐心似乎到了极限，不愿再重复前两天的奔波。

到底是什么原因，让这幼小的身躯遭受“疼痛”？

答案或许就隐藏在从小学到初中这一微妙的转变之中。对于孩子们来说，这不仅意味着学习环境的变化，更是生活习惯与心理状态的调整。小学期间，孩子们每天放学后迎着晚霞回家，作业之余仍然有充裕的自由时光。进入初中后，晚自习成了日常，他们在校的时间陡然增加，这让他们一时难以适应。再加上对新班级感到陌生，与新朋友尚未建立友谊，缺乏倾诉对象与情感寄托，他们内心的焦虑与孤独感油然而生。在这种心理压力的催化下，小涵的身体成为情绪的载体，就会导致明显的躯体不适。

（班主任向家长列举案例1，既强调了学生要面临的变化，又提醒家长注意孩子可能会出现的心理压力及身体反应，鼓励家长关注孩子的情感需求）

案例2：小畅的寄宿与迷失

初秋，校园内洋溢着新生入学的欢快氛围。小畅的妈妈是一位怀抱二宝、忙碌不已的年轻妈妈，听说学校为家庭住址较远的学生提供寄宿机会，她萌生出让小畅寄宿的想法。这样既能让小畅独立成长，又能为自己减轻照顾二宝的压力。于是，她决定让小畅寄宿，以为从此可以安心专注于二宝的成长，只需要通过班级群的信息掌握小畅的动态，期待在期中、期末考试时，小畅能收获满满。

然而，现实并未如她所愿。小畅原本在小学时成绩中规中矩，然而初中第一次期中考试就成绩下滑，期末考试更是跌至谷底。面对这一突如其来的变化，妈妈心急如焚，决定利用寒假让小畅进行密集的复习。遗憾的是，小畅缺乏良好的学习习惯与自信心的累积，单纯依靠复习难以奏效，结果自然不尽如人意。

一年半之后，小畅要面临生地会考（生物学和地理两门学科的会考）的挑战，妈妈的焦虑与日俱增。她深知，若不采取行动，孩子的未来可能因此受限，连高中大门都难以踏入。无奈之下，最终妈妈不得不为孩子申请休学，一场美好的教育愿景，竟以如此方式落幕。

（班主任列举案例2，对家长有警醒作用，提醒家长避免因疏忽而导致孩子迷失方向，指导家长教育规划应着眼于孩子的长远发展）

上述真实案例，揭示了一个残酷的事实：家长在孩子“小升初”这一关键时期，如果忽视了他们的身心过渡，未能及时伸出援手，帮助他们适应全新的初中生活，后果往往令人痛心。

放眼当下，社会上层出不穷的报道，家庭中频繁出现的教育难题，不禁让人深思：孩子为何对学习失去兴趣？为何拖延成性？为何沉迷于虚拟世界？为何与父母渐行渐远？为何情绪波动如此剧烈？为何选择离家出走？为何心理问题愈发普遍？

而这一切的源头，主要在于家庭教育，它关乎我们作为家长的自我成长与教育素养。如果我们能预见这些后果，从根源着手，就不会等到问题恶化才匆忙寻求解决之道。有些家长或许认为，自己孕育生命后便可自动晋升为合格的父母，拥有教育子女的天然权利。然而，生育只是本能，教育却是一门深奥的学问，一种精妙的艺术。从单纯的生养，到全面的养育，不仅仅是责任的加重，更是文化与智慧的传承。正是出于这样的考量，我站在这里，与各位家长进行深入的交流，共同探讨如何成为孩子成长道路上的明灯，照亮他们前行的路。

（班主任的这段话，既起到激发家长思考的作用，又强调了家庭教育的重要性，并鼓励家长自我提升）

首先，陪孩子从容面对“小升初”，要了解孩子从小学到初中会有什么变化，这样才能帮助孩子“软着陆”。

1. 心理方面的变化

从生活环境的变化来说：校园不同，老师不同，同学不同，要求不同。从学习方面的变化来看：时间更紧，课程更多，学习更难，课业更繁。无论从哪个方面看，这些变化都会影响孩子的心理。

（1）面对新环境，孩子容易出现浮躁不安的情绪。一方面是对新生活的憧憬和向往，另一方面是对陌生环境的恐惧、困惑、茫然、担心和害怕，两种情绪的交织可能会让孩子有情绪波动。家长需要接纳孩子的情绪，多倾听、善共情，温和且坚定地鼓励孩子。

（2）小学教育以鼓励和表扬为主，注重活动开展与个性发展；进入初中后，学业压力增加，面对多门学科与多种形式的考试，孩子容易情绪波动，畏惧考试。父母应帮助孩子形成对学习的科学认识，激发其对美好品格的追求，这样孩子才能在新环境下有更大进步。

（3）进入初中后，孩子对新的人际交往容易出现认识上的偏差。比如，孩子开始厌烦成人的管束，喜欢独立的人际交往，可能出现自私、不关心人、看别人笑话等行为，容易遇到交友不善、关系处理不当或遭遇孤立排挤等问题。家长应当多关注孩子的交友需求，柔性地向孩子渗透正确的择友观，教孩子与同学和善相处的方法。

2. 学习上的变化

从学习变化来看：和小学相比，初中的学习科目增多，课堂容量变大，知识难度提升，同时学习思维发生转换，需要更多方法护航，学习习惯被提到了更重要的位置。初中知识环环相扣，螺旋上升，链条一旦断裂，就会严重影响后续的学习。

从整个初中三年来看，初一的适应期也是习惯养成的关键期：虽然初一时学生之间看似相差不大，但到初二可能会出现两极分化，等到初三或许会有“天上地下”的差别。

我们都期盼孩子成绩优异，但大家知道影响孩子学习状态的因素有哪些吗？各位家长可以从这张思维导图（图4-1）中看到全貌，其中包含智力因素、非智力因素、学习风格、学习方法与学科漏洞等方面。我们对这些因素了然于胸，就能全面、科学、理性地关注孩子的学习。

在此，我希望各位父母在陪伴孩子面对“小升初”的过程中，让孩子感受到：一切变化都是正常的，问题和困惑都是可以解决的，一切挑战都会是新的机遇。同时，也请大家和老师们一起关注并帮助

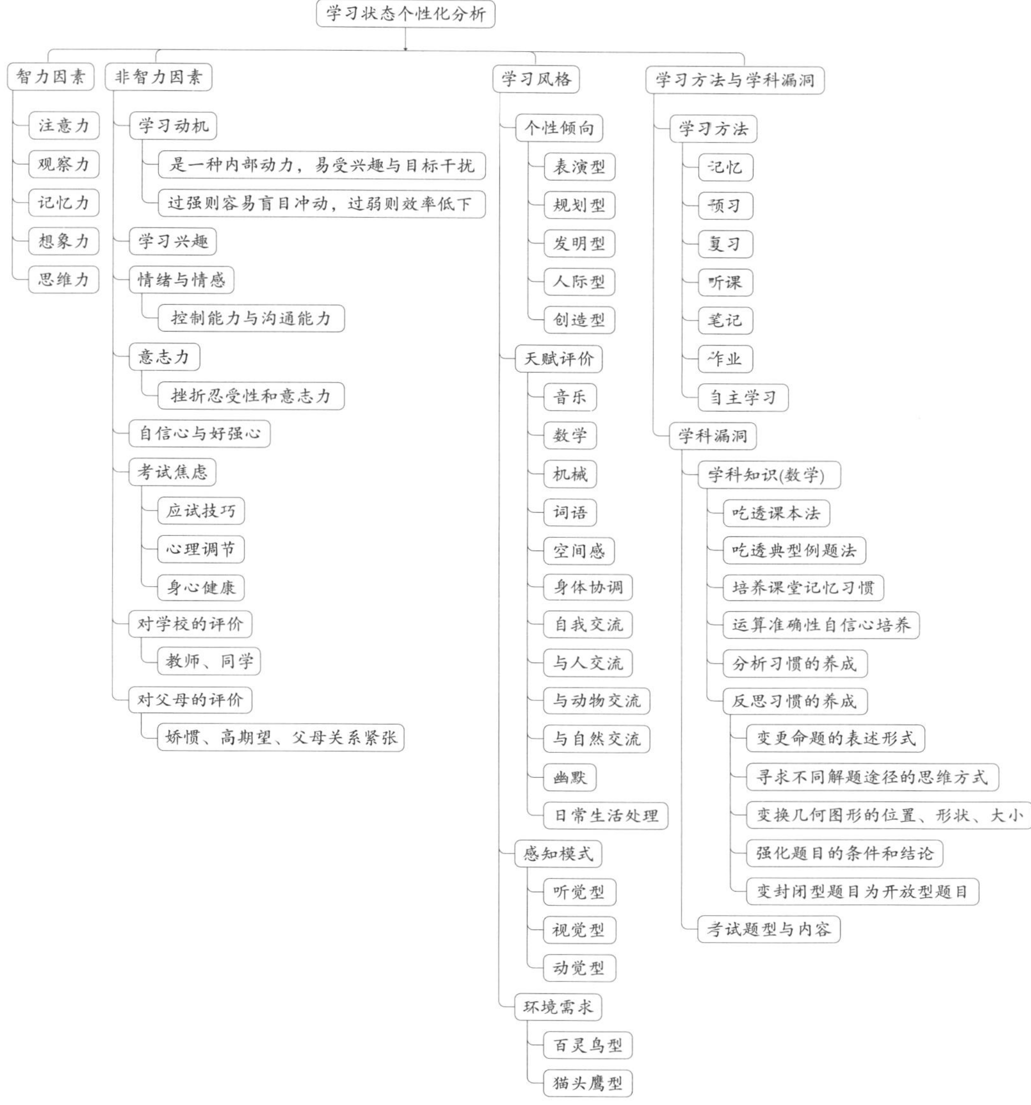

图4-1　影响学习状态的因素

孩子适应环境的变化，适应学习生活的变化，适应人际交往的变化。

其次，无论是“小升初”，还是其他时刻，都要理解孩子的需求，构建和谐的亲子关系。

案例3：老师的“魔法电话”

“老师，我孩子白天打球，晚上又出门，我多么希望他能把更多时间花在学习上。可是他不理解，赌气说我不是个称职的母亲。

只因我不让他玩，他就说些难听的话气我。我们做父母的，谁不希望子女有出息！老师，能不能麻烦您给他打个电话，也许他能听您的话，谢谢了！”

前几天，小瑞的母亲再次发来求助信息，让我拨通电话，督促她的孩子写作业。我理解，孩子多半不愿意接到这样的电话。不然，多年后，他们可能会在噩梦中惊醒：“快，起床，老师打电话催交作业了！”然而，我更希望这位母亲能深入思考：为什么父母的话语，孩子充耳不闻？老师的电话真的有如此神奇的效果吗？事实上，这份“魔法”并不是源于电话本身，而是来自老师与学生之间建立的深厚信任与良好关系。当学生感受到老师的理解与尊重，他们才会愿意倾听老师的建议。这种信任，源自老师用心去读懂每一个孩子的心，用爱去构建和谐的师生纽带。

在孩子的成长道路上，父母的话语同样重要。但如何让这话语变得有分量，值得每位家长深思。

不同类型的家长对孩子成长的影响各不相同。请大家对照下方文字思考：这里有哪些类型的家长？什么类型的家长能构建和谐的亲子关系，给孩子幸福完整的人生？

（1）官僚型家长。这类家长的特点是言行不一，他们可能要求孩子遵守严格的学习纪律和高标准，自己却沉溺于娱乐活动，如打麻将、上网等，缺乏自我约束。他们倾向于使用权威去指挥孩子，自己却不履行作为榜样的责任。所谓言传身教，变成了言教身怠。在这种家庭氛围下成长的孩子，容易出现两个极端：叛逆或是懦弱。

（2）包揽型家长。这类家长通常过度呵护孩子，包办孩子一切事务，看似是对孩子无微不至的关怀，实则使得孩子如同温室中的花朵，未经风雨洗礼。在这样的环境中成长的孩子，不仅难以掌握生活自理能力，更可能养成依赖性强、缺乏决断力的性格，未来步入社会时可能会遭遇难以逾越的障碍。

（3）袒护型家长。这类家长常常无条件地站在孩子这边，即使孩子犯错，他们也极力为其辩解，避免孩子承担任何后果。这种无原则的庇护，实际上是在向孩子传递一个危险的信号：规则是可以随意绕过的，责任是可以轻易推卸的。长此以往，孩子可能会形成以自我为中心的世界观，缺乏对他人的同理心和尊重，最终成为自私自利、不顾他人感受的个体。当他们步入社会，面对现实世界的严格规则和竞争压力时，这种缺乏社会适应能力和责任感的表现，往往会使他们遭遇重重困难。

（4）甩手型家长。这类家长常常将教育孩子的责任完全推卸给学校和教师，一句“我家孩子就听您的话，就交给您了”，看似是对教师的信任，实则是对自身教育职责的逃避。他们误以为只要孩子在学校听从老师的教导，家庭教育就可以搁置一旁。然而，他们忽略了教师的角色仅是阶段性的，主要负责教授知识和技能，而父母的教育责任却是终生的，需要在情感、道德、社会适应等多方面对孩子进行培养。

（5）错位型家长。这种类型的家长往往过分关注孩子的学习成绩，以致在辅导作业或讨论学习问题时，家庭氛围变得紧张甚至冲突频发，正如俗语所描述的：“不谈学习母慈子孝，一谈学习鸡飞狗跳。”这类家长对孩子的教育方式是错位的，过度聚焦于孩子的短期学业成绩，而忽视了长期习惯与品格的培养。

孩子最喜欢什么样的家长，孩子成长道路上最需要什么样的家长呢？我认为是塑造型的家长。一直以来，最打动我的是一部印度电影——《摔跤吧！爸爸》。爸爸辛格有能力，有梦想，有毅力，懂塑造，信任孩子；女儿吉塔有天分，能吃苦，争取命运的选择权，敬重父亲。在爸爸的精神滋养，技术指导与品格塑造下，吉塔最终为自己的国家赢得一枚金牌。

我们不一定能培养出世界冠军，但是我们可以学习辛格，发现孩子的天赋，淬炼孩子的意志，塑造孩子的品格，不断给孩子挑战人生的勇气与能量。

最后，希望家长能做孩子生命中的“教练”，和孩子共同成长。

孩子从小学升到初中的这一过渡期，不仅是他们个人成长的转折点，也是家长角色转变的关键时刻。随着孩子逐渐迈向独立，他们对父母的需求从物质和情感依赖转变为技能的传授和自我探索的鼓励。比如，孩子在幼儿园和小学阶段需要的是家长的保护和抚育，而现在他们需要的是掌握技能，以克服面临的困难。再比如，我们曾经事无巨细地掌控孩子生活的每一个细节，而现在则需要让他们为将来的独立奋斗做好准备。我们曾经只是期望他们健康茁壮地成长，而现在则期望他们能够自我管理和自由成长。家长的角色也从最初的守护者和提供者逐步转变为引导者和支持者，助力孩子为未来做好准备，从关注健康成长转为注重自我管理和独立思考。

家长对孩子的期待，经历了从基本的健康需求到更高层次的自我实现的演变。在这个过程中，家长自身也需要成长，以适应孩子发展的不同阶段。做家长也是有层次的，从低到高的六个层次依次是为孩子付出金钱、为孩子付出时间、思考教育目标、关注问题及原因、提升自我并言传身教、让孩子成为最好的自己。各位家长，您目前处于哪一个层次呢?

作为家长，最高境界是和孩子共同成长，成为孩子生命中的“教练”，帮助孩子成为最好的自己。

怎样当好孩子生命中的“教练”？如何帮助孩子从容面对“小升初”，让孩子有能力度过今后的每一个转折点？接下来，我们将在一段视频中分析这项技能：学习一种语言——亲子对话语言；传递一种力量——相信坚持的力量；提升一种能力——家庭教育能力。

请大家观看励志短片《永不放弃》中的“死亡爬行”片段，关注教练和布罗克的对话，并思考奇迹来自什么。

做到这些难吗？不难，因为它们并不需要多高的含金量，教练在这个过程中喊了13次“对了，就是这样”、15次“加油”、23次“别放弃”、3次“不要停”、48次“继续向前”。对，这就是正面激励、反馈、指引、相信和信念。

做到这些难吗？很难，因为我们可能经常对孩子说的是另一套语言——伤人与毁人的语言，比如“没用的家伙”“你怎么什么都做不好呢”“我再也不管你了，随你去吧”“你若考5个A，我就给你买一双新球鞋”等。

希望我们都能在对比中感受语言塑造人与摧毁人的力量，用好语言的力量，做孩子生命中的“教练”，帮助孩子成为更好的自己。

尊敬的家长们，你们是孩子生命旅途中最明亮的灯塔，是他们成长道路上最坚实的基石。若想窥见孩子未来的样子，不妨先在镜中凝视自己；若想评判自己作为家长是否称职，只需要静静观察孩子的每一个瞬间。因为，孩子是父母的缩影，是家庭氛围的直接反映，他们不仅继承了父母的基因，更承袭了父母的言行、习惯和价值观。

让我们携手孩子，踏上共同成长的奇妙旅程。在这个过程中，我们将一同面对“小升初”这一重要转折点，用坚强的意志作为前行的风帆，以开放的姿态迎接每一个挑战。最后，预祝所有的孩子在这段特别的旅程中，不仅能够顺利过渡，更能够在父母的引导下，培养出独立思考的能力，学会自我管理，懂得感恩与回馈，最终成长为有理想、有担当、有爱心的人。

共育抓手：
召开触及灵魂的家长会

班主任在教育体系中扮演着多重角色，不仅是学生学习的指导者，更是家校共育的桥梁和推动者。影响家长，促进家校共育，是班主任工作的重要组成部分，这不仅能够增强教育的连续性和一致性，还能为学生的全面发展提供更全面的支持。定期召开的家长会，正是实现这一目标的关键策略之一。

一个高质量的家长会，不仅是家校沟通的窗口，更是家校共育的催化剂，其背后是班主任与学校团队的精心策划与细致准备。一般情况下，一场高质量的家长会包括诸多环节：明确家长会的目的，确定家长会的形式，推敲家长会的流程，拟定家长会的发言内容，发布家长会通知或海报，做好会场布置和家长到会接待，召开家长会，做好家长会的活动记录，送走家长并适时做好家长会总结，向学生有选择性地通报家长会内容，有针对性地做好家长回访。

家长会作为家校共育的重要抓手，其层次和深度直接决定了会议的成效以及家长的参与热情。一场精心策划、内容丰富的家长会，不仅能传递学校的教育理念，展现学生的在校表现，还能激发家长的深度思考，促进家校之间的情感共鸣与理解。如果要将家长会分为三个层次，那么基础层次是完成家长会的各个流程，实现信息的传递与共享；进阶层次则是对家长进行家庭教育培训，提升家长的教育素养，使其更好地理解孩子的成长需求，掌握科学的教育方法；高阶层次则是触及家长灵魂，超越了信息传达和技能培训，致力于触及家长的内心，激发深层次的思考和情感共鸣。

触及灵魂的家长会，独特魅力在于它超越了传统的框架，直击教育的核心与家庭的本质。它应该有如下独特之处——

触及灵魂的家长会，真正价值在于它能够深刻影响家长，成为解决问题的智囊团，而非仅仅满足于形式上的存在。会议的目的是鼓励家长跳出固有的思维模式，共同探索教育的奥秘，为孩子的成长铺平道路，而不是简单地完成一次会议。会议应成为互动与思考的舞台，让家长不再是静默的旁观者，而是积极的参与者。

触及灵魂的家长会，应当灵活多变，根据学生不同阶段的需求和班级的实际情况，精心设计主题。它可以围绕家庭教育的普遍规律与理念展开，深入探讨亲子关系的建立与维护；也可以聚焦于青春期孩子的身心特点，助力他们在人生态度、性格塑造以及人际交往方面的能力培养。因此，家长会可以通过小组讨论、角色扮演、案例分析、问卷调查等多种方式，激发家长的主动思考，促进家长间的深度交流，让每个人都能够从中学到东西，把实用的教育策略带回家。

在青鸾三班，我曾这样召开家长会。

一、缘起：家校联系本上的教育风暴

一天，当我沉浸在处理家校联系本的日常工作中时，一行字迹跃入眼帘，那是学生小箫（化名）留下的笔墨：“幸好这次家长会，我预先给父母写了一封信，不然回家又要被捶，真是九死一生啊！”

被捶？他那略显夸张的描述，令我心头一紧。带着几分疑惑，我找到他，半信半疑地问道：“你在家经常被捶？”

只见他笑得灿烂，可那笑容在触及我的目光时，骤然僵在了脸上。

他尴尬地咳嗽两声，勉强挤出一句：“是的，只要我没有考好，等待我的就是一场暴风骤雨。”这一番话，让我心中五味杂陈。

还有一个学生，是一个瘦弱的小姑娘，她的课堂表现总让人感觉心不在焉，言语间透着胆怯。某次闲聊中，她向我倾诉：“在读小学时，因为成绩不好，我经常被父母狂轰滥炸，时间一长，我就对自己没有信心了，甚至连大声说话都不敢了。”她的声音虽轻，却重重敲打着我的心。

类似的故事，我在班上听到了不少。每当目睹这些孩子的身影，我的心便如坠深渊。家长们对成绩过分执着，往往在冲动之下，用责罚代替引导，最终造成孩子们难以愈合的创伤。

本应是朝气蓬勃、意气风发的年纪，却因父母不当的教育方式，使他们变得畏首畏尾、自我贬抑。每一个孩子的问题，都映照出家庭教育的偏差或缺失。家长会，正是我们渗透正确教育理念、改变家长对分数的狭隘认知、更新其教育观念的良机。通过家长会，我们能大大减少这种悲剧的发生频率，引导更多的孩子走向光明与幸福。

二、匠心：环环相扣的巧思妙想

在五月这个充满生机的季节里，期中考试的帷幕刚刚落下，我们便借由母亲节这缕温馨的春风，精心筹备了一场家长会，既总结前半个学期的学习成效，又让孩子与家长互诉衷肠，还让家长读懂孩子的行为特点与心理需求，避免以武力或语言暴力简单粗暴地对待孩子。我们的主题“做智慧型父母，助孩子跨越初二”，宛如一座桥梁，连接着校园与家庭，承载着对未来的美好憧憬。

这场家长会主要分两大板块。

第一个板块，我们以常规却不可或缺的环节开场，班主任提前剖析考情，解读数据，为家长们呈现孩子们学习的全景图。随后，学生代表将站上讲台，分享他们的心得体会与经过实践检验的学习秘诀，这定能为同学乃至家长带来启迪。紧接着，科任教师接力发言，深入浅出地介绍本阶段的教学重点与学生表现，让家长全面掌握孩子的学业动态。

然而，真正的高潮在第二个板块。我们精心设计了一系列触动人心的环节，引领家长从更广阔的视角审视孩子的成长。一开始，我们介绍班级助力学生成长的方法，那些寓教于乐的创新举措，定会让家长眼前一亮。接下来，我们展示学生入学近两年的变化与收获，引导家长超越分数的单一评价体系，去发现孩子身上那些更加珍贵的品质——创造力、责任感、团队精神等。最为感人的一幕，莫过于孩子们亲手准备的神秘礼物，这份心意不仅承载着对父母的感激，也是一份无声的邀请，邀请家长走进孩子的内心世界，倾听他们的真实想法与梦想。随之而来的，是家长们的真情流露，给孩子爱的回应……

三、序章：一举数得的精心布置

家长会召开前须做好如下准备：①小组台签（包含组名以及小组成员姓名）；②康乃馨；③学生写给家长的书信；④精心设计的问卷；⑤学生的学情诊断分析；⑥学生代表准备的发言材料；⑦科任教师准备的学科资料；⑧家长会幻灯片。

家长会开始前，小组长提前摆上小组成员共同设计的台签，并将康乃馨、书信以及问卷等物品摆放在自己桌上，等候家长的到来。

通常，在家长会的场景下，家长们往往根据座次表自行寻找位置，或由子女引导至指定的座位。这一过程虽然有效率，但往往导致家长之间缺乏交流的机会，直至会议结束，彼此间仍是熟悉的陌生人。然而，在我们的家长会中，我们巧妙地改变了这一现状，赋予了家长会更多的互动与联结。一踏入教室，映入眼帘的是精心布置的小组台签，家长只需一瞥，便能快速定位，无须再在众多席位中迷茫寻找。这不仅简化了入座流程，更在不经意间创造了一个独特的社交契机。通过小组台签的指引，家长们自然而然地聚集于同一区域，形成了一个暂时的“小社区”。这种设定鼓励了家长间的主动交流，打破了以往的沉默壁垒。家长们开始就孩子的学习、兴趣乃至家庭生活展开对话，这些看似随意的交谈，在无形中增进了家长间的了解与信任，为孩子们的小组合作打下了坚实的外部基础。这样的安排，核心在于两点：一是抓住机会，巧妙地利用小组台签作为媒介，增强了小组内部的凝聚力；二是构建一个开放而友好的家长社群，促进家长之间的直接交流。

四、领悟：学习之旅的心灵触动

在全体师生的共同努力与热切期盼下，青鸾三班的家长会如约拉开帷幕。

作为开场的引导者，我从综合能力、单科成绩、个人班级表现等多个维度，全面而公正地评价了学生。这不仅体现了对每个学生学业成就的认可，更传递出对孩子们个人特质与努力的赞赏，让家长会从一开始就充满了正能量与激励。紧接着，学生代表依次登场：瞿锐捷，这个数学学习的佼佼者，用他清晰的逻辑和独到的见解，向家长们阐述了数学学习中的关键技巧与心法；刘力果以其深厚的文学底蕴，分享了如何在语文学习中寻觅乐趣与灵感；肖静怡，英语学习的领航者，不仅讲述了自己如何在英语学习的道路上不断探索与突破，更深刻地探讨了学习习惯与自律的重要性，她的发言直击人心，赢得了家长们的热烈掌声与深深敬佩；阮可欣，物理世界的探索者，用平实的语言分享了自己如何在物理的奥秘中找到乐趣。

四个学生的精彩分享，不仅让家长们看到了孩子们在不同学科的独特风采，更让他们深刻体会到，成功的背后是坚持不懈的努力与正确的学习方法。尤其是肖静怡关于学习和习惯的深刻洞见，更是触动了在场每一个人的心弦——

我认为除了学习的方法，对待学习的态度与习惯也十分重要。然而，它们并非短期内可以轻易形成，而是需要长时间的培养与磨砺。

一方面，我们要明白学习的真正含义，明白来此学习的目的。我曾一度认为我应当为了学习而学习，直到今天，我才真正懂得我们的学习是为了生活——只有不断提高自己，才能在未来拥有选择的权利，拥有改变自己命运的能力。

另一方面，我们要明确自己的心愿与目标。在这三年中，我们除了攻克中考这一难关，是否还需要充满对未来的憧憬呢？是的，我明白了这一点，将目标与梦想融入日常的学习后，不仅能够保持积极的学习态度，在其他方面也会有自己独特的见解与愿景。

对于习惯的培养，它确实是一种无形却强大的力量，没有比它更“专制”的事物了。根据我的总结，我们应养成以下几个习惯：

（1）独立思考。结果固然重要，但我们独立思考的过程更加重要。正是这个过程，促使我们改变与成长。

（2）提高效率。最大限度地利用时间，便是节约时间。

（3）善于总结。定期回顾和总结，无论是成功还是失败，都能从中吸取经验或教训。

习惯是在习惯中养成的。当你习惯某种状态时，这种状态便会化为习惯影响我们的行为，甚至塑造我们的性格。以上几点，不仅是我在学习中应该做到的，更是我在生活中应该不断努力的方向。只有如此，方能不虚此行。

这是家长会第一个触及家长灵魂之处：学生代表以他们独特的视角，带领家长们一同探索学习的真谛，这让家长们全神贯注地思索起来，得以暂时跳出日常的忙碌，重新审视教育的深层意义。

五、启智：转换思维后的云淡风轻

那一年，全市的中考政策有所变化，特别是生物学和地理科目提前至六月考试的消息，无疑给学生和家长带来了不小的震动。这一变动，不仅考验着孩子们的适应能力和学习策略，也对家长们的心理承受力提出了挑战。

作为班级的引路人，我深知这次变革的意义，于是提前在班上做了充足的铺垫。学生们有各自的思考，随即将自己的独特见解记录在家校联系本上。等科任教师们对各自学科进行详细分析后，我选择在家长会展示孩子们的见解。

李欣恬写道："今天放学时，王老师讲了一句话，我十分感兴趣——把地理老师当作导游。后来我又思考了很多——如果这样，那生物老师不就是私人医生吗？那历史老师不就是带我们看《中国古代史》《中国近代史》《中国现代史》《世界史》四部"电影"的人吗？这样去想，你会发现老师好像不仅仅是老师，课堂变得更有趣味。"这样的比喻，让学科知识更加生动有趣，引发了家长们的共鸣。

张文瑾则表达了她对地理的热爱："领略祖国的大好河山，走遍祖国的每一寸土地，方为地理的真谛。每一节地理课，只要用心体会，便能感受'方圆千万里'的壮阔之势。无须用对老师的片面看法来决定你上课的态度，不妨把老师当成引导你走出‘迷宫’的导游吧。”她的文字，如同一缕清风，吹拂过家长的心田，让他们看到了学科背后的魅力。

肖静怡则引用《周易·系辞》中的古语“仰以观于天文，俯以察于地理”，强调了地理知识的重要性，指出它与我们的生活息息相关。她的引经据典，不仅展现了她的学识，也让家长们意识到学科知识的实用价值。

家长们目不转睛地看着屏幕，脸上流露出惊讶与赞赏。这是家长会第二个触及家长灵魂之处：学生对各学科知识的深刻见解，让家长们放下成见，看见学科知识的趣味与应用价值。这是家长会的一个高光时刻，也是孩子们智慧与思考的展现。

六、沉吟：时光轴上的灵魂追问

家长会进行至此，我步入了核心议题的探讨，开始详细介绍班级在过去两年中的探索与实践。我向家长们展示了如何利用心语本激发学生内驱力；如何借助心愿卡，帮助学生明确目标；如何通过个性化诊断分析，精准定位学生的学习微问题，实施靶向帮扶；如何通过培育良好的习惯，持续提升学生的学习效能，实现长效发展。

正当家长们沉浸在这一系列创新教育实践的介绍中，我适时抛出了触及灵魂的追问：学习的终极目标是什么？除了分数，我们还应该关注孩子的哪些方面？

一石激起千层浪，这些问题让在场的家长们陷入了深思。看到家长们不自觉皱起的眉头，我知道时机已经成熟。我将家长们的注意力引到屏幕上，展示了一条鲜红的时光轴。从2017年8月31日到2020年6月22日，这条轴线上标记着一次次考试的关键节点，而两侧的空白区域则寓意着孩子们成长过程中的无限可能与等待填充的空间。

接着，我让屏幕上的答案逐一浮现，伴以柔和的旁白：“这是孩子们的愿望，他们渴望友谊的温暖，追求信心的滋养，希冀勇气的加持，渴望胆识的锤炼。他们珍视好奇心，向往责任感，追求行动力，怀抱梦想，善于规划，渴望见识的拓展，懂得感恩的真谛……”

随后，一组鲜明的对比照片跃然于大屏幕之上，记录着孩子们从初入中学时的稚嫩孩童，到如今朝气蓬勃、充满自信的少年的转变。我深情地述说：“在这段不平凡的旅程中，我们共同创造班名、班训、班徽、班诗、班歌、班旗，并创办了独一无二的班刊，每一个日子都承载着我们共同的记忆，每一个孩子都散发着希望的光芒。”

我向家长们发出诚挚的呼唤：“尊敬的家长们，我们刚刚见证了孩子们的内心需求，聆听了他们的心声。相比分数，孩子的心灵成长、品格塑造、能力培养以及创造力的激发，才是更加宝贵的财富。让我们携手同行，共同助力他们实现愿望吧。”

家长们眼眶湿润，内心被深深触动。这是家长会第三个触及家长灵魂之处：它不仅是一次知识与信息的传递，更是一场心灵与情感的交融。

通过这一系列精心设计的环节，我成功地为孩子与家长搭建了一座心灵之桥，让家长们看到了比分数更重要的东西——那些能够影响孩子一生的品格、能力与创造力，以及他们内心深处最真挚的梦想与渴望。

七、礼赞：温润人心的神秘礼物

正当此刻，《云端的天使》的旋律轻轻飘荡在教室的每一个角落，为现场增添了几分温馨与宁静。前排家长一一起身，小心翼翼地从桌上拿起康乃馨和孩子们精心准备的书信（图4-2），逐一送到其他家长手中。教室里顿时弥漫着淡淡的花香与浓厚的情意，不一会儿，抽泣声此起彼伏，有的妈妈擦拭眼角的泪珠，有的爸爸低头沉思。

图4-2　学生写给家长的深情书信

我按捺不住内心的感动，拿出手机，捕捉下这感人至深的瞬间，记录下爱与亲情的流动。童梦洁的妈妈看见我靠近，脸上洋溢着幸福的笑容，她与我分享了女儿的祝福信件，那字里行间流露出的是母女之间深厚的情感与真挚的感激。

亲爱的妈妈：

母亲节即将到来，在此我想给您写一封信，来表达我想对您说的话。

2005年10月15日，我诞生了。我能感受到您当时内心的欣喜与激动，也能体会到您怀胎十月的不易与辛苦。我很感谢您带我来到这个美丽的世界，让我领略到了生活的美好和别样的风景。

时间真的过得很快，距我诞生已经过了快14年。在这14年里，您为我付出了许多，您倾尽了您的所有去呵护我成长。我只想说，我很幸运我的身旁有您。

我是一个内向的女孩，您总会提醒我要自信，要多和他人交流；每次放学回家，我总会看见有一桌丰富的晚餐，也会看见您在厨房忙碌的身影；记得上次我突发胃炎，您连续几天带着我在医院跑来跑去；还记得当我考试失利暗自难过时，您会悄悄来到我的房间，安慰我下次更努力就好；也记得……

妈妈，您为我做的一切我都知道，并会永远铭记于心。

最后，我想对您说："妈妈，您辛苦了，节日快乐，我爱您！"

您的女儿

2019年5月9日

随着信件的传阅，家长们的心灵受到了深深的触动，他们开始提笔，用文字回应孩子们的深情表白，同时认真填写问卷，反思自己的家庭教育理念与行为。这是家长会第四个触及家长灵魂之处：不仅让孩子们的真心话得以传达，也让家长们开始正视自己在家庭教育中的角色与责任，思考如何以更加充满智慧和爱心的方式，引导孩子健康成长。

八、洞见：问卷揭示的内心对话

随着康乃馨的淡雅香气在教室中悠悠弥漫，家长们被孩子们深情的书信所触动，眼眶中闪烁着晶莹的泪光，心灵深处的柔软被温柔地唤醒。

为了确保问卷调查的实效，我们巧妙地将信纸与问卷融为一体，让家长们在沉浸于孩子们真挚情感的同时，也能静心思考问卷中的每一个问题，完成一次次饱含深意的回答。

家长会的尾声，伴随着问卷的回收，这场心灵之旅即将圆满落幕。我们将55份问卷悉数录入电脑，开始了数据分析的过程，每一项结果都如同一盏明灯，照亮了我们对家庭教育的理解与探索。

问题1：学生的姓名是________。

这道简单的填空题，是连接每个家庭与学校的纽带，它代表着一个个独特而珍贵的存在。

问题2：您是孩子的________。

在统计中，我们发现61.82%的出席者是母亲，36.36%为父亲。这反映出即便在孩子成长的初中阶段，母亲仍在家庭教育中扮演着主导角色。然而我们深知，父亲的陪伴与引导对于正处于青春期的孩子来说同样至关重要，它不仅能帮助孩子建立规则感与边界感，更能促进诸如毅力、意志力、抗挫力等品质的培养。我们期待着更多的父亲能够参与孩子的成长，与妻子共同承担，不让任何一方孤单面对挑战。

问题3：您和孩子的母亲（父亲）关系怎么样？

问题4：您在孩子面前责备过孩子的母亲（父亲）吗？

我设计问题3与问题4，是希望引导家长反思家庭内部的关系质量。家庭教育中存在着一个不可忽视的定律：夫妻关系优先于亲子关系。和谐的夫妻关系能够为孩子营造一个充满爱与尊重的成长环境，而夫妻间的矛盾与冲突则可能在无形中对孩子产生负面影响，甚至影响他们日后的人际关系模式。

问题5：您家里有藏书吗？大概有多少册？

问题6：家里的藏书，您读过的多吗？您是否还记得主要内容？您和孩子讨论过书中的故事情节吗？

问题7：您埋怨过父母吗？您曾不讲缘由地责骂过孩子吗？您曾消极面对工作中的加班吗？

我设计问题5、6，通过询问家中藏书的数量与阅读习惯，旨在唤起家长对阅读的重视，使其感知阅读习惯对孩子成长的深远影响。一个热爱阅读的家庭，能够培养出热爱探索、积极向上、具有良好情绪控制力的孩子。父母的言行举止，无时无刻不在塑造着孩子的性格与价值观。我设计问题7，是希望家长思考自己与人相处的风格，感受自己情绪能量的高低，有所触动与改变。身教胜于言传，这是榜样的力量，也是血脉深处的呼唤。

问题8：您陪孩子去过哪些地方旅游？您和孩子一起拍过照吗？

问题8通过对家庭旅行展开询问，旨在引导家长思考亲子关系的紧密程度，以及孩子心灵的开放性和视野的开阔度。家庭旅行不仅能够增进亲子间的感情，还能让孩子在探索世界的过程中增长见识，培养独立思考的能力。

问题9：您每周有几天和孩子共进晚餐，和孩子一起愉快聊天？

问题10：您和孩子交流以什么话题居多？

问题9和问题10很重要，餐桌上的交流，被视为家庭教育的隐秘课堂，不仅指向用餐习惯的培养，更指向交流话题对孩子润物无声的影响。我希望家长关注自己与孩子共进晚餐的频率，以及交流的内容：经常谈论鸡毛蒜皮的小事，孩子多半视野狭窄；总是聊吃喝玩乐，孩子容易形成享乐思想；如果不时地谈及人生与梦想，孩子就会憧憬未来。高质量的餐桌对话，能够潜移默化地影响孩子的世界观，拓宽他们的视野，培养良好的社交技巧与价值观。

问题11：孩子的偶像是谁？

问题12：孩子的兴趣和爱好是什么？

问题13：孩子喜欢哪门学科？您是否知道原因？

问题14：您能说出孩子的几个好朋友？您知道孩子最喜欢和最讨厌的人和事情吗？

问题11至问题14询问孩子的偶像、兴趣、学科偏好以及交友情况，我希望家长深入了解孩子的个性、学习、交友、习性以及情绪波动的原因，促进家庭成员间的理解和尊重，为孩子提供全方位的支持与引导。

问题15：您如何看待“早恋”？

八年级学生处于青春期，生理的变化会荡漾起情感的涟漪。问题15旨在引导家长正视青春期情感教育，用理性与关爱帮助孩子理解并处理复杂的情感。

问题16：您最希望在家长会上获得哪些信息？

问题17：您希望家长会以什么形式召开？

问题18：您对班级工作有哪些建议？

最后三个问题，旨在寻求家长对家长会内容、形式的期望，以及对班级工作的建议，希望能凝聚家校智慧，形成教育合力，共建美好家园，把家长会开到家长心坎上，助力孩子幸福成长。

接着便是家长会第五个触及家长灵魂之处——问卷分析。这不仅是一次数据的汇总，更是一次深刻的心灵对话。我不仅让家长填写问卷，更通过细致的解读与分析，让每一位家长都能洞察问卷背后的深意，从而反思自己的教育方式，理解孩子的成长需求，共同为孩子的幸福成长铺设一条光明的道路。这场家长会以问卷为媒介，成功地触及了家长的灵魂深处，激发了他们对家庭教育的深思与行动，为家校合作的未来绘就了一幅更加美好的蓝图。

会后，家长的反响如春日暖阳，温暖而真切。

一位母亲深情地写道：“感谢王老师，昨天的家长会让我感触很深。一直以来，女儿有心里话也不跟我说，好几次她都说：‘我跟你沟通不了，你根本就不了解我的想法。王老师都可以理解，为什么你就不能理解呢？’我很着急，也很伤心，更有些不知所措。

孩子的爸爸批评我，让我与她心平气和地交流，不要用家长的语气去指责她。昨天的家长会，让我确信自己真的做错了。我真心感谢王老师，孩子们写信这一活动让我能听到女儿的心声，了解她的想法。我会努力改变自己，感恩孩子在青春期能遇到您这样的好老师。”

那个经常“被捶”的孩子收到了爸爸的回信：“亲爱的孩子，过去，我们做得不够好！2019年，将是全新的开始，爸爸承诺全力以赴支持你，成为你学习与成长的坚强后盾。爸爸会与王老师及各科老师进一步沟通，会和你一起学习、共同成长。”

触及灵魂的家长会，这朵开在家长心中的雪莲花，以其纯净与圣洁，洗涤着每一位参与者的心灵。虽然家长会的帷幕已经落下，但它激发的思考与行动，如同涓涓细流，汇成了家庭教育的浩瀚江河。我看见，越来越多的家长开始改变。我看见，那些曾经眼神迷茫的孩子，如今眼中闪烁着希望的光芒；那些曾被严厉管教束缚的孩子，身上的伤痕被微笑与自信所替代……

美好时光：

永不过时的家访

家访，这项历史悠久的教育传统，承载着教师对学生的深切关怀与责任，也是家校共育之桥的基石。即便身处数字化时代，信息的传递已如光速般迅疾，家访的独特魅力与深远意义依旧熠熠生辉。它不仅是对学生成长环境的一次实地考察，更是心灵沟通的珍贵时刻，教师得以亲身体验学生的生活背景，进而为每一个学子量身定制更为贴心的成长方案。

在当今这个被数据与屏幕紧密编织的信息时代，确实有人质疑:“传统的家访是否还能跟上效率至上的步伐？还有必要一一家访吗？”然而，正是在这样的背景下，家访这一教育传统不仅未被遗忘，反而在创新中焕发生机。一些富有创意的班主任，巧妙地将家访与社区互动相结合，让一个区域附近的家长都聚在某一个学生家里，在温馨的家庭环境中开展集体家访，去一家访多家，这种形式不仅节省了时间和资源，更促进了邻里间教育经验的共享。

如果只是为了向家长通报孩子在校的表现，确实无须劳师动众进行家访，电话、视频通话均能解决，省时且高效。然而，家访承载着深刻的教育意蕴，并非现代科技所能轻易替代。它不仅体现教师对学生真诚的关怀，还有利于教师与家长的心灵沟通，更让班主任能够身临其境，感受学生的成长环境。因此，在条件允许的情况下，尤其是新接一个班级时，班主任最好能将所有学生家访一遍，全面感受学生的家庭情况、生活环境和成长背景。

有一位班主任朋友去年接手了一个新班级，不承想，开学不到一个月，便遭遇了挑战。班上一名学生仿佛就是事故的制造器，三番五次扰乱课堂秩序，有一次竟然情绪失控地辱骂老师，且言辞十分激烈。面对这种情况，班主任无奈之下选择了直接请家长的办法。没想到这一举动再次点燃了学生心中强烈的怒火。得知家长即将来访时，该生竟然撒腿向教室外墙的栏杆处跑去，口中喃喃自语。就在那一瞬间，他抬起腿，准备跨过栏杆，仿佛要与这个世界永决。

班主任的心跳在那一刻几乎停止，她不顾一切地飞奔向前，用尽全身力气抓住学生，在同事们齐心协力的帮助下，终于将学生给抱了下来。事后，每当回忆起那处于生死边缘的瞬间，这位班主任就双腿发软，全身发颤，后怕不已。

如果班主任能先一步踏上家访之路，那扇通往学生内心世界的窗一定会向她敞开。在那个或许略显拥挤的居所里，班主任将亲眼见证一个少年的韧劲与辛酸，一个母亲的坚毅与无奈：父母离异，父亲身陷囹圄，无异于在孩子纯真的心灵上烙上深深的印迹。而孩子的母亲，孤身一人扛起了生活的重担与情感的负荷。起初，那位母亲还能耐心地教导儿子，试图在生活的重压下，为他守护一片心灵的净土。然而，随着岁月的流转，每当教师的电话响起，邀请她前往学校商讨儿子的种种问题时，那位母亲心中累积的压力与挫败感，逐渐侵蚀了她内心的平静。此后，只要这位母亲接到老师的电话，从学校回家后都会用衣架狠狠地“教育”孩子。

如果班主任能够踏入那个充满故事的家庭，就会知道自己的学生不仅学会了生存的技能，可以自己动手煮饭、洗衣，还成为母亲坚实的臂膀，默默地分担着家务的重负。班主任若洞悉了这一切，自然能对这个学生多一分理解与怜惜，处理事情也就能更加柔性和智慧。

总而言之，家访有着其他交流方式不可替代的效果——

家访更易于让学生放下心理包袱，体会来自班主任的真切关怀。学生往往会对班主任持有敬畏心和距离感，这很容易影响师生之间的交流。作为一名优秀的班主任，他决定去家访，并不是因为学生违纪，而是想全面了解学生，切身感受其成长环境；又或者是由于某些学生需要特别的关怀，比如生病在家休养、家中出现一些变故等。当班主任叩开学生的一扇扇家门时，学生感受到的是如春风拂面般的温馨、心与心紧紧相连的温情，这是电话和短信无法传递的温度。

家访有利于家长思考自己的家庭教育方式，促进家长与班主任之间的心灵沟通。一般来说，教师在家校沟通中占主导地位，他们或按部就班反馈学生的在校表现，或就事论事请家长来校配合处理事情，家长很难有机会完整地表达自己的家庭教育观念。当家长迎接班主任家访时，孩子居家的学习生活环境能折射出家庭教育的效果，家中熟悉轻松的氛围也能让家长畅所欲言。这种促膝而谈的心灵沟通能使班主任结合实情适切地给出中肯建议，让家长转换视角思考自己和孩子的交流方式，进而在情感上贴近老师，从心灵深处理解老师。离开家访，这样的效果显然很难达到。

家访有助于班主任跳出事务性工作，深化对教育的理解。班主任长期在学校忙于处理班级琐事，很容易困于其中而忽视学生的渴望，忽略教育的目的。通过家访，班主任能全方位了解学生的成长环境、家长的文化修养、家庭经济状况、家庭人文气氛，这将有助于班主任走进学生的心灵，进行学生研究，从而让教育真正做到“一把钥匙开一把锁”。

要想让家访取得良好效果，需要注意如下方面。

一、尊重家长意愿

班主任在家访前要与家长进行充分沟通，了解家长的顾虑与需求，之后再确定家访的时间、地点和方式，以便合理安排家访人员。例如，对于家庭条件较差或因夫妻离异等原因而不希望老师到访的家长，班主任可以选择其他地点或家访方式；再如，有的家长工作繁忙、时间紧张，班主任应事先预约，以方便家长的时间为准，一旦约定后就要风雨无阻。另外，如果有家长希望与科任教师交流，这时班主任便可以邀请相应的教师随行。家访时，班主任要充分了解家长的意愿，如果家长兴致勃勃，渴望畅叙，我们要耐心热情而不是蜻蜓点水；倘若家长有应付了事之意，我们则要适可而止。

二、做好充足准备

班主任家访前要做好充足准备，确保对被访学生的情况了如指掌。我每带一个班都会为学生建立信息手册，将每一名学生的资料收集、整理在内。每一次家访前，我都会找出家访学生的所有资料来查看——包括学生的自我评价、新学期规划、兴趣爱好、性格交友、作业情况、学习习惯、卫生纪律以及各科成绩等——然后据此拟定家访目标：对于不太合群的孩子，我希望通过家访了解其在家表现，寻找原因，并与家长共同商讨解决办法；对于成绩优异的孩子，我想了解家长的家庭教育方法，总结经验，与家长沟通避免拔苗助长；对于基础薄弱的孩子，我会带上一些资料展示给家长，帮助家长了解学习习惯的培养方法……

此外，我还会了解家长的情况，包括家长的职业、年龄、文化程度以及教育方式等，因为和不同家长交流的方法不同。对待文化程度较低且不够重视孩子成长的家长，要能一针见血地指出孩子身上的问题、在未来容易出现的现象，以理服人，以情动人，唤醒家长的责任意识。对待对孩子要求严厉且期望值较高的家长，要耐心倾听心声，介绍科学合理的方式，缓解其急切心态。对待溺爱孩子且不能正确认识孩子问题的家长，要多举事例，让家长从真实的事例中去感悟，从而认识到溺爱的危害，调整自己的教育方式。对待民主型的家长，要肯定、鼓励，强化家长的行为，让其持之以恒。

这样的家访才有针对性，家长也更能认可、信服。

三、态度真诚亲切

既然是家访，那就和在学校交流不一样，班主任切不可摆老师的架子，更不要让家访变成告状，一定要有真诚的态度、亲切的语言和平等的姿态，这样的沟通才能自然、顺畅和有效。

学生施瑾懿曾经在我家访后写了日记——

第一次家访

这是我从小到大第一次遇到老师家访，也是第一次体验家访！

我从小就认为老师来家访不是什么好事，现在才知道家访是老师了解学生的一种方法，并不是因为学生做了错事，老师来家中“告状”。其实，家访只不过是我们与老师心平气和地聊天罢了。

昨日，王老师来到我家，我们聊了学习情况，也谈到了行为习惯。如果想得到好评，我就要在各方面乖一点，不要光做表面功夫，只要我用心对待，还怕什么呢？顺其自然，以平常心面对家访就行了。

下面，我就来说说王老师的家访过程吧！

“丁零零……”

电话铃响了，我的心一提：会是谁呢？

“喂……”

一听这清脆悦耳的声音，我便知道是王老师来了，不由得紧张起来。

“咚咚咚……”

动听的高跟鞋与地面敲击的声音越来越近，我知道，王老师到了我家门前。很快，我听到了王老师甜美的声音，是妈妈在接待。

我想继续听下去，听她们俩到底谈论了些什么，可我不正在写作业吗？如果王老师进来看我，我没写完，该怎么办呀？对了，我应该用心写作业，不要听外面的动静，不都说了以平常心对待吗？

我一遍遍试着抚慰我那忐忑不安的心。正当我幻想着王老师在妈妈面前大力表扬我的情景时，一个温柔的声音传入我耳中：“瑾懿。”

我回头应道：“王老师！”

王老师摸了下我刚洗不久的头发：“你怎么头发没干就开始写作业了？这样对身体不好。”

“我知道你最近心情不太好，在上次考试中，虽然你的分数没有熊XX、陈X的分数高，但是你的字迹比他们工整多了，而且你做错的几道题都是可以避免的，所以不要有心理包袱！”王老师俯下身，笑眯眯地看着我的作业说道。

我本以为上次考砸了，老师对我的态度会有所改变，可是并没有，好像还亲切了不少呢！

在这之后，我惊奇地发现，在我写作业的同时，王老师和妈妈还拍了不少照片，谈了不少话。经过这次家访，我明白了老师对我的爱与关注的程度，还有妈妈的良苦用心。凡事要用平常心对待，家访也是如此！

施瑾懿的日记写出了一名学生在面对家访时的内心世界与心理

变化，从忐忑不安到镇定自若，再到感慨良多，这正是班主任的亲切与温和给她带来的安定。师生之间看似只有寥寥数语，但是朴实的语言中无处不在传递着老师对学生的关爱。

四、方式灵活多样

家访时交流的方式应灵活多样，可以是倾听式，也可以是访谈式；有时可以班主任一个人去，有时则可以邀请科任教师一同前往；根据学生的情况，还可以邀请学校德育专家一起去，或者带着自己的爱人和孩子一起去……

对内向的学生，班主任一个人去会给他安全感；对偏科较重或特别渴望与某科任教师交流的学生，我会邀请相关科任教师一同前往；还有的时候，我会带着爱人、孩子一起家访，一来是希望营造一种轻松的氛围，消除家长和学生的紧张感，二来是想以教师和家长的双重身份出现，以便两个家庭共同探讨教育问题。以上种种，都根据需要和时机而定。

有效的家访一定是心心相印的，班主任在家访之后可根据情况及时做好记录，同时不妨用文字或短信等方式回访，以了解家访的效果。例如，有的学生会写家访日记，还有的家长会有感而发进行回应。甚至结合家访的关键要点召开家庭会议。

学生李出帖曾在我家访后写下日记——

老师家访来了

我不是一个十分外向的女孩，甚至有点胆小。想到老师要来家访，我心里不由得感到害怕，害怕老师到我家后会批评我这次期中考试不理想……

星期天下午，王老师来家访了。在我们坐定后，老师询问起我开学以来的收获。我紧张极了，也许是我的思维一时找不到“服务器”，只好坐在凳子上，望着前方不出声。但是，王老师却详细地说出了我这两个月的收获与进步，这让我大吃一惊。王老师平时工作繁忙，竟将这些琐事记得这么清晰，若是我，我可做不到，只有感到惭愧。

当老师谈到班上竞选班干部方案时，前几天的念头又回到了我的脑海里。其实那天班会之前，我很想竞选班干部，因为我自认为班集体荣誉感较强，能带动同学们的积极性。可是当老师提到要竞选常务班长、学习班长、活动班长以及劳动班长等班干部时，我犹豫了。要竞选常务班长，我觉得自己没有太多的经验，怕不能胜任；要竞选学习班长，我的成绩不是很突出，也没有太多太好的学习经验；想试一试活动班长，我又发现自己没有一技之长……所以，我最后放弃了，现在想起来觉得挺后悔。因为做事应该积极主动，不仅竞选班干部是这样，学习也是如此。

王老师的这次家访给我带来了宝贵的学习方法，英语听力对我来说是一大障碍，每次在这儿扣分最多。王老师语重心长地对我说："学习英语讲究语境，只要有机会，随时都可以进行练习，比如在坐车时就可以背单词、练听力等。语文要多读好文章，积累摘抄有帮助，日记随笔很重要。数学要用好错题本，还可以将重点题型进行变式训练……"

一个多小时很快过去，王老师起身告辞。这时我却希望老师再多留一会儿，因为我发现家访一点儿都不像想象中那么可怕，相反，家访拉近了学生和老师之间的距离，让我的心情更轻松，还给我带来了宝贵的学习方法。

我希望老师再来我家家访！

2011年11月15日

出帖的妈妈也在我家访后给予深情反馈——

一树一获者，谷也；一树十获者，木也；一树百获者，人也。古今中外，对待下一代的教育，父母们不敢有丝毫懈怠。作为专门教育孩子的大课堂，学校更是积极开展各种活动，以促进家校共育。这不，我的孩子非常幸运地成为家访的对象之一。

对于老师的家访我是期待的，因为老师眼里的孩子和父母眼里的孩子是不一样的。老师看待孩子会更加客观全面。当孩子的班主任王丹凤老师带着春风般的笑容走进我家时，我们全家像过节一样高兴。

在我们坐定后，王老师问起孩子从小学踏入初中的这两个月里有什么收获。或许是激动，或许是这次期中考试成绩不理想（家访时间正好在期中考试之后），孩子只是咬了咬嘴唇，没出声。看到这里，王老师微笑着对孩子说："学习是有方法的，比如学英语，词汇量很重要。你们家到学校有点远，你可以将弊变为利，每天在爸爸送你上学、接你放学的途中就可以记英语单词，一趟记两个，一天四趟，一个月下来，就能积累不少词汇。"对于数学的学习，王老师开始支招："准备一个笔记本，除了记录错题，还可以选择一些代表性的习题，将其进行变化后再探索，考前借助它复习效果很好。"王老师的一席话，听得孩子不住地点头，心花怒放。

王老师既有充沛的精力，也有先进的教学理念，就连班干部选举也别出心裁，不仅为班干部颁发聘书，还规定聘期，让每一个学生都有公平竞争的机会，也帮助刚踏入初中门槛的孩子们树立起主人翁精神。在王老师的交流与鼓励中，我看到女儿急切的眼神，知道她有参加班干部竞选的念头，知女莫若母嘛。在学校读书，成绩固然重要，可其他方面也不能疏忽。从王老师的创新举措中，我似乎已经看到了七（6）班的同学们学习积极主动，成绩天天进步。

对于王丹凤老师，我的第一印象是年轻漂亮，教学能力怎么样，我实在是无法得知。可自从孩子上学这两个多月以来，孩子上早自习时，老师早已到达教室；放学时，她最后一个离开教室。军训后，孩子回来嘀咕：“陪我们军训的王老师由‘白美人’变成了‘黑美人’。”学校开运动会前，王老师和孩子们一起训练；运动会上，王老师一刻不停地陪在孩子们左右。下午上第一节课前，王老师在班上开展“名著朗读”，我女儿更是踊跃参加。孩子的数学试卷发下来，她计算出错的小细节都被王老师用红笔勾画了出来……这不长的两个月里，是孩子人生的又一个驿站。在这七十多天里，我看到了王老师内在的一面：热爱自己的教师职业，对自己的学生负责、有爱心。她不仅把教师这一职业演绎得淋漓尽致，更是用一颗伟大的母爱之心关心着孩子们。

管中窥豹，可见一斑。从王老师的这次家访中，我对学校有了更多的了解，对学校的老师们有了由衷的敬意。有这样的老师，家长怎能不放心？学校怎能不桃李满天下？民族怎能不兴？国家怎能不强大？

送走王老师，已是万家灯火通明时。我抬头仰望天空，明月高悬，我轻轻地舒了口气。对待孩子的教育问题，我不再困惑和彷徨，因为一路有这样的好老师相伴。

每次翻看学生和家长的家访反馈，我心中都会涌起无限感动，一段段美好的家访时光滋养了学生成长，也涤荡了我的心灵。家访中面对面坦诚真切的交流，给了我们共同的在场体验，为学生提供了私人定制的成长方案。家访让家校关系更加亲密，让家庭教育与学校教育形成最大合力。

温情陪伴：
假期送你21朵“玫瑰”

在世俗的眼光中，那娇艳欲滴的玫瑰，常被视为情侣间传情达意的使者。然而，在教育的园地里，假期里的21朵“玫瑰”却是师生间深情厚谊的见证，是老师对学生无限关爱的寄寓，亦是老师对家长作风潜移默化影响的体现。

相信大家都非常熟悉这样一种现象：在校期间，学生们在老师的悉心引导与同伴的鼓舞下，生活作息井然有序。可是，当寒暑假来临，原有的规则和习惯就消失殆尽，取而代之的是晨昏颠倒的慵懒。甚至，对于无数家长而言，寒暑假的到来意味着家中秩序在一夜之间被打破，平日里的宁静与和谐被“神兽出笼”的喧嚣所取代，甚至时常会满屋狼藉、一地鸡毛。

如何让学生过好假期，让假期时光既充实又愉悦，成了摆在班主任和家长眼前的重要课题。行为心理学揭示了习惯与理念形成的秘密：一个人的新的习惯或理念的形成至少需要21天。正是基于这一科学启示，我倾注满腔热忱，携手家长，共同为孩子们规划一段充满爱与智慧的快乐时光，我称之为“假期送你21朵‘玫瑰’。

一、挑战自我：你准备好了吗

2019年寒假，青鸾学子正值初二，我在班上深情地发出号召：

亲爱的同学们：

大家好！寒假来临，意味着大家的初中生活已经过半。今日微风拂面，阳光明媚，我心里生出许多感慨。自2017年8月31日开始，我们共同努力，组建了最暖心的青鸾三班。一间小小的教室，给予了我们家的归属感，承载着每一个人的喜怒哀乐。从心语本到每日自评，大家成长的轨迹清晰可见。倒计时牌上的数字一天天地变，同学们一点点地成长，恰如那句“青春正精彩，人生别样红”所言般朝气蓬勃。

师生一场，意味着美好相遇；师生一场，也意味着寒窗共勉。我希望，在一年半后你们离开我的臂弯时，都能拥有最好的习惯，长成自己喜欢的模样，做一只一飞冲天的青鸾，不负韶华，不负青春。

同学们，在剩下一年半的时间里，学习难度会加大，学习时间更紧凑。为磨砺自己的意志，养成良好的习惯，这个寒假让我们向自己发起挑战，用21天的时间来一场与自己的较量——每日打卡晒寒假，拒绝拖延换新颜！

许多学生摩拳擦掌，跃跃欲试。也有人表示不解：王老师这葫芦里卖的是什么药，不就是哄着学生打卡学习吗？

“哄”，不过是浮于表面的说辞；这个号召可是有智慧的“哄”，它能激发学生的内驱力，让学生明白学习是一种自我选择，能力提升是一种自我需求。既然这是每个学生与自己的较量，那就不能由老师包办代替。要想让每一个参与者都挑战成功，需要适当的合作与竞争。于是我让21名学生自由分成3个小队，孩子们有一定的管理经验，他们自己商量确定队长，拟定队名与小队宣言，再共同商定挑战规则。

1. 队名一起定

等到“21天挑战自我”活动启动时，各队纷纷亮相。

队长李雨儿神采奕奕地介绍道：“我们小队是‘一方通行’队，队员有李文麒、杨雯丽、肖静怡、刘力果、周一珇、张罗星，我们队名的寓意是——即使已经取得了良好的成绩，我们仍然要向更高的方向前进。”

队长陈雅新目光笃定地说：“我们是‘默言’队，队员有阮可欣、陈梦妮、张文瑾、冯泽亮、康慧雯、肖云嫣，我们会沉下心来，用自己的行动来证明实力。”

队长苏开宇的语气很坚定：“我们是Eternal victory（永恒胜利）队，队员有宋佳琦、严诗雨、瞿锐捷、秦浩文、郭润泽、李楚煜，希望我们与自己较量，都能赢得时间，取得永恒的胜利。”

2. 共商新规定

要想让活动既有挑战意义，又能让学生塑造自我，那就必须共同商定规则、制定标准。我开始启发学生：“如果想让自己挑战成功，同时又能达到挑战的目的，我们就需要思考早上怎样打卡才能让自己充满力量，晚上如何总结才有意义，这中间要怎么做才有助于我们战胜自己。”

通过对挑战活动前两天的观察，再经过反复思考与讨论，“21天挑战自我”活动规则终于出炉——

（1）早起打卡时间为7：00—9：00，挑战者们选择一句话激励自己，并且将自己的一日计划发在交流群里。

（2）挑战者们须在一天的学习与生活当中进行判断与追问：我此时在做什么？这是一天中最重要的事情吗？我的计划完成速度与质量如何？明天我要做出怎样的改进？

（3）晚上总结时间为20：00—23：00，挑战者们对自己当天计划的完成度进行总结，并适当添加体会与思考，可以邀请父母给予鼓励评价。

讨论是民主的体现，规则是智慧的结晶，这样制定的规则才有趣味和约束力。作为班主任，我负责在群里回应学生的早晚打卡情况，家长们在一旁全程关注孩子的表现，偶尔担任“群演”出镜。

二、全情投入：我永远在你身后

最初，部分学生的计划零碎杂乱，还有个别学生的安排不够合理。见状，我决定先打个样，拿起笔把自己一天的工作事项画成一张思维导图，附上一天的感受发在群里。

群里一下子热闹起来，大家开始七嘴八舌地讨论——

“老师的思维导图一目了然，我要学。”

“我知道有一个手机软件可以制作思维导图，我来试试看。”

“您今天的格言给了我很多启发，谢谢！”

“爸爸妈妈今天夸我啦，说我把时间安排得十分妥当！”

看到学生的这股子劲，我一个个跟踪点评，结合学生出现的各种现象指点迷津，并且把每个学生的打卡要点整理好，发在微信公众号上。

当有学生懈怠时，我会发出奥里森·斯韦特·马登的格言来激励他们——“习惯在养成之初就像一根看不见的细线，但是我们每重复一次习惯，这根线就会变得更粗壮一点，最终它会变成一条粗大的缆绳，把我们的思想和行为牢牢地拴在上面。”

当有学生实施计划不得要领时，我则会指导他们：明确目标可视化的意义，掌握时间管理的要诀，善用“ABCDE法则”[①]分清目标的主次。

---

① “ABCDE 法则”是一种时间管理法则，指将任务按照优先程度分为 A、B、C、D、E 五个等级。

亲爱的同学们：

大家好，今天是大家向自己发起挑战的第2天，昨天同学们的表现都非常好：组建团队—制订计划—及时总结—自主打卡。今天让我们优化方法，做得更好吧！

第一，每天早上的打卡一定要有自我激励，每一天的计划安排（要写上自己的名字）可以从画一张漂亮的思维导图开始，给自己一个愉悦的心情。

第二，在每一天里，大家要想象着有一双眼睛在盯着自己，在审视自己的时间管理，所以大家要及时地提醒自己，看有没有琐碎的事情影响自己的计划完成度。

第三，每天晚上的总结，不妨加上对完成度的评价，完成的同学可以加上一张自己的照片。

结合同学们昨天的总结，今天我要把《吃掉那只青蛙》一书中的一些观点告诉大家，帮助大家提高自己的时间管理能力——

人生一定要有梦想，因为它一定会实现。梦想再大也不嫌大，追梦的人再小也不嫌小。将每天的目标可视化可以激励自己不断向它靠近。

人生不在于做了多少事，而在于把重要的事情做到极致。每天挑出最重要的三件事情，花80%的时间和精力优先完成，然后花20%的时间和精力处理杂事，这就是能让我们的人生快速出成果的“二八法则”。

2019年1月26日

我收集、整理着学生们学习生活中的点点滴滴，并予以方法指引与情感激励，乐此不疲地编辑公众号文章直到深夜。学生看着自己坚持下来，士气日益高涨：一份份科学有效的计划，一句句生动深刻的反思，在群里如花儿般争相绽放。

为了让学生轻松赢得挑战，我把21天分成四个阶段：第一阶段——组建团队、完善制度，试运行；第二阶段——提供方法、给予指导，勤摸索；第三阶段——严格管控、优化流程，勇爬坡；第四阶段——塑造自我、挑战极限，求突破。

每个阶段都有其特点，我们需要准确把握学生的心理，将目标化整为零，分阶段进行个人与小组总结。

亲爱的同学们：

大家好，今天是我们向自己发起挑战的第4天，恭喜大家闯过了第1关。

体能训练可以强健肌肉，思维训练可以提高智力，时间管理训练可以优化习惯，祝贺你们，你们正在做“三效合一”的最有意义的事情。

如果把我们每天的日计划与日总结看作“点”，那么我们还需要有“线”的阶段性总结，这样有利于大家看到自己前进的轨迹，了解习惯养成的规律。当我们将每天的行为坚持下来，变成自己的习惯时，我们所坚持的就能形成“面”。倘若此习惯能使我们在学习与生活中受益，我们就拥有了自己人生的“加速器”。

2019年1月28日

亲爱的同学们：

大家好，今天是我们向自己发起挑战的第9天，恭喜大家成功闯过了第2关。

21天可能在弹指一挥间悄然而逝，一切如过眼云烟；21天也可能深刻隽永，酝酿生命的芬芳。

回望来路，9天前，大家参加“21天挑战自我”活动的兴奋劲儿历历在目；展望前方，十多天后，我们又将开始新的征程。经历过“21天挑战自我”活动，我们要以怎样的身姿伫立在新年的春风里？我们要用怎样的笑容迎接彼此？

很高兴，我听到了这样的声音——

李雨儿兴致勃勃地说：“不要把每天的计划当成无聊的任务来枯燥地做，要从中找到乐趣，每天对照着计划能找出不同点，自我改进，这才是‘21天挑战自我’活动的意义所在。”

刘力果深有感触地分享道：“不是什么事情都会按自己预定的路线发展的，所以我们要给自己留一点用来应变的空间，不要将计划制订得太细密，同时也要提高自己的随机应变能力。此外，计划做得好是一回事，实施得好又是另一回事，所以我要去做。”

肖静怡动力十足地表示：“制订计划只是第一步，重要的是实施。重要的是从行动的过程中获得前进的动力，是在与自己做斗争的过程中不断成长，是当你到达终点时，你仍能保持初学者的心态。”

很幸福，我看到了每个队的同学的收获。

2019年2月2日

进入第三阶段，情况发生逆转，孩子们不再需要我的激励和引导，一个个主动述说自己的闯关感悟，相互促进——

最近，一部根据小说改编的电影《流浪地球》上映了，影片讲述了太阳即将吞没地球，人类造出巨大的推进器，将地球强行“推”到大约4.2光年外的恒星附近，这一计划分为五个阶段。

我们班的“21天挑战自我”活动则分为四个阶段，它与“流浪地球”计划的相同点是，都会有人“牺牲”。“流浪地球”计划中的牺牲是为了全人类，而“21天挑战自我”活动则是一场“淘汰赛”，能坚持下来的也只有几个人而已。

每一阶段的转折点都是自己整装再发的机会，让我们能为下一阶段做好准备。

在语文阅读理解题的答题方面，我的答案渐渐符合题目要求，我在课外针对这一题型进行了系统学习，效果不错，接下来需要提高的便是学习效率。我希望在第21天时，自己能做到“阅读、效率两开花”。

数学的预习在往后推进，第三阶段的刷题计划也要开始实行了，我现在的重心主要在复习上。预习是规划道路，复习是修缮道路，我现在要有效刷题、循序渐进，才能往高处走。

英语阅读不再像以前那样一读就是一上午，我一整页不查字典也成为常态。口语还有许多语调的小漏洞，词汇掌握得不够。有了梦想不代表一劳永逸，要靠更多的努力来推动才行。

物理的力学部分，一上来就有许多概念，我很容易弄混。我认为，不要把所有的学习都交给学校，这时候要体现我们的自学能力，自行理解、自行提问，让考试不留遗憾。

这几天我对自己有点不满意，那就是对于回老家的时间安排不够妥当。我带了一堆东西（作业），实际用到的却很少，完全没有在心中提前规划。

21天筑梦，等于21天“流浪”。

一个人在任何时候都不要忘记自己的身份——流浪者。让我们以努力为发动机，向着梦想，开始自己的“流浪之旅”吧！

周一阳

2019年2月8日

三、持之以恒：你就是下一个奇迹

“21天挑战自我”活动像一场马拉松赛跑，学生们只要能掌握其呼吸与节奏，跟紧脚步，就能挑战成功。

活动期间，许多学生主动进行分析归纳，把自我总结分成学习进度、名言汇总、挑战收获、阶段对比、个人进步、整体感悟等几个部分（图4-3）。同时，有的队长也毫不吝惜地把赞赏的目光投向队员，每一句鼓励与肯定的话语都交相辉映、光芒四射。

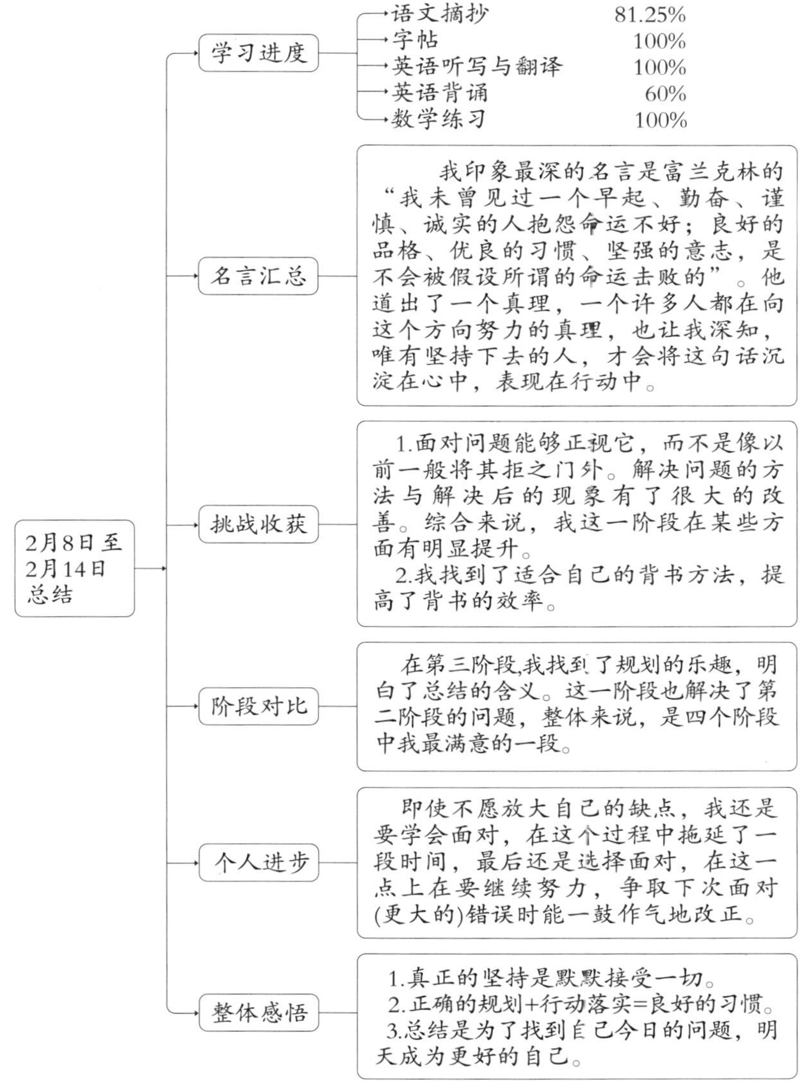

图4-3 肖静怡的假期自我总结图

“21天挑战自我”活动完美收官之际，每一个学生都进行了总结，讲述自己经受挑战的心路历程。

杨雯丽说：“其实，我在这次活动的中途很想放弃。既要阶段小总结，又要早起打卡，还要大总结，我心想真是麻烦。不过，看到老师对我们的期望与指引，看到家长鼓励的话语，我又重拾信心。这样一天一天坚持下来，尽管有不足，但是我打卡没有迟到过，这说明我成功了，我战胜了自己。”

宋佳琦写道：“初中阶段，我有幸遇到王老师，她带领我们一步一个脚印，踏踏实实却又无限精彩。参加了这次活动，妈妈再也不用担心我的习惯啦！”

瞿锐捷展望未来，激励同学：“今天是‘21天挑战自我’活动的最后一天，王老师的督促和同学们的努力历历在目，希望每个参加这项活动的同学都能够将自己的习惯保持下去，并让它成为自己生存的‘利器’。”

此外，郭润泽、刘力果、李雨儿等同学更是情不自禁，畅所欲言——

“21天挑战自我”活动今天圆满完成，回想这21天，我还真的收获了许多，每天都在一点一滴地进步。从最开始的茫然、赖床、敷衍、不按计划行事，到今天变得严谨自律，我感觉自己好像变了一个人。

过年期间，我把娱乐、学习、走亲戚做了合理安排，做到忙而不乱，效率也提高了不少，既增进了亲情，又有效完成了学习计划，更在娱乐过程中学到了不少知识。我会好好珍惜这次成果，将这些好习惯继续保持下去，今后学习起来一定会事半功倍！

在这个假期中，通过群里同学们的分享，以及老师的点拨与引导，我一天一天积累，一点一点进步，越往后面越觉得顺畅。

感谢王老师建这个群，并组织这项活动，感谢老师的陪伴和指引，感谢同学们的分享，让我们共同成长。这是我过得最充实、最有意义的一个假期。

——郭润泽

我本来以为自己坚持下来会很难。我在一开始就被赖床这个“魔鬼”纠缠着，毕竟在如此寒冷的大冬天，早起真的是一种折磨。我常常会想：再多睡一会儿……然后我就完全不想起来了，于是我发明了“掀被法”。

我曾看过这样一句话：“如果遇到恶魔，你无法抵抗，那你只能寻找更强大的恶魔来赶跑它。”于是，我利用寒冷来赶走“赖床”。“掀被法”也是需要下很大的决心的，因为天真的好冷，不过这正是在锻炼我的毅力。

想起计划开始的第一阶段，那时我按照计划完完全全、一丝不苟地执行，不完成挑战绝不下桌。那几天由于我没有给自己留午睡时间，于是老妈就总是唠叨：“儿啊，你睡会儿午觉吧，作业等会儿再写……”我就总是用“计划上没有午睡”来应答，想想我妈那无奈的表情，嘿嘿……

到了第二阶段，我学会了随机应变。因为要搬家，家里有很多要搬的东西，我自然要帮忙，所以计划常常会被打乱。因此，我给自己每两个计划之间留10～20分钟的间隔，以便利用这些时间来做其他的事，避免像刚开始时那样安排得那么满，做事过于仓促也不好。

第三阶段真的是考验我“抗诱惑力”的时候。过年嘛，自然要到处探亲，家里也要来客人，有客人自然就会有小朋友，我要控制住自己，不和他们放肆地玩。对于第三阶段的计划，我安排得很宽松，没有安排太多任务，毕竟安排了也完不成。

印象最深的就是我把自己关在房里做作业时，舅舅们使劲吐槽我："至于吗？大过年的就应该玩，还做什么作业……"这话我还是第一次听到，以前听到的都是催我写作业。不过我都计划好了，总不能不做吧，于是我对他们的话"点头应答，转头就忘"。

第四阶段是冲刺阶段，这一阶段真的是"压力山大"，一不留神就会前功尽弃。于是，我打起百分之两百的精神，争取打卡打得好，计划也完美完成。所以这几天我就在终点前的泥潭里拼命挣扎……

果然努力就有回报，这个活动给我带来的最大收获，不是red envelope（红包），而是良好的习惯和规划能力以及应变能力。我相信这次活动带给我的不仅是这些。

——刘力果

这次寒假时间很短，作业不算多，可以干很多别的事情。但是如果玩得过头了，把作业丢到一旁，"明日复明日"，堆到最后写，就"万事成蹉跎"了。再少的作业要在假期最后几天写也会觉得多，而且想想都觉得没有动力写。

而且，学习舞蹈一直是我的心愿，我在八年级上学期就打算学，可是一直没时间，拖到了寒假。还有48集的动画片、几十篇一直没空看的文章、几本要看的书……不做规划绝对会乱成一团。

因此，我决定一定要参加这个计划。在21天里，我用7天学了舞蹈，用9天看完动画片，作业也仔仔细细地做，效率很高。我也掌握了用思维导图做计划的技能，对思维导图的熟悉度更上一层楼，这个收获大概是对我影响最大的。

做什么事情都要先思考后计划，不然准会乱成一锅粥，忙不过来还容易烦躁。在这21天里，我才真的知道做计划的重要性，以后要规划好每天的任务，做一个遇事不慌不乱、有很强的管理能力的人。

——李雨儿

四、放下忧虑：我们一起迎接惊喜

“21天挑战自我”活动历时较长，山东临沂的温彦晨老师一直在全程关注，每个阶段都在微信公众号后台留言，并且及时将活动进展分享给自己的团队。活动收官后，温老师留言道——

21天，青鸾三班的学生完成了他们的自我挑战。在这21天里，我作为一名见证者见证了他们的精彩，王老师用自己的坚守收获了学生成长的欣喜。作为一名见证者，我最大的收获如下：

（1）孩子真的有能力解决自己成长中出现的问题。

（2）孩子们写的总结中，没有家长督促的痕迹。

做一名见证者真的好难，每天等待王老师在公众号推送活动记录的心情真的很焦虑。所以，作为家长，我们在孩子成长的过程中，能耐得住自己的心急和想要唠叨的冲动吗？

亲眼见证活动的还有挑战者们的家长，他们在关注、配合和领悟。其中，周一阳的妈妈思绪万千，提笔抒怀，一气呵成，忍不住在凌晨两点把书信发给我——

尊敬的王老师：

您好！

提笔，是想表达对您的感谢，但“感谢”二字远远不能表达我此刻的心情。

我看到孩子的第三阶段的总结，他自比为流浪者，令人惊喜而又诧异。我从未想过这个“21天挑战自我”活动能有如此大的效力，从启动开始，他一次又一次地刷新了我的认知。

以往放假，他每日必睡到9：00左右才起床，但从活动开始的第二天，这一习惯便彻底改变。刘力果同学的“揭被而起”帮了大忙，以后的每一天孩子都按计划执行。

套用您的话，他的计划实现了“从黑白电视到彩色电视”的转变，这是思维的转变。因为有了每日总结、反思，他开始自我管理，从起初执行计划时的应付转为如今的踏实认真。

记得去年春节回老家两天，他几乎有一天半都在玩手机游戏，手机不离手。因为看到您在“朋友圈”分享的果果在车上写作业的图片，他受到触动，才放下手机。今年不一样，在老家的五天里，他每天都会找一个时间段，寻一个安静的地方，去完成自己的计划，居然不需要我的唠叨与提醒。

看到其他同学全面系统的总结，他也开始整理自己的思路，这对于倔强如牛的他来说，何其不易，何其珍贵呀！

且不说孩子拥有这样的老师是幸福的，我们家长更是幸运的，因为有“21天挑战自我”活动，他开始用自己的眼睛去看，用自己的心去感受，用自己的小脑瓜去思考，用每一天去践行……这一切的一切，胜过千言万语的说教。

您把本该像其他老师一样外出旅游的假期奉献给了孩子们。这过去的十多天里，您每天早晚跟踪，耐心地引导，细致地点拨，日日整理、展示，如此大的工作量，却一天也不间断。每天群里只要有同学早上发出计划，您都会马上出现，发一句“早安”。这样的一份守候，何其温暖。每每看到您发出的“早安”两个字，我的眼前都会有些模糊，敬佩之情油然而生，这是一份多么厚重的爱啊！它纯洁、无私、绵长。为人父母者，在这份爱前也会汗颜：自己何曾如此有耐心、有章法、有恒心地为孩子付出？相反，自己对孩子更多的是苛责、抱怨……

这“21天挑战自我”活动带来的远不止这些，只恨自己表达能力有限，纵是心中有万千感慨，也是无从表达。

感谢您的辛苦付出！

2019年2月10日

“21天挑战自我”活动宛如21朵玫瑰散发着清香，又好似21颗星星在夜空中流转生辉。21朵“玫瑰”是一位教师对学生深切的爱，帮助学生塑造自我；21朵“玫瑰”是一位教师对家长潜移默化的影响，助其感悟家庭教育方法。

五、爱的旋律，引领我们勇往直前

2023年8月，金榜题名的时刻到来，原青鸾三班的孩子们一个个收到大学录取通知书。他们回望初中这段时光，感慨万千。

周一阳说：“高中真不缺勤奋的人，缺的是会思考的人。‘21天挑战自我’活动让我拥有了很好的规划能力，现在我做事情都能高效利用时间。”

李雨儿说：“‘21天挑战自我’活动确实让我受益匪浅，在当时让我们切身体会到任务完成的充实感和满足感，能充分利用时间完成该做的和想做的事情。如今回想起来，写计划，第一次用手机做思维导图，第一次自学跳舞，第一次写影评……这些事情仍历历在目。虽然我不敢说这21天后我的自制力立马就提升了或之后也能按规划办事，但是这段经历对我而言更多地起到了精神引导的作用——我初中时就能按规划完成我想做的事，那么现在即将进入大学的我也是可以的。我有野心，我想干好事情，我愿意去钻研，我就一定能办到。”

21天的陪伴温暖了岁月，21朵“玫瑰”惊艳了时光。我永远祝福你们，我的青鸾宝贝们！

搭建平台：
家校协同育人有新招

自《中华人民共和国家庭教育促进法》颁布以来，家庭教育的地位得到了前所未有的提升，由传统的“家事”范畴跃升至“国法”层面，这标志着国家层面对家庭教育的高度重视。紧随其后，教育部联合多部门出台的《关于健全学校家庭社会协同育人机制的意见》，进一步明确了学校、家庭、社会三方在协同育人中的角色与职责，强调了学校、家庭、社会三者间应形成有机联动，共同促进学生的全面发展。

学校作为教育的主阵地，承担着发挥协同育人主导作用的重任。班主任作为连接学校与家庭的关键纽带，更是协同育人机制中的重要推手。创新协同育人的形式，不仅能够增强学校、家庭、社会三者之间的互动与合作，还能有效提升教育效果，促进学生的健康成长。

在过去的两年中，我所在的长郡云龙实验学校通过设立“爱心与教育研究中心”这一平台，积极探索协同育人新模式。具体做法包括由德育部门牵头，由班主任发起，面向家长群体招募志愿者，组建“家庭教育促进共同体”（简称“共同体”），通过系列化的研讨活动，如专题讲座、经验分享、案例分析等形式，引导家长更新教育观念，拓宽育儿思路，提升家庭教育能力，从而构建起家校协同育人的良性循环。

一、燃梦聚英，共绘宏图

当前，随着《中华人民共和国家庭教育促进法》的落地生根，各级政府正积极响应，组织建立家庭教育指导服务的专业队伍，并自上而下地开展系统培训与指导。与此同时，学校层面也在积极行动，通过开设家长学校、定期举办家长会和主题讲座等形式，横向铺设家庭教育指导网络，促进家校之间的沟通与合作，共同为学生的成长提供有力支持。

家庭教育的推进不应仅仅依靠自上而下的指导，更需要激发自下而上的内生动力，即家长自身对优质家庭教育的渴求与追求。随着孩子的学习进程不断发展，家长的需求也在不断演变，他们渴望获得与孩子成长阶段相匹配的指导，以更好地应对孩子成长中的各种挑战。每一位家长都曾是孩子，每一个孩子都将成长为未来的家长，这种身份的轮回，构成了家庭教育中最为生动的能量场，蕴含着无限的可能性与创造力。

在此背景下，我发出邀请，召集“共同体”成员：如果您正在为孩子成长道路上的荆棘而忧心忡忡，如果您期望在陪伴孩子成长的过程中不断自我提升，那么，请您勇敢地迈出这一步，欢迎您填写申请表（表4-1），加入“家庭教育促进共同体”。

表4-1 “家庭教育促进共同体”申请表

<table>
<tr><td>姓名</td><td></td><td>性别</td><td></td><td>出生年月</td><td></td><td>职业</td><td></td></tr>
<tr><td>学历</td><td></td><td>联系电话</td><td></td><td>QQ号</td><td></td><td>微信号</td><td></td></tr>
<tr><td colspan="4">家庭结构（家庭人数、家庭模式）</td><td colspan="4"></td></tr>
<tr><td colspan="4">孩子所在班级，孩子的性格特点，孩子由父母带大还是由祖辈带大</td><td colspan="4"></td></tr>
</table>

（续表）

您是否参加过家庭教育课程或家庭教育培训活动	
请简要叙述您和爱人的性格特点	
请简要描述您家庭中的亲子关系	
您在家庭教育中遇到的困惑有哪些（最好能举例说明）	
您加入“家庭教育促进共同体”的原因是什么	
您希望在哪些方面得到提升	
您希望以什么样的方式参与研究活动（家长沙龙、家长学校、共读共研……）	

要想家校协同育人实现最佳效果，就要把研讨活动办到家长心坎上，最首要的是通过调研了解家长需求。申请表中的问题能反映家长对孩子的了解程度，引导家长了解影响孩子成长的因素，明晰提升自身家庭教育能力的方向与方法。

二、凝思汇智，析理究源

“共同体”的首批成员共计50位家长，他们有着不同的背景，拥有各异的经历，但一个共同的目标将他们紧紧凝聚在一起，那就是为孩子营造一个更加和谐、健康、充满爱的成长环境。通过对申请表进行统计分析，我们发现，尽管大多数家长并未系统参与过家庭教育的专业学习，且仅有几位家长曾接触过正面管教、亲子关系、教练技术等领域，或是通过书籍、讲座、网络资源等渠道涉猎过家庭教育的相关知识，但他们都怀揣着相同的困惑与渴望，渴望在孩子的成长道路上找到正确的方向与方法。

从对50位家长的申请表进行统计分析可知，家长们的困惑涉及孩子的行为习惯、学习问题、品格培养、沟通交流以及情绪控制等方面。

值得一提的是，小学生家长们的困惑尤为突出，他们的问题覆盖了孩子行为习惯的培养、学习方法的探索、品格塑造的挑战、有效沟通的技巧以及情绪管理的策略等多元领域。我将这些困惑细分为五大方面，希望为家长们提供一个清晰的指导框架，帮助他们更好地应对挑战，促进孩子的全面发展。

1. 行为习惯

①如何应对孩子的任性与执拗，引导他们学会自我约束？②面对孩子的懒散与起床困难，如何激发他们的积极性与自律性？③孩子做事拖拉，如何培养他们的效率意识与时间管理能力？④孩子注意力分散，怎样帮助他们集中精力，提高专注力？⑤孩子表达方式不当，如何教会他们更加文明、有效的沟通方式？⑥当孩子对大人的呼唤不予回应时，如何改善亲子间的沟通质量？⑦面对孩子的攻击性行为，如何引导他们学会和平相处与自我调节？⑧当孩子表现出叛逆倾向时，如何以智慧与爱心构建正面的亲子关系？

2. 学习方面

①在孩子学习的过程中，家长的角色定位是什么？何时陪伴，何时放手？②针对孩子学习效率低下的问题，如何制订合理的计划，激发孩子的内在动力？③怎样引导孩子从被动学习转向主动探索，培养终身学习的习惯？④如何在日常生活中，潜移默化地培养孩子的自主学习能力？⑤在陪伴孩子写作业的过程中，怎样做到既支持又不干预过度？⑥如何为孩子的未来规划奠定坚实的基础，引导他们迈向理想的人生？

3. 品格培养

①如何帮助孩子建立自信心，让他们敢于面对挑战，拥抱未知？②怎样提升孩子的抗挫折能力，培养他们坚韧不拔的意志品质？③如何鼓励孩子勇于表达，提高他们的社交能力和胆量？④面对孩子的消极态度，如何激发他们的积极性与进取心？

4. 交流沟通

①当孩子与他人产生矛盾时，如何引导，促进问题的和平解决？②在兄弟姐妹间的争执中，如何公平对待，培养他们的团结与互助精神？③如何改善父母与子女之间的沟通，增进理解，减少代沟？④面对家庭内部教育观念的分歧，如何寻求共识，营造和谐的家庭氛围？

5. 情绪控制

①如何缓解家长对成绩的过分焦虑，营造轻松愉快的学习氛围？②辅导孩子作业时，如何控制情绪，避免负面情绪影响孩子的学习体验？

中学生家长在育儿过程中常常面临多种多样的挑战，每一道难题都考验着家庭的智慧与和谐，主要表现在如下方面。

1. 行为习惯

①如何设定合理的手机使用规则，引导孩子健康地利用科技资源？②怎样平衡娱乐与学习，防止孩子过度依赖电子产品，陷入虚拟世界？③孩子早起困难，如何帮助孩子培养早睡早起的好习惯？④怎样教育孩子识别任务的重要性和紧急程度，学会合理安排时间？⑤在孩子的叛逆阶段，如何保持沟通渠道畅通，给予正确的指导和支持？

2. 学习方面

①面对孩子作业中的马虎，有哪些策略能提高其细心度？②如

何帮助孩子克服拖延，提高学习效率？③如何避免过分强调学业成绩，平衡孩子在德智体美劳各方面的全面发展？④如何帮助孩子适应新环境，缓解心理压力，顺利度过学习生涯的转折点？⑤在繁重的学习任务下，如何帮助孩子找到有效的压力释放方法？

3. 品格培养

①孩子面对失败易受打击，怎样设计情境，增强其心理韧性？②如何激发孩子的内在动力，培养良好的自我管理能力？

4. 交流沟通

①当孩子不愿分享学习上的困扰时，如何建立信任，鼓励其敞开心扉？②辅导作业时总会遇到沟通障碍，如何调整方法，增进亲子间的理解与合作？③在多子女家庭中，如何确保每个孩子感受到平等的爱与关注？④如何让大宝成为弟弟妹妹的榜样，让几个孩子共同形成良好的生活习惯？⑤家庭成员教育理念不一时，怎样协调立场，形成一致的育儿方针？

5. 情绪控制

①时间有限、精力不足的家长如何有效管理自己的情绪，保持耐心？②如何敏感地处理青少年的情绪变化，避免冲突，增进理解？

三、群策群力，同舟共济

家庭教育面临的问题虽有共性，但每个孩子都有其独特的个性。家长在解决孩子成长过程中的诸多问题时，不能只是单向地接受答案和建议，更要通过各种途径来学习提升和实践改进，从而找到适合自己孩子的最佳方案。

为此，我们商定“共同体”的研讨活动将围绕理论学习、问题解决和经验交流三个方面展开，理念、方法与技巧的研习能帮助家长全面提升。

理论学习小组以“阅读提升”为主，家长需要选定书籍，包括家庭教育观念建立、家庭教育方法学习和家庭教育理论基础三个类别，如《爱和自由》《做最好的家长》《好妈妈胜过好老师》《教育的100种可能》《家庭教育的捷径：以心养心》《正面管教》《园丁与木匠》《非暴力沟通》《给一年级家长的建议》《解码青春期》《儿童心理学》《发展心理学》等。问题解决小组将家长普遍困惑的问题进行汇总，合理安排并定期研讨。经验交流小组则在家长群里邀请优秀家长进行分享，“共同体”中的不少家长在育儿方面有大量的成功经验，家长之间的经验交流往往更有说服力。

每名成员可根据自己的情况选择加入理论学习小组、问题解决小组、经验交流小组中的任意一个小组，参与策划研讨活动，三个小组的研讨主题交替进行，所有成员均参加。

四、轮值策划，协同并进

在众人的期待中，首次研讨活动如约而至。副校长陈瑛在致辞中阐述了“家庭教育促进共同体”成立的深远意义，强调了家校共育在孩子成长过程中的关键作用。家长代表金泽妈妈讲述了自己作为父母加入“共同体”的心情，她的言语质朴而真诚，触动了在场每一位家长的心弦。特邀嘉宾苏丹丹与黄友霞两位老师在高校工作，她们对当前高校学生的学习和生活状态比较了解。她们从高等教育的角度，站在教育的出口，阐述了家庭教育对于孩子未来发展的深远影响。心理学硕士李婷婷老师以专业视角，讲述了她参与活动的感悟，提醒家长在家庭教育中应该多注重孩子的情感需求。

我将50位家长的困惑、提升方向以及研修方式等信息汇总，并制作成幻灯片来展示，为全体成员勾勒出“共同体”研究的广阔图景。这份翔实的资料，不仅让家长们对“共同体”的使命有了更清晰的认识，也为后续的研讨活动提供了丰富的参考。

研讨活动隆重且深刻，家长们一个个都表现出热切的期盼。

金泽妈妈惊喜地说：“望子成龙，盼女成凤，是天下父母的心愿。我从怀孕起就开始研读家庭教育方面的书籍，作为两个孩子的妈妈，我一直在不断学习和改进教育方法。学校成立‘家庭教育促进共同体’，我有幸成为其中一员，格外开心。我之前一直是独自摸着石头过河，现在终于找到了志趣相投的群体，有了共同的目标，期盼今后与大家一起探讨，一起学习，共同进步！”

丝丝妈妈动情地表达心声：“我以前接触过一些家庭教育方面的知识，但这次‘家庭教育促进共同体’的成立，让我看到学校对家校协同育人更高的认知和站位。无论是国家层面还是家长的迫切需求，这都是一件大好事。我们的团队有深耕教育的王丹凤主任，还有主修心理学的李婷婷老师，更有高校后援力量的强大支持。这真是一段非常与众不同的学习旅程。我们家长现在的学习不只是为了孩子，也是为了自己，育儿同时也是育己。让我们一起成为爱自己、爱孩子、爱身边人的有爱大团体。”

接下来，一期期研讨活动如约而至，如春风拂面般抚慰着家长的心。

10月23日第二期活动，主题为“启迪智慧：培养孩子卓越的学习习惯”。在这个专题研讨中，我们深入探讨如何帮助孩子塑造自律高效的学习模式，分享有效的时间管理策略，并讨论如何激发孩子的学习兴趣，让每一次学习都成为一次愉快的探索之旅。

10月30日第三期活动，主题为“书香盈室：共读成长指南”。本期活动精选《爱和自由》《给一年级家长的建议》《做最好的家长》三部经典著作，邀请家长们选择一本深入阅读，共同探讨书中的育儿智慧，让文字成为连接家长心灵的桥梁。

11月12日第四期活动，主题为“智慧共享：携手共进，见证成长”。本期活动鼓励家长分享亲身经历，通过成功案例的交流，相互借鉴育儿技巧，学习如何在陪伴孩子成长的旅程中保持智慧与耐心，共同书写成长的篇章。

11月21日第五期活动，主题为“屏息静思：让家里鸡飞狗跳的真是手机吗？”。本期活动聚焦现代家庭面临的过度使用电子产品问题，探讨如何在数字时代中设定健康界限，维护家庭和谐，让科技成为孩子成长的助力而非阻力。

11月27日第六期活动，主题为“解码青春：理解与引导青春期”。本期活动通过阅读《解码青春期》与其他相关书籍，让家长们获得解读青少年心理的钥匙，学习如何与处于青春期的孩子建立有效沟通，成为他们成长路上的贴心伙伴。

12月4日第七期活动，主题为“内驱力觉醒：点燃孩子的学习激情”。本期活动专注于激发孩子的内在学习动力，家长们将分享和学习如何培养孩子的自主学习能力。

……

每次活动前夕，小组长们便早早行动，提前一周发布研讨任务，精心设计研讨环节，及时整理精华内容，然后分享到班级家长群，帮助班内家长朋友提升家庭教育能力，或者发布到学校微信公众号以覆盖全校家长。

五、恒心致远，次第花开

“家庭教育促进共同体”的研讨活动扎实有效，其影响力如同涟漪一般，从中心向外扩散，逐渐扩大着它的覆盖范围。在这个过程中，一批批富有远见的班主任率先行动起来：小学班主任彭晶以其前瞻性的视角，巧妙地调动起家长这一宝贵的资源，建立了班级家长学习小组，为家长们搭建了一个交流与学习的平台。在这个平台上，家长们热情高涨，争相分享自己的家庭教育心得与实践案例。一个学期的时间里，小组研讨活动定期举行，研讨记录累计达十万字，这座知识宝库不仅丰富了家长们的教育方式，更为孩子们的成长带来了实质性的改变。初中班主任王艳飞则通过组织家长阅读《教育的100种可能》，为家长们打开了一扇窗，让他们得以窥见教育的无限可能。家长们逐渐放下了心中的焦虑，开始以更加开放的心态面对教育的挑战，学会了从多元的角度思考问题，为孩子们的成长营造了更加宽松与包容的环境。小学班主任胡玮则别出心裁，定期邀请家长走进课堂，这一举措不仅拓宽了学生的知识面，更为家校合作开辟了新的路径。

经过一个学期的不懈耕耘与精心培育，“共同体”的成效逐渐显现，不同学部、不同年级的家长也被“共同体”的活力与成效所吸引，纷纷通过本班的班主任表达加入的愿望。

研讨案例：让家里鸡飞狗跳的真是手机吗?

【研讨主题】如何让孩子合理使用电子产品并控制使用时间

【研讨时间】11月21日 晚上19：00～21：00

【研讨形式】在微信群内集中交流

【主持人】宁宁妈妈

【研讨过程】

“共同体”成员先在群里就以下几个问题进行了讨论：①孩子每天需要使用电子产品吗？②一般使用多长时间？③使用的目的是什么？④在孩子使用电子产品的时候，您会全程陪伴在身边吗？⑤如果放任孩子使用电子产品，可能会产生什么不良后果？⑥您觉得怎样安排孩子使用电子产品比较合理？

“孩子玩游戏上瘾”“学生电子产品不离手”一直是家长焦

虑、教师担忧的问题，甚至达到了谈网络色变的程度。让家里鸡飞狗跳的真的是手机等电子产品吗？不同年级和家庭环境的学生对电子产品的使用情况区别很大。为了帮助更多有同样困扰的家长，我带领“共同体”成员设计了问卷，并在全校范围内进行大面积的问卷调查。

本次问卷调查共收到4142份有效反馈，其中有34.21%来自小学生，16.85%来自初中生，36.36%来自小学生家长，12.5%来自初中生家长（图4-4）。

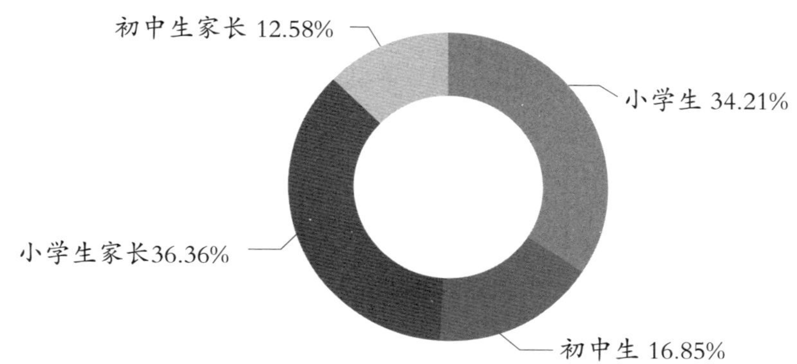

图4-4　各类受调对象的占比情况

参与问卷调查的学生与家长分别来自一年级到九年级，分布情况为：520人来自一年级，788人来自二年级，516人来自三年级，488人来自四年级，358人来自五年级，272人来自六年级，513人来自七年级，497人来自八年级，190人来自九年级（图4-5）。

为了解学生使用手机等电子产品的时间段、时长、用途与收获，我们设计了如下问题。

1.学生一般在什么时间使用手机或电脑等电子产品？（单选题）

选择“仅周末使用”的人最多，占比为40%；选择“从周一到周

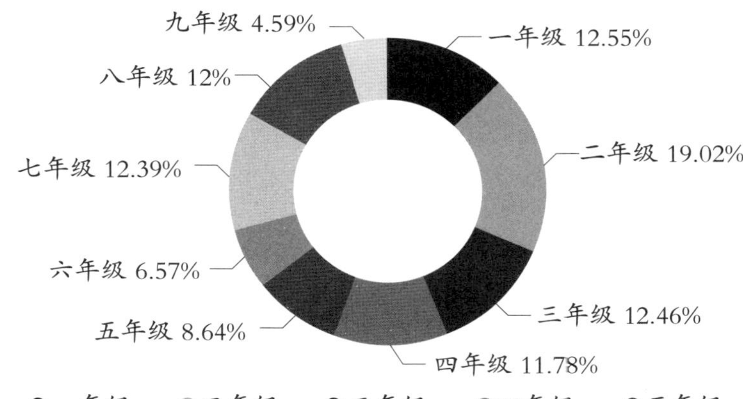

图4-5 受调学生、家长的年级分布

日，都有可能会使用”的人数排第二，占比为35.42%；选择“从周一到周日，每天都会使用”的人数次之，占比为15.36%；选择“目前没有使用”的最少，占比为9.22%。由此可见，90%以上的学生在生活中都离不开手机等电子产品，这已经成为一种日常（图4-6）。

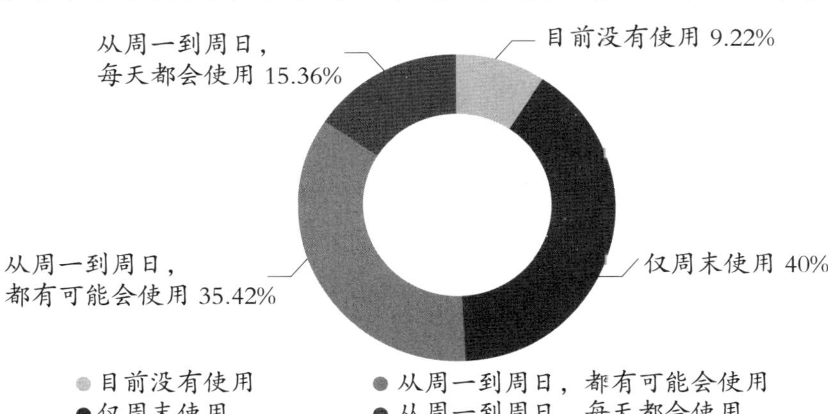

图4-6 受调学生使用电子产品的时段

2. 一般情况下，学生每次使用手机或电脑等电子产品的时间多长？（单选题）

最让家长揪心的是孩子使用电子产品的时长，不少家长觉得自家孩子玩起手机来就没有节制，恨不得将孩子玩游戏的时间以秒来计，严格控制孩子玩游戏的时间。

在每次使用时长的选择中，选“30分钟以内”的人数最多，占比为43.19%；选择“1小时左右”的次之，占比为33.03%；选择“1～2小时”的占比为15.02%；选择“3～4小时”的占比为4.83%；选择“4小时以上”的占比为3.93%（图4-7）。令人高兴的是，90%以上的参与者每次使用手机等电子产品的时间控制在2小时以内。当然，我们既要关注这90%的学生的变化趋势，更要深入了解使用电子产品时长超过2小时的原因。

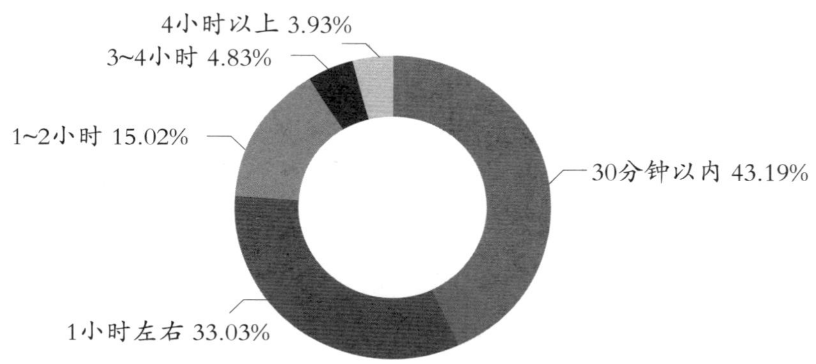

图4-7 受调学生每次使用电子产品的时长

3. 一般情况下，学生使用手机或电脑等电子产品的主要用途是什么？（多选题）

这个问题是关键，我们可以从中了解学生的需要，也能让教师和家长掌握孩子使用电子产品的真实情况。为此，我们将其设置为一道多选题，并且尽可能多地列出选项。

出人意料的是，高居榜首的是“完成作业”，占比为68.03%；其次是“听课学习”，占比为58.47%。学生需要使用手机拍照上传作业或进行打卡，尤其是在有多科作业出现的情况下，学生的使用时长势必增加。

除此之外，学生一般会使用手机等电子产品看视频、玩游戏、听音乐、搜题和打电话，占比依次为36.82%、27.60%、23.20%、23.06%和21.32%。选择刷抖音、聊天、浏览网页的占比均在20%以下。以上数据展示了手机在学生学习与生活中的主要功能（图4-8）。

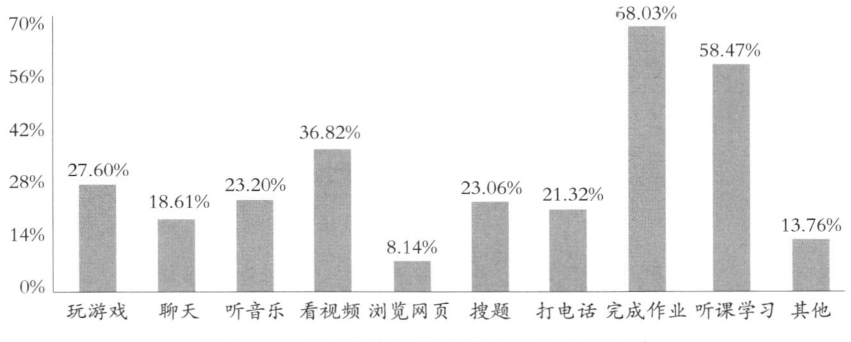

图4-8 受调学生使用电子产品的主要用途

4. 在孩子使用手机或电脑等电子产品时，您会全程陪伴吗？（单选题）

有63.81%的家长表示，不会在孩子使用手机时陪在旁边（图4-9）。

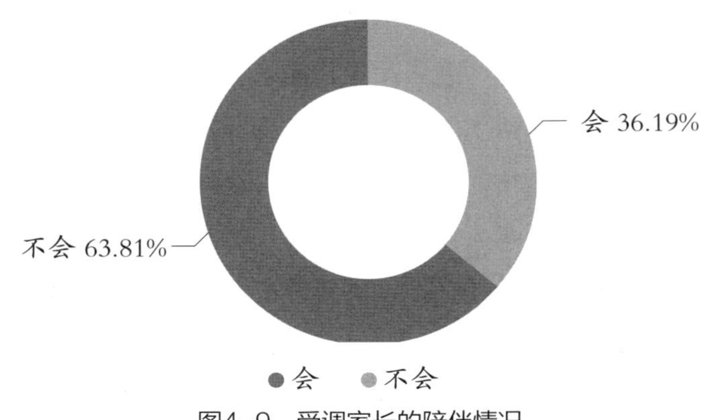

图4-9 受调家长的陪伴情况

5. 学生在使用手机或电脑等电子产品时能获得什么？这些东西还有其他方式可以获得吗？（问答题）

一年级的反馈如下：一般用手机或电脑来唱歌、跳舞、画画、认字、学英语、玩游戏、练口语、看电视、听故事、了解科学、拍动画片、完成作业、听音乐、做手工实验、找手抄报模板、参加网课培训、上围棋课、了解各种网络用词、搜索不懂的问题、查看老师发布的作业、了解网络热点信息……由此可见，一年级学生大多用手机等电子产品来学习各种知识或技能，并从中收获乐趣。也有个别家长表示，孩子是用电子产品来打发时间。有34名家长表示孩子从中不能获得任何东西，尽量不让孩子接触手机。

二年级的反馈如下：一般用手机或电脑来画画、阅读、跳舞、做手工、听故事、下围棋、查阅资料、上编程课、练口语、做科学实验、了解新词汇与新信息、掌握玩具的玩法、适当学习一些课外知识、查看老师布置的非书面作业、和远方亲人在线交流……这些活动能满足学生的好奇心，帮助他们解压和放松，使其感觉快乐、愉悦。约40人回答“不能获得什么”，不到70人回答“获得知识”，还有个别人反馈“不太清楚，就是想看手机”。

“可以和游戏伙伴互动，玩游戏可以反映孩子的智商，玩游戏时可以交朋友。”这样的真实反馈让我们了解到，孩子喜欢的不是游戏，而是游戏带给他的友情和自豪感。

在三年级的反馈中，关键词有好玩、快乐、近视、听故事、看视频、科普知识、时事新闻、放松心情、和家人视频通话、跟同学聊天……有个别反馈提到“可以提升游戏的等级，而且还可以领取很多奖励”“孩子回复，什么都得不到，但就想玩”。可见，随着年龄的增加，开始有学生被手机等电子产品“绑架”，而且喜欢上了游戏奖励所带来的刺激与快乐（有23人提到游戏）。同时，有30

人回复“无收获”，有149人回答“用来学习各类知识”，其中包括少量的搜题与查资料。由以上信息可知，三年级是一个小小的分水岭，如果家长能帮助孩子养成合理使用手机的习惯，或者控制使用手机的时间，那么孩子就能较好地运用这一工具，反之则可能会开始沉迷其中。

七年级的反馈如下：一般用手机等电子产品来画画、聊天、听歌、阅读、配音、听课、打游戏、看视频、做美食、搜答案、看小说、买东西……学生们表示，不懂的都可以用手机上网查询，还会用它来放松和释放压力，使用过程中会觉得快乐或轻松，并能获得满足感与成就感。45人回复“无法获得什么”，或者“不知道能获得什么”。有71人使用手机来玩游戏，并表示可以从中获得快乐。有170人表示，他们可以通过手机获得知识或查找资料、查收作业。值得关注的是，虽然参与调查的三年级与七年级学生人数相近，但是用手机玩游戏的人数从23人增加到71人，增加了约2倍，这一变化需要重视。

九年级的反馈如下：一般用手机等电子产品来上网课、对答案、做作业、玩游戏、听音乐、看视频、查找资料、接收班级信息、查收作业、作业打卡、消磨时间、丰富知识、开展“青年大学习”、进行网上拓展学习、了解不同方向的解题思路……此外，他们还表示在这个过程中能缓解紧张的情绪，能获得现实中得不到的满足感与好奇心。甚至有人回复称可获得“一周以来难以获得的轻松”和“一定时间的自由”。有一位家长反馈孩子通过手机可以获得“一个独属自己的小世界，一段无须伪装的时间”。还有一位家长则表示：“一部手机足以毁掉一个孩子。强烈要求取消所有网上打卡作业，强烈建议取消一切形式的线上打卡作业！”

以上信息令人深思：倘若孩子有属于自己的小世界，一个不用伪装的地方，还需要到虚拟空间中去寻找吗？（图4-10）

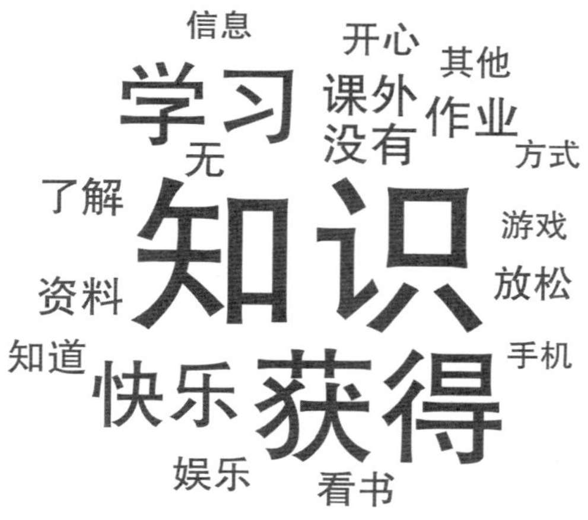

图4-10　受调学生使用电子产品的收获

6. 学生在使用手机或电脑等电子产品时，造成过什么影响？（问答题）

有723人表示暂时未受到影响，占比约为17.46%；有2031人表示视力受到影响，占比约为49.03%。此外，家长和学生还列举了多种负面影响，如熬夜、依赖手机、不爱思考、不爱运动、不爱学习、不愿意睡觉、不肯归还手机、不求上进、不肯写作业、不愿意出门、不能自我约束、不愿意阅读书籍、不停模仿视频中的行为、脾气变大、懒惰、专注力下降、成绩下降、反应变迟钝、自控力减弱、时间观念淡薄、体育和室外活动减少、对其他事物失去兴趣和动力以及容易接触不健康内容而对孩子的价值观产生不良影响等。由此可见，手机等电子产品一方面带给学生丰富的信息，让学生感觉轻松、愉悦，有满足感，另一方面也给孩子带来了诸多负面影响。

7. 您认为怎样使用手机等电子产品才合适呢？（问答题）

有550个学生或家长态度很坚定：儿童自制力较弱，最好不要使用手机等电子产品，非必要不使用，并且希望老师不要布置需要使用手机完成的作业！

其余参与者给出了许多建议，我整理如下——

（1）希望开设相关课程，培养孩子对网络的正确认知，让孩子了解手机的功能。

（2）控制使用的时间：①根据需求，列出合理的时间规划；②只在周末使用，且每次使用要有时间限制。

（3）商定奖惩制度，用自己的积分兑换手机使用时间，或者将其作为表现优秀的奖励。

（4）孩子在大人的陪同下使用，最好是父母和孩子一起查阅资料、探讨问题，或者开启青少年模式，规定浏览的内容。

（5）使用手机时注意姿势，保持与屏幕的距离，少低头，以免影响颈椎。

（6）使用手机之后做眼保健操，眺望远方，或看看绿植。

（7）削弱手机的功能，可以用电脑或其他产品代替。

8. 作为家长（孩子），对于使用手机或电脑等电子产品，你有什么话想对孩子（家长）说？（问答题）

接下来，请看孩子的心声——

（1）爸爸妈妈，我觉得你们不应该把碎片时间用来玩电子产品，可以多运动，或做一些有意义的事情。

（2）请您不要管那么严，我也只是听一下音乐，查一下资料，既然您觉得我在玩手机，请您回家后自己关掉手机，为我们做好榜样。

（3）手机其实是一个不错的科学发明，不然也不会应用得如此广泛。它不像你们想的那样坏，也没有多好，不然你们怎么会自己天天玩，却要管制我们。

（4）我不希望每一次成绩下降或者我们沟通出现问题时，您就指认是手机的问题。手机有可能是成绩下降的原因之一，但不能什么都是手机的错。

（5）电子产品使我们的生活更加便利，但我们要提高媒介素养，学会“信息节食”，做一名负责任的网络参与者。

（6）我会适当地使用手机，不当“网瘾少年”，也会在周末等空余时间选择出门来放松，而不是一味地在电子产品上消磨时间。

（7）信息时代，手机和电脑不仅给我们的生活带来了很多的便捷，还让我们可以借助电子产品获取各种丰富的知识，但我们作为小学生，应合理使用电子产品。

家长则对孩子有这些心里话——

（1）手机作为现代社会最必不可少的物品之一，完全拒绝孩子使用手机几乎是不可能的。合理使用手机有利于拓宽孩子的眼界，但电子产品恰恰是最容易上瘾和沉迷的，应严格控制使用时间和浏览内容。

（2）希望我家小朋友能合理自主地安排时间，妈妈规定时间，一是为了保护孩子的眼睛，二是希望孩子做一个诚实守信的人，时间到了就要自主放下平板电脑，不要总让妈妈去提醒。

（3）孩子，电脑能让你接触到外面丰富多彩的世界，无论是虚幻的还是科技的，大人们都喜欢，更不用说小孩了！但是，孩子，你要正确地对待电子产品，电子产品可以教你很多知识和技能，但网络上也有一些不好的信息，请你一定要学会识别，取其精华，去其糟粕！

（4）孩子的自控力不行，学校总是用手机来打卡交作业，这样导致孩子有很多时间用手机，家长又不可能时刻守着监督，必然容易导致孩子用手机看视频、微信聊天等，进而沉迷手机。过早地接触网络，对孩子的学习和生活都有严重影响，请学校减少此类做法。

（5）如果学校要求网上学习，希望孩子自主学习后能够主动放下手机，做点家务或适当玩耍，也可以做些自己喜欢的有意义的事情，或者发展自己的兴趣爱好，让自己的时间充实起来。我们家长也要做好亲子互动，防止孩子把时间全放在手机或电脑上。

一次家长视角的研讨转变为包含学生的问卷调查后，家长不再只进行单方面的控制和管理，而开始与孩子心意相通，彼此多了一份理解与反思。同时，问卷调查的结果也让所有成员清晰地看到孩子从一年级到九年级对电子产品的需求差异与使用变化，家长们最初的困惑也迎刃而解。

最后，参与研讨的家长们探讨了一个重要的问题：除了孩子们必须使用手机的情况，他们在使用手机时获得的开心、快乐、缓解压力、满足感、成就感、个人空间和知识渠道等，是否可以通过更多方式获得?

问卷反馈中流露出的真实心声，不仅触动了家长们的情感共鸣，更激发了他们对科学育儿理念的深刻认同。这种基于实证与共享经验的研讨方式，以其严谨与实效性赢得了家长们的一致好评。通过这次研讨，不少家长恍然大悟：过去那种对孩子使用手机的漫不经心的态度，虽然曾让自己暂时享受到轻松与自由，但长此以往，必将让孩子付出高昂的代价。

此次研讨的价值不仅在于知识与技巧的传授，更在于它激发了家长们内心的转变，教会了他们在数字时代中与孩子共同成长，构建和谐共生的亲子关系。家长们学会了倾听孩子的心声，理解他们的需求，开始与之携手探索未知的世界，愿意共同面对挑战，享受成长的喜悦。这份领悟与实践，是家庭教育中最为宝贵的财富，引领着家庭成员共同书写属于自己的幸福篇章。

后　记

今日大雪，窗外阳光显得格外明媚。

我校对完书稿，心情也随之轻松了起来，因为久悬于心的大事终于完成了。于我而言，撰写《幸福教室的密码：一位优秀班主任的行走与思考》书稿的过程很艰难，但意义非凡。

从接到陈冰彬编辑的邀约到完成书稿，我用了将近一年时间。

为了给读者呈现最具有实操意义的班级管理方法和最动人心的教育故事，我无数次在岁月长廊中穿行，不停甄选着二十年来与学生相处的珍贵点滴。无论是昔日的青涩稚嫩，还是如今的淡定从容，只要我怀着一颗赤诚之心面对学生，就会生出许多巧思妙招。回首过往，有那么多片段让我依然热泪盈眶，有那么多场景让我久久不敢忘记。

2013年7月，我幸运地加入了爱心与教育研究会这样一个纯粹而优秀的学习组织。在李镇西老师的倡导和引领下，在小伙伴们的相互鼓励中，我渐渐养成了“四个不停”（不停地实践、不停地思考、不停地阅读、不停地写作）的好习惯，我也因此得以时常记录教室里发生的故事，时常撰写一些教学案例和教育随笔。

前十五年，我在湖北省荆州市东方红中学工作，曾经与涅槃六班的学生共写班刊《成长的足迹》《青春的印迹》，与青鸾三班的学生和家长一起编印班刊《青鸾花季》，与晨曦三班的学生一起进行课堂教学研究，留存了大量的宝贵资料。最近五年，我来到湖南省株洲市长郡云龙实验学校，除承担正常的教学任务外，还负责学校爱心与教育研究中心的管理工作，主持了湖南省第二届基础教育教学改革研究项目“中小学爱心教育的实践研究”（项目编号：Y2024271），有机会深入进行德育研究，对于班级管理有了更加系统的思考。

对我来说，湖北荆州与湖南株洲是两个截然不同的工作环境，而这两种不同的环境和身份更好地丰富了我对于教育的理解。

撰写书稿的过程是辛苦的，同时也是幸福的，甚至让我有了一种“蝶变”的欣喜。这段时间，我每天除了完成正常的教学工作，便沉浸在自己的班级故事里，整理文稿、甄选素材、修改文辞、完善细节，每一个环节都力争尽善尽美。要将这些零碎的教育随笔整理出来并不容易，因为我在当班主任的过程中使用的许多方法，都是自己当时凭直觉而快速做出的反应或采取的行动。

为了让读者更清晰地看到幸福教室的建构过程，我从现有的认知出发，重回当时的场景，将自己从当时的情感状态中抽离出来，从班主任工作的专业视角对其进行理性分析与总结，再将自我情感与学生需求融合进去。我希望读者既能感受到幸福教室里的温度与趣味，又能领会到教育的要义与班级管理的方法。我希望呈现给读者的内容从情感与价值、思维和理论等各个维度来看都是丰盈的，且能够做到相互支撑，因为教育事业本身就是一件复杂而艰巨的任务。

如何建构幸福教室？在我看来，最主要的密码是爱心——老师的爱心、学生的爱心、家长的爱心。是爱心的交融和爱心的生长，让我和孩子们感受到了基于班级的幸福感和愉悦感。因此，本书是我主持的湖南省第二届基础教育教学改革研究项目“中小学爱心教育的实践研究”的重要研究成果，是我基于班级管理层面践行爱心教育的实践探索和案例展示。

在书稿整理期间，我和一个意外不期而遇：我因为手术而不得不暂时中断书稿整理工作。我曾一度以为这本书要就此搁浅了，是陈冰彬编辑的不断鼓励让我继续坚持了下来。同时，越是处在这种特殊时刻，我就越能感受到生命的可贵——一个人的生命是有限的，我无法预知自己生命的长度，但是可以拼尽全力拓展生命的宽度，用心、用情增加生命的厚度。

哪怕遇到再大的困难，我也要竭力完成这部书稿。这些年，我遇见了很多可爱的学生，得到过不少贵人的帮助，我想用文字去感谢出现在我生命中的每一个人，也希望给自己前二十年的教育生涯留下一些印迹，如果还能够带给读者一些启发的话，那就更让我觉得幸福了。

我曾经因为笔拙而选择学习理工科，成为一名中学数学教师。走上工作岗位后，因为内心的那份炙热，我拿起笔来记录师生之间的故事。不知不觉中，我的文字开始平顺起来，不断有文章见诸报端，身边的风景在悄然变化，从而有了这本《幸福教室的密码：一位优秀班主任的行走与思考》。

文至最后，我想特别感谢所有在我前行道路上给予力量的人——感谢家人始终在我背后默默支持，感谢我的恩师李镇西的悉心呵护，感谢爱心与教育研究会詹大年会长（昆明丑小鸭中学校长）为本书精彩作序，感谢广大朋友在我困难时的温暖鼓励，感谢那一批又一批伴我成长的孩子们……

同时，我也希望这份墨香可以给每位读者送去美好祝福：工作顺意，生活幸福，享受每一天！

王丹凤

2024年12月6日